AF259795

DES

ASSOCIATIONS SYNDICALES

LEUR RÉGIME

AVANT ET DEPUIS LA LOI DU 21 JUIN 1865

PAR

AMBROISE GODOFFRE

Avocat, chef de division à la préfecture de la Haute-Garonne,
L'un des auteurs du COMMENTAIRE DU TARIF, l'un des rédacteurs du JOURNAL DU
DROIT ADMINISTRATIF.

PARIS

IMPRIMERIE ET LIBRAIRIE GÉNÉRALE DE JURISPRUDENCE
COSSE, MARCHAL et Cᵉ, IMPRIMEURS ÉDITEURS,
LIBRAIRES DE LA COUR DE CASSATION,
Place Dauphine, 27.

ET A TOULOUSE

AU BUREAU DU JOURNAL DU DROIT ADMINISTRATIF
RUE SAINT-ROME, 44.

1867

AVERTISSEMENT.

—

L'étude du régime des Associations syndicales m'a paru présenter plus qu'un intérêt d'actualité. Bien qu'il y ait peu de départements où cette organisation n'ait pas fonctionné, et qu'un grand nombre de propriétaires se trouvent quotidiennement en contact, soit pour les travaux , soit pour le paiement des taxes, avec les représentants des Syndicats, je ne connais pas d'auteur qui leur ait consacré les développements que pouvait comporter une telle matière. Les maîtres de la science administrative ont à peine effleuré quelques-unes des questions qui s'y rattachent, et les plus précieux documents doivent se trouver disséminés dans les dossiers des Préfectures, après avoir été élaborés par le Ministère des travaux publics. Aidé par la jurisprudence du Conseil d'Etat si utile à consulter, par des instructions ministérielles , générales ou spéciales , connaissant les difficultés que fait naître la pratique, je me suis senti excité à entrer dans des détails qui, j'en ai l'espoir, seront accueillis avec bienveillance par tous ceux qui suivent la marche des Associations syndicales, soit au point de vue du contrôle, soit au point de vue de l'intérêt individuel ou collectif.

Loin de moi la prétention d'avoir épuisé un sujet aussi vaste, qui présente incessamment des aspects imprévus. Je serai heureux si mes lecteurs me rendent ce témoignage, que mes efforts ont contribué à dissiper quelques incertitudes, à résoudre certaines questions, qu'enfin j'ai fait une œuvre utile.

DES ASSOCIATIONS SYNDICALES.

1. La matière des eaux est, de l'aveu de tous les auteurs, des jurisconsultes et des hommes de pratique, hérissée de difficultés dont la solution est d'autant plus embarrassante que, dans beaucoup de cas, la législation faisant défaut, il faut raisonner à l'aide d'analogies plus ou moins éloignées et se fier aux lumières du droit commun.

En attendant que le Code rural, dont un livre doit traiter des eaux, vienne édicter des règles précises, un petit nombre de textes, quelques instructions ministérielles et la jurisprudence du conseil d'Etat sont les seuls matériaux dont il puisse être fait usage pour élucider les innombrables questions qui surgissent tous les jours, à l'occasion de l'infinie variété d'objets auxquels s'applique l'eau considérée comme moyen de transport, force motrice, agent fertilisateur, causes de dangers pour la propriété, d'insalubrité pour les hommes, etc., etc.

2. L'un des champs les moins explorés de ce vaste domaine était, sans contredit, jusqu'à ces derniers temps, l'organisation et le fonctionnement des associations syndicales constituées, soit dans un but de défense et de préservation, soit dans un but d'utilisation et de production, soit enfin dans un but d'assainissement. Cela tenait, non pas au manque absolu ou seulement à l'insuffisance de l'expérimentation, puisque, surtout depuis le décret de décentralisation du 25 mars 1852, ces associations s'étaient multipliées au point d'atteindre en 1864, dans 63 départements, le nombre de 2,475, mais bien plutôt au silence à peu près complet de la loi dont l'application était faite par des règlements sans publicité, ignorés même le plus souvent des intéressés qui laissaient faire jusqu'à ce qu'une grave atteinte à leurs droits réveillât leur attention et les déterminât à réclamer. Pour la plupart des propriétaires syndiqués, du moins dans les associations forcées, le règlement par décret, ordonnance ou simple arrêté préfectoral, s'imposait, malgré les enquêtes préalables, comme la révélation spontanée d'un droit exercé par l'administration, au moyen d'une commission syndicale qui grevait les propriétés de taxes assimilées aux contributions directes tout à la fois et par le mode de recouvrement et par la légalité de la base. Si l'on songe au petit nombre de discussions contentieuses comparé à la masse considérable des intérêts atteints, froissés ou lésés, on peut même dire des droits méconnus ou violés, on est frappé d'une disproportion qui ne s'explique que par l'ignorance qui ne permettait pas de résister et qui opposait un obstacle presque insurmontable aux velléités de contradiction.

3. Nous ne craignons pas d'être démenti en affirmant que, trop fréquemment, les commissions qui administrent les associations syndicales ont commis des actes attentatoires à la propriété privée, excédé les limites du mandat que leur confiaient les règlements d'administration publique, sans que l'administration supérieure ait été saisie de plaintes pour apprécier la gravité des faits. La tendance souvent constatée chez ces commissions est incontestablement d'exagérer la mesure de leurs pouvoirs, de se considérer comme des délégués de l'administration et d'agir en qualité de mandataires comme le mandant ne le ferait certainement pas lui-même. A ces abus il n'y a d'autre frein que la résistance de ceux qui en souffrent, parce que cette résistance fait connaître les abus, et, par cela même, permet de les réprimer.

4. Cette considération n'a pas été, pour nous, un des moindres encouragements à entreprendre ce travail. Ayant, par la nature de nos occupations quotidiennes, le devoir d'assurer en ces matières l'exacte application de la loi, c'est-à-dire d'empêcher les empiétements des syndicats et de combattre les prétentions mal fondées des propriétaires, nous avons dû nous mettre au courant des notions qu'implique cette tâche. Peut-être serons-nous assez heureux pour contribuer à dissiper certains doutes, à faire disparaître quelques hésitations, à poser des jalons servant à tout le monde dans un sentier peu frayé, dont la trace se perd facilement. Cette espérance excuse la témérité d'une entreprise pour laquelle nous avons plus compté sur notre bon vouloir que sur nos forces.

TITRE PREMIER.

DES ASSOCIATIONS SYNDICALES AVANT LA LOI DU 21 JUIN 1865.

CHAPITRE PREMIER.

Notions historiques.

5. S'il est avéré que l'esprit humain est plus enclin à la critique qu'à l'éloge, cet axiôme moral rencontre en peu d'occasions une application plus fréquente que lorsqu'il s'agit d'associations syndicales. Même dans les associations purement volontaires, on ne découvre pas de membres complètement satisfaits des résultats obtenus par l'action sociale. A plus forte raison, les récriminations et les plaintes acquièrent-elles un formidable degré d'intensité dans les associations forcées ! Presque jamais, à entendre ces malheureuses victimes, les sacrifices ne sont proportionnés aux avantages ; si ces derniers ne sont pas absolument niés, ils sont toujours trop chèrement achetés, et l'inaction, l'inertie seraient de beaucoup préférables à des projets ruineux. Que l'on tienne compte de ces plaintes ; qu'on renonce à l'association ; qu'on s'abstienne, et ceux qui ont été les plus ardents contre les syndicats sont les premiers à rejeter sur l'administration les conséquences de désastres que celle-ci ne pouvait logiquement prévenir qu'en facilitant aux intéressés les moyens de se concerter et de combiner leurs efforts pour combattre l'ennemi commun.

C'est que, abstraction faite de quelques essais trop hâtifs, de certains projets mis à exécution avant d'avoir été suffisamment mûris, le principe de l'association, si fécond dans ses applications, ne doit rien perdre de son efficacité en matière d'eaux.

Nous exprimerons plus loin, à la fin de cette étude, notre opinion sur les associations syndicales et l'avenir qui leur paraît réservé ; mais, sans rien préjuger ici, nous pouvons dire que les critiques dirigées contre cette institution sont motivées par des causes qui ne lui sont pas inhérentes et qui s'affaibliront, en très-grande partie, grâce au nouveau régime créé par la loi de 1865.

6. L'organisation syndicale, qui n'est autre chose qu'un intérêt collectif remis aux soins des intéressés eux-mêmes, est donc irréprochable dans son principe, dans son caractère et dans son but. Et c'est parce qu'il en est ainsi qu'on en retrouverait le germe dans les temps les plus reculés, comme contemporain de l'époque où les familles passèrent de l'état d'isolement à l'état social, si l'histoire n'avait pour nous de mystérieux abîmes dont il est impossible de sonder la profondeur.

7. Certainement ces associations, particulièrement agricoles, étaient d'une application moins usitée quand la grande propriété régnait en souveraine chez les nations païennes ou à mœurs féodales, qui comptaient des milliers d'esclaves ou de serfs pour des centaines de maîtres. Mais elles existaient partout où il fallait s'entendre, soit pour se défendre contre les eaux, soit pour en faire un emploi fructueux.

Aussi est-il vrai de dire que ces associations sont pour la génération actuelle un legs des générations passées, qui se transmettra aux générations futures avec des alternatives de faveur et de défaveur, une efficacité plus ou moins réelle suivant les systèmes de réglementation adoptés. L'idée est excellente, la forme matérielle dont on la revêt peut être défectueuse. La présomption est que l'expérience acquise profitera à nos successeurs comme nous avons pu nous-mêmes profiter des essais faits par nos devanciers.

A cet égard, nous devons laisser parler l'*exposé des motifs* de la loi de 1865 qui, après avoir fait ressortir le nombre et le montant des taxes des associations syndicales existant en 1862, s'exprime en ces termes :

« Leur origine est fort ancienne et plusieurs d'entre elles remontent au moyen-âge.

» L'administration des Watteringues du Nord date de l'année 1169. Par ses soins, une partie considérable de l'arrondissement de Dunkerque a été assainie, mise à l'abri des inondations de la mer et de l'envahissement des eaux pluviales, sillonnée de canaux qui servent à la fois au desséchement et à l'irrigation.

» En Provence et dans le Comtat, les propriétaires se sont réunis depuis longtemps pour endiguer les rives du Rhône et de la Durance, et creuser ces canaux d'arrosage si précieux sous le climat brûlant du Midi.

» Ces sociétés portent encore le nom primitif d'*OEuvre d'Arles, de Craponne*, etc., etc. Elles remontent au xiie siècle pour les travaux d'endiguement, au xve pour le desséchement, et au xvie pour l'exécution des grands canaux d'arrosage.

» Les communautés d'arrosants du Roussillon sont plus anciennes encore ; elles se sont formées sous l'empire de la législation des Visigoths et des Arabes.

» Dans le Poitou, l'Aunis et la Saintonge et dans d'autres provinces, depuis la fin du xvie siècle, des syndicats de propriétaires sont préposés à la conservation et à l'entretien des marais desséchés en vertu des édits de Henri IV, de 1599 et 1607.

» Il serait sans intérêt de se livrer à la recherche et à l'étude de la législation qui a présidé, sous l'ancienne monarchie, à ces grands travaux et réglé le régime des associations qui les ont exécutés.

» Il suffira de dire qu'en général et sur la constatation plus ou moins précise de l'adhésion de la majorité des intéressés, le Conseil du Roi et les intendants étaient investis, à cet égard, d'un pouvoir à peu près absolu, que les Parlements possédaient également. »

CHAPITRE II.

Législation et doctrine.

8. L'exposé des motifs de la loi du 21 juin 1865 justifie pleinement les appréciations exprimées *suprà*, n° **2**, quand il dit :

« Les dispositions qui régissent les syndicats sont éparses dans diverses lois ; elles manquent de précision et d'harmonie, et présentent de nombreuses lacunes. »

Voici, dans l'ordre chronologique, cette législation spéciale qui a servi de base à toutes les associations syndicales existant avant la loi de 1865 :

9. *Loi des* 12-20 *août* 1790, *chapitre VI.*

« Les administrations de département doivent rechercher et indiquer les moyens de procurer le libre cours des eaux ; d'empêcher que les prairies ne soient submergées par la trop grande élévation des écluses, des moulins, et par les autres ouvrages d'art établis sur les rivières ; de diriger enfin, autant qu'il sera possible, toutes les eaux de leur territoire vers un but d'utilité générale, d'après les principes de l'irrigation. »

10. *Loi des* 28 *septembre* - 6 *octobre* 1791, *titre II.*

« Art. 16. Les propriétaires ou fermiers des moulins et usines construits ou à construire, seront garants de tous dommages que les eaux pourraient causer aux chemins ou aux propriétés voisines, par la trop grande élévation du déversoir, ou autrement. Ils seront forcés de tenir les eaux à une hauteur qui ne nuise à personne, et qui sera fixée par le directoire du département, d'après l'avis du directoire du district. En cas de contravention, la peine sera une amende qui ne pourra excéder la somme du dédommagement. »

11. *Loi du 4 pluviôse an VI (25 janvier 1798).*

« Art. 1er. Les propriétaires des marais desséchés situés dans les départements de la Vendée, des Deux-Sèvres et de la Charente-Inférieure, connus sous le nom de desséchements des anciennes provinces d'Aunis, Poitou et Saintonge, et *tous autres propriétaires de marais desséchés,* sont autorisés à se réunir pour l'entretien de leurs desséchements et pou délibérer sur leurs intérêts communs.

» Art. 2. Ils sont tenus de prévenir l'administration municipale de canton et celle de département, du jour et du lieu de leur assemblée, et de son objet.

» Art. 3. Lorsque la nation aura quelque intérêt dans les desséchements ou défrichements, elle sera toujours représentée dans la dite assemblée par un commissaire nommé par l'administration centrale, qui sera chargé de stipuler l'intérêt de la nation.

» Art. 4. Les délibérations ou arrêtés des sociétaires ne pourront être rendus exécutoires, s'ils ne sont pris à la majorité des suffrages et homologués par l'administration du département.

» Art. 5. Les agents, syndics ou directeurs desdites sociétés sont autorisés, d'après cette homologation, à poursuivre en leur nom l'exécution des délibérations, devant tous juges et tribunaux compétents, faire faire des commandements aux intéressés pour l'entretien des desséchements et défrichements, sauf l'opposition ou l'appel, qui ne pourra suspendre l'exécution provisoire. »

12. *Loi du 14 floréal an XI (4 mai 1803).*

« Art. 1er. Il sera pourvu au curage des canaux et rivières non navigables, et à l'entretien des digues et ouvrages d'art qui y correspondent, de la manière prescrite par les anciens réglements ou d'après les usages locaux.

» Art. 2. Lorsque l'application des réglements ou l'exécution du mode consacré par l'usage éprouvera des difficultés, ou lorsque des changements survenus exigeront des dispositions nouvelles, il y sera pourvu par le gouvernement par un règlement d'administration publique, rendu sur la proposition du Préfet du département, de manière que la quotité de la contribution de chaque imposé soit toujours relative au degré d'intérêt qu'il aura aux travaux qui devront s'effectuer.

» Art. 3. Les rôles de répartition des sommes nécessaires au paiement des travaux d'entretien, réparation ou reconstruction, seront dressés sous la surveillance du Préfet, rendus exécutoires par lui, et le recouvrement s'en opèrera de la même manière que celui des contributions publiques.

» Art. 4. Toutes les contestations relatives au recouvrement de ces rôles, aux réclamations des individus imposés et à la confection des travaux, seront portées devant le Conseil de préfecture, sauf le recours au gouvernement, qui décidera en Conseil d'Etat. »

13. *Loi du* 16 *septembre* 1807.

« Art. 7 § 1. Lorsque le gouvernement fera un desséchement, ou lorsque la concession aura été accordée, il sera formé entre les propriétaires un syndicat à l'effet de nommer les experts qui devront procéder aux estimations statuées par la présente loi.

» Art. 26. A compter de la réception des travaux, l'entretien et la garde seront à la charge des propriétaires, tant anciens que nouveaux. Les syndics déjà nommés, auxquels le Préfet pourra en adjoindre deux ou quatre pris parmi les nouveaux propriétaires, proposeront au Préfet des règlements d'administration publique qui fixeront le genre et l'étendue des contributions nécessaires pour subvenir aux dépenses. La commission donnera son avis sur ces projets de règlement, et, en les adressant au Ministre, proposera aussi la création d'une administration composée de propriétaires qui devra faire exécuter les travaux ; il sera statué sur le tout en Conseil d'État.

» Art. 33. Lorsqu'il s'agira de construire des digues à la mer ou contre les fleuves, rivières et torrents navigables ou non navigables, la nécessité en sera constatée par le Gouvernement, et la dépense supportée par les propriétés protégées, dans la proportion de leur intérêt aux travaux ; sauf les cas où le Gouvernement croirait utile et juste d'accorder des secours sur les fonds publics.

» Art. 34. Les formes précédemment établies et l'intervention d'une commission seront appliquées à l'exécution du précédent article.

» Lorsqu'il y aura lieu de pourvoir aux dépenses d'entretien ou de réparation des mêmes travaux, au curage des canaux qui sont en même temps de navigation et de dessèchement, il sera fait des règlements d'administration publique qui fixeront la part contributive du Gouvernement et des propriétaires. Il en sera de même lorsqu'il s'agira de levées, de barragess de pertuis, d'écluses, auxquels des propriétaires de moulins ou d'usine, seraient intéressés.

» Art. 42. Lorsqu'il s'agira d'un dessèchement de marais ou d'autres ouvrages déjà énoncés en la présente loi et pour lesquels l'intervention d'une commission spéciale est indiquée, cette commission spéciable sera établie ainsi qu'il suit :

14. *Loi du 27 avril 1838 sur l'assèchement et l'exploitation des mines.*

« Art. 1er. Lorsque plusieurs mines, situées dans des concessions diffé rentes, seront atteintes ou menacées d'une inondation commune qui sera de nature à compromettre leur existence, la sûreté publique ou les besoins des consommateurs, le Gouvernement pourra obliger les concessionnaires de ces mines à exécuter en commun et à leurs frais les travaux nécessaires, soit pour assécher tout ou partie des mines inondées, soit pour arrêter les progrès de l'inondation.

» L'application de cette mesure sera précédée d'une enquête administrative à laquelle tous les intéressés seront appelés, et dont les formes seront déterminées par un règlement d'administration publique.

» Art. 2. Le Ministre décidera, d'après l'enquête, quelles sont les concessions inondées ou menacées d'inondation qui doivent opérer, à frais communs, les travaux d'assèchement.

» Cette décision sera notifiée administrativement aux concessionnaires intéressés. Le recours contre cette décision ne sera pas suspensif.

» Les concessionnaires ou leurs représentants, désignés ainsi qu'il sera dit à l'art. 7 de la présente loi, seront convoqués en assemblée générale, à l'effet de nommer un syndicat composé de trois ou cinq membres pour la gestion des intérêts communs.

» Le nombre des syndics, le mode de convocation et de délibération de l'assemblée générale, seront réglés par un arrêté du Préfet.

» Dans les délibérations de l'assemblée générale, les concessionnaires ou leurs représentants auront un nombre de voix proportionnel à l'importance de chaque concession.

» Cette importance sera déterminée d'après le montant des redevances proportionnelles acquittées par les mines en activité d'exploitation, pendant les trois dernières années d'exploitation, ou par les mines inondées, pendant les trois années qui auront précédé celle où l'inondation aura envahi les mines. La délibération ne sera valide qu'autant que les membres présents surpasseraient en nombre le tiers des concessions, et qu'ils représenteraient entre eux plus de la moitié des voix attribuées à la totalité des concessions comprises dans le syndicat.

» En cas de décès ou de cessation des fonctions des syndics, ils seront remplacés par l'assemblée générale dans les formes qui auront été suivies pour leur nomination.

» Art. 3. Une ordonnance royale rendue dans la forme des règlements d'administration publique, et après que les syndics auront été appelés à faire connaître leurs propositions, et les intéressés leurs observations, déterminera l'organisation définitive et les attributions du syndicat, les bases de la répartition, soit provisoire, soit définitive, de la dépense entre les concessionnaires intéressés, et la forme dans laquelle il sera rendu compte des recettes et des dépenses.

» Un arrêté ministériel déterminera, sur la proposition des syndics, le système et le mode d'exécution et d'entretien des travaux d'épuisement, ainsi que les époques périodiques où les taxes devront être acquittées par les concessionnaires.

» Si le ministre juge nécessaire de modifier la proposition du syndicat, le syndicat sera de nouveau entendu. Il lui sera fixé un délai pour produire ses observations.

» Art. 4. Si l'assemblée générale, dûment convoquée, ne se réunit pas ou si elle ne nomme point le nombre de syndics fixé par l'arrêté du Préfet, le Ministre, sur la proposition de ce dernier, instituera d'office une commission composée de trois ou de cinq personnes, qui sera investie de l'autorité et des attributions des syndics.

» Si les syndics ne mettent point à exécution les travaux d'assèchement, ou s'ils contreviennent au mode d'exécution et d'entretien réglé par l'arrêté ministériel, le ministre, après que la contravention aura été constatée, les syndics préalablement appelés, et après qu'ils auront été mis en demeure, pourra, sur la proposition du Préfet, suspendre les syndics de leurs fonctions, et leur substituer un nombre égal de commissaires.

» Les pouvoirs des commissaires cesseront de droit à l'époque fixée pour l'expiration de ceux des syndics. Néanmoins le Ministre, sur la proposition du Préfet, aura toujours la faculté de les faire cesser plus tôt.

» Les commissaires pourront être rétribués ; dans ce cas le Ministre, sur la proposition du Préfet, fixera le taux des traitements, et leur montant sera acquitté sur le produit des taxes imposées aux concessionnaires.

» Art. 5. Les rôles de recouvrement des taxes réglées en vertu des articles précédents seront dressés par les syndics et rendus exécutoires par le Préfet.

» Les réclamations des concessionnaires, sur la fixation de leur quote part dans lesdites taxes, seront jugées par le Conseil de préfecture sur mémoires des réclamants, communiqués au syndicat, et après avoir pris l'avis de l'ingénieur des mines.

» Les réclamations relatives à l'exécution des travaux seront jugées comme en matière de travaux publics.

» Le recours, soit au Conseil de préfecture, soit au Conseil d'Etat, ne sera pas suspensif. »

15. *Décret du 25 mars 1852 rectifié par celui du 13 avril 1861.*

« Art. 4. Les Préfets statueront également, sans l'autorisation du Ministre des travaux publics, mais sur l'avis ou la proposition des ingénieurs en chef, et conformément aux règlements ou instructions ministérielles, sur tous les objets mentionués dans le tableau D ci-annexé.

Tableau D.

« 5° (du tableau de 1852) ; 6° (du tableau de 1861) Dispositions pour assurer le curage et le bon entretien des cours d'eau non navigables ni flottables, de la manière prescrite par les anciens règlements ou d'après les usages locaux. Réunion, s'il y a lieu, des propriétaires intéressés en associations syndicales.

» 6° (tabl. de 1852) ; 8° (tabl. de 1861) Constitution en associations syndicales des propriétaires intéressés à l'exécution et à l'entretien des travaux d'endiguement contre la mer, les fleuves, rivières et torrents navigables ou non navigables, de canaux d'arrosage ou de canaux de dessèchement, lorsque ces propriétaires sont d'accord pour l'exécution desdits travaux et la répartition des dépenses. »

16. *Loi du 10 juin 1854 sur le drainage.*

« Art. 3. Les associations de propriétaires qui veulent, au moyen de travaux d'ensemble, assainir leurs héritages par le drainage ou tout autre mode d'assèchement, jouissent des droits et supportent les obligations qui résultent des articles précédents. Ces associations peuvent, sur leur demande, être constituées par arrêtés préfectoraux en syndicats auxquels sont applicables les articles 3 et 4 de la loi du 14 floréal an XI.

» Art. 4. Les travaux que voudraient exécuter les associations syndicales, les communes ou les départements, pour faciliter le drainage ou tout autre mode d'asséchement, peuvent être déclarés d'utilité publique par décret rendu en Conseil d'Etat.

» Le règlement des indemnités dues pour expropriation est fait conformément aux paragraphes 2 et suivants de l'article 16 de la loi du 21 mai 1836. »

Cette loi a été analysée dans le *Journal du Droit administratif*, t. II, p. 341, et t. III, p. 49 et 71. Elle a été commentée par une circulaire ministérielle du 20 janvier 1855, *ibid.*, t. III, p. 380.

17. *Loi du 28 mai 1858 relative à l'exécution des travaux destinés à mettre les villes à l'abri des inondations.*

« Art. 1er. Il sera procédé par l'Etat aux travaux destinés à mettre les villes à l'abri des inondations.

» Les départements, les communes et les propriétaires concourront aux dépenses de ces travaux dans la proportion de leur intérêt respectif.

» Art. 2. Les travaux seront autorisés par décrets rendus dans la forme des règlements d'administration publique.

» Ces décrets détermineront, pour chaque entreprise, la répartition des dépenses entre l'Etat, les départements, les communes et les propriétaires intéressés

» Art. 3. Chaque décret sera précédé d'une enquête dans laquelle les intéressés seront appelés à présenter leurs observations sur le projet de répartition des dépenses.

» Art. 4. La part de dépense mise à la charge des départements ou des communes sera inscrite au budget départemental ou communal comme dépense obligatoire.

» Art. 5. La répartition, entre les propriétaires intéressés, de la part de dépense mise à leur charge, sera faite conformément aux dispositions de la loi du 16 septembre 1807.

» Les taxes établies en vertu du paragraphe précédent seront recouvrées au moyen de rôles rendus exécutoires par le Préfet, et perçues comme en matière de contributions directes. »

Cette loi a été complétée par un règlement d'administration publique en date du 15 août 1858.

18. *Loi annuelle des finances.*

« Art.   . Continuera d'être faite pour... au profit... des communautés d'habitants dûment autorisées la perception, conformément aux lois existantes, des divers droits, produits et revenus énoncés dans le deuxième paragraphe de l'État D annexé à la présente loi,

» État D § 2. — Taxes imposées, avec l'autorisation du Gouvernement, pour la surveillance, la conservation et la réparation des digues et autres ouvrages d'art intéressant les communautés de propriétaires ou d'habitants ; taxes pour les travaux de desséchement, autorisées par la loi du 16 septembre 1807.

» Taxes perçues pour l'entretien, la réparation et la reconstruction des canaux et rivières non navigables et des ouvrages d'art qui y correspondent. (Loi du 14 floréal an XI.)

» Taxes d'arrosage autorisées par le Gouvernement. (Loi du 14 floréal an XI et art. 25 de la loi du budget de 1858.)

» Frais de travaux intéressant la salubrité publique. (Loi du 16 septembre 1807.) »

19. Nous ne connaissons pas d'autre texte législatif se référant aux associations syndicales avant la loi de 1865. Il est vrai que plusieurs règlements d'administration publique intervenus en matière d'endiguement visent les décrets des 29 août 1809 et 27 décembre 1812, relatifs aux marais de Beaucaire (*Gard*) et de l'Authie (*Pas-de-Calais, Somme*). Mais ces décrets n'ont d'autorité que pour les cas auxquels ils s'appliquent ; ils ne disposent pas à titre de mesure réglementaire générale ; ils ne sont que l'application de la loi de 1807, faite à des cas déterminés, à une époque rapprochée de la promulgation de cette loi. Le Conseil d'État a pu les citer comme des précédents utiles à consulter, comme les premiers monuments de sa jurisprudence, il n'a certainement jamais eu la prétention de les invoquer comme des prescriptions obligatoires pour d'autres marais que ceux de Beaucaire ou de l'Authie.

Aussi l'exposé des motifs de la loi de 1865 n'en fait-il nulle mention, justifiant par là et notre opinion et celle que notre savant maître, M. Chauveau Adolphe, a indiquée en ces termes dans le *Journal du Droit administratif* t. IX (1861), p. 193, art. 300, note 1 :

« De ce que le décret du 27 décembre 1812 (Marais d'Authie) a été inséré dans le *Bulletin des Lois*, on ne peut tirer la conclusion qu'il a modifié les lois des 14 floréal an XI et 16 septembre 1807. Ce décret n'a donc pas plus d'autorité générale et réglementaire que tous les autres et très-nombreux décrets organisant des syndicats. »

20. Quant à la doctrine, elle est incontestablement bien moins explicite encore que la législation. Dans son *Essai sur le régime des eaux*, p. 58 (voy. aussi le *Journal du Droit administratif*, t. VI (1858), p. 374, art. 243), M. Chauveau a eu raison de dire :

« Les auteurs ont, en général, soulevé bien peu de questions sur les syndicats et les commissions, soit à l'occasion d'un desséchement de marais, soit à l'occasion de construction de digues contre les fleuves navigables. J'ai parcouru avec soin Proudhon, t. V, nos 1608, 1610, 1646, 1648 ; Daviel, t. Ier, p. 273, nos 274 et suiv. ; les *Dictionnaires de Droit administratif* de Blanche, vo *Cours d'eau*, chap. II, no VII § 2 ; de Block, vis *Cours d'eau*, no 84 ; *Endiguement*, nos 23 et suiv. ; *Marais*, nos 40 et suiv. ; Dalloz, Répertoire, 2e édit., vis *Eaux*, no 106, et *Marais*, nos 20 et suiv. ; Jousselin, t. Ier, p. 219, no 8, et p. 283, nos 16 et suiv. , et je ne puis invoquer aucune théorie complète. »

MM. Dufour, *Traité de Droit administratif*, 2e édit., t. IV, p. 428, 452, 454, 521, nos 396, 397, 402, 404, 406, 485 ; t. VI, p. 131, nos 166 à 168 ; Christophle, *Traité des travaux publics*, t. Ier, p. 68 et suiv., nos 83 à 115 ; Serrigny, *Traité*

*de l'organisation de la compétence et de la procédure en ma-
tière contentieuse administrative,* 2ᵉ édit., t. III, p. 439 et
suiv., nᵒˢ 1585 à 1641, peuvent être consultés avec intérêt ;
mais ils ont plutôt esquissé que traité le sujet si intéressant
des associations syndicales. Nous nous inspirerons de leurs
travaux ; et, sans avoir la prétention de les compléter, nous
avons l'espérance de signaler des difficultés qu'ils paraissent ne pas avoir aperçues. Nous indiquerons les solutions
que, selon nous, elles doivent recevoir, heureux si nous
pouvons appeler l'attention des jurisconsultes éminents
qui s'occupent de la science administrative et provoquer
leur examen.

CHAPITRE III.

Organisations syndicales.

21. Notre intention n'est de faire ici qu'un rapide
aperçu, réservant les développements pour le commentaire de la loi du 21 juin 1865.

22. Sur les 2,475 associations syndicales qui existaient
en 1864 dans 63 départements, l'exposé des motifs de la
loi de 1865 nous apprend qu'il y en avait :

234 dont 153 dans la Haute-Loire formées librement,
288 autorisées par ordonnances royales,
250 autorisées par décrets,
1,491 autorisées par arrêtés préfectoraux,
212 dont l'origine n'est pas indiquée et qui remontent
   sans doute à une époque fort ancienne.

Ces associations avaient pour objet :

Des travaux d'endiguement. 857
Des travaux de curage, d'assainissement et de
desséchement. 804
Des travaux d'irrigation. 750
Des travaux de drainage.. 64

Le montant des cotisations perçues en 1862 ne s'est pas élevé à moins de 4,271,925 fr.

23. Le législateur de 1865 ne s'est pas occupé des syndicats en matière d'asséchement de mines, et si nous sommes amenés à en dire quelques mots, c'est uniquement pour être complet et pour signaler une matière que sa spécialité excluait de la réglementation générale adoptée pour les autres associations.

24. Pour faciliter le rapprochement des situations antérieures et postérieures à la loi de 1865, notre examen des constitutions syndicales antérieures doit suivre l'ordre de la nomenclature insérée dans l'art. 1er de cette loi.

On distinguait : les associations forcées et les associations volontaires.

I. ASSOCIATIONS FORCÉES.

§ 1er.

Exécution et entretien de travaux de défense contre la mer, les fleuves, les torrents et les rivières navigables ou non navigables.

25. L'intérêt public, dont la protection a été assurée par les lois des 12-20 août 1790 (voy. n° 9), 26 septembre, 6 octobre 1791 (voy. n° 10), 4 pluviôse an VI (voy. n° 11), et 16 septembre 1807 (voy. n° 15), avait armé l'administration du droit de contraindre les propriétaires compris dans la zone submersible à se réunir et à se cotiser pour défendre leurs terres contre l'invasion des eaux.

26. Quand, d'office ou sur la plainte d'un certain nombre d'intéressés, le préfet estimait qu'il y avait lieu d'entreprendre des travaux de défense contre la mer ou contre les débordements d'un cours d'eau, il provoquait l'examen et les études nécessaires par les ingénieurs des ponts et chaussées chargés du service dans les attributions duquel rentrait le projet à dresser. Assez souvent une commission syndicale provisoire, composée des propriétaires et usiniers les plus intéressés à l'exécution des travaux, était créée par un arrêté préfectoral pour concerter avec les ingénieurs les mesures à prescrire, fournir tous les renseignements utiles et préparer la rédaction d'un règlement d'administration publique.

Le dossier, contenant les rapports, plans et profils établis par les ingénieurs, les avis exprimés par le syndicat provisoire, le projet de règlement destiné à régir l'association syndicale définitive, était ensuite transmis par le préfet au ministre des travaux publics qui, après avoir provoqué l'avis du conseil général des ponts et chaussées, le renvoyait au préfet avec des instructions sur la suite à donner à l'affaire.

27. Le dossier régularisé était soumis à une enquête dont la forme variait, suivant les circonstances, depuis la simple enquête de *commodo et incommodo*, faite dans chaque commune intéressée, jusqu'à l'enquête solennelle prescrite, en matière d'expropriation pour cause d'utilité publique, par l'ordonnance du 18 février 1834. Quand il n'y avait pas déclaration d'utilité publique, aucune loi n'exigeait qu'une enquête fût faite (10 mai 1851, d'Inguimbert ; 4 juin 1852, Gilles).

28. Enfin, le dossier, complété par les enquêtes, les avis des ingénieurs et du préfet était renvoyé à Paris, où, après un nouvel examen du conseil général des ponts et chaussées, il passait au conseil d'Etat pour le règlement préparé être converti en règlement d'administration publique, c'est-à-dire, suivant les époques, en ordonnance ou en décret, le conseil d'Etat entendu.

29. Lorsque le projet de travaux impliquait des expropriations, la jurisprudence formelle du conseil d'Etat voulait que la déclaration d'utilité publique ne fût prononcée que sur le vu de projets dûment approuvés par l'administration, et spécifiant sans incertitude la situation et le tracé de chacune des parcelles à exproprier. A défaut de précision à cet égard, le règlement d'administration publique ne contenait que des dispositions organiques de l'association et s'abstenait avec soin de toute déclaration d'utilité publique.

30. La question de savoir si les décrets constitutifs des associations syndicales pour travaux définitifs doivent, à peine de nullité, être soumis à l'examen du conseil d'Etat en assemblée générale, après avoir été posée sans être résolue (5 mai 1859, Syndicat de Belleperche et Trescassés), l'a été affirmativement (23 février 1861, Dubuc), sur le motif qu'aux termes de l'art. 13 du décret du 30 janvier 1852, les règlements d'administration publique sont délibérés par le conseil d'Etat en assemblée générale.

31. Depuis les décrets des 25 mars 1852 et 13 août 1861 (voy. nº 15), les préfets avaient le droit de constituer des associations syndicales pour travaux défensifs, et il n'était pas besoin de provoquer un décret, mais seulement *lorsque les propriétaires intéressés étaient d'accord pour l'exécution des travaux et la répartition des dépenses.* Cet accord est chose si rare et si difficile à obtenir, que nous ne croyons pas que depuis 1852 il soit intervenu régulièrement, en pareil cas, un seul règlement d'administration publique par simple arrêté préfectoral. Cette attribution de compétence est également constatée par MM. Dufour, t. I, p. 217, nºˢ 274 et suiv.; t. IV, p. 435, nº 406 ; Christophle, t. I, p. 78, nº 92, et Serrigny, t. III, p. 444, nº 1589.

32. Les règlements constitutifs d'associations syndicales pour travaux défensifs sont, au moins pour la période contemporaine, conçus suivant un modèle à peu près uniforme.

Ils comprennent une quarantaine d'articles rangés sous cinq titres consacrés, savoir :

Le premier, à la formation du syndicat (objet de l'association, composition du syndicat, son renouvellement, ses fonctions, ses attributions, le mode de ses délibérations).

Le second, à la commission spéciale (ses attributions contentieuses, sa composition, ses réunions, ses délibérations).

Le troisième, aux travaux, à leur mode d'exécution, à leur paiement (rédaction des projets, leur approbation, leur adjudication, la surveillance, leur réception, leur paiement, la publicité des comptes des travaux exécutés, l'établissement des budgets).

Le quatrième, à la rédaction des rôles et à leur recouvrement (choix du trésorier ou caissier, son cautionnement et ses remises, rédaction des rôles, leur publicité, leur approbation, leur recouvrement, la responsabilité du caissier, ses devoirs quant aux paiements et aux comptes à rendre).

Le cinquième, aux dispositions générales (compétence pour les réclamations contre les rôles ou à l'occasion des travaux, pour les mesures de police, pour la constatation et la répression des contraventions, pour le paiement des honoraires, frais de voyage et autres dépenses dus aux ingénieurs ou autres agents).

S'il y avait lieu à expropriation pour cause d'utilité publique, un titre ou une disposition spéciale prenait place dans le règlement.

33. Si le préfet avait statué hors du cas d'accord auquel les décrets de 1852 et 1861 limitaient sa compétence, il aurait commis un excès de pouvoir, et son arrêté aurait été annulé par le ministre de l'agriculture, du commerce et des travaux publics, ou bien, à défaut, par le conseil d'Etat, sur le recours dirigé contre la décision ministérielle confirmative de l'arrêté préfectoral, lequel peut aussi faire l'objet d'un pourvoi direct devant le conseil d'Etat, dans les trois mois du jour où les réclamants en ont eu connaissance : 13 août 1861 (Syndicat de Malakof); 7 juin 1865, (Palvadeau).

34. Quant aux ordonnances ou décrets constituant des syndicats, ils n'étaient pas susceptibles de recours contentieux, si ce n'est pour incompétence, excès de pouvoirs ou pour violation des formes prescrites par les lois et règlements; l'utilité des travaux à exécuter, le chiffre des dépenses comparé aux résultats probables, l'opportunité, etc., n'étaient pas admissibles comme moyens de pourvoi : 1851, 10 mai, (d'Inguimbert); 23 juin 1853, (Hairault).

Dans le premier de ces arrêts, le conseil d'Etat a décidé, en outre, que la disposition d'un règlement d'administration publique qui autorise la répartition des dépenses d'après une base autre que celle résultant du degré d'intérêt de chacun des propriétaires associés n'est pas entachée d'excès de pouvoirs, parce qu'elle ne fait pas obstacle aux réclamations ultérieures des intéressés contre les rôles et contre les cotisations imposées. Nous nous associons volontiers aux critiques dirigées contre cette solution par M. Christophle, t. I, p. 82, n° 98. Sans doute, le propriétaire frappé d'une taxe non proportionnée au degré de son intérêt en obtiendra la réduction ; mais pourquoi l'obliger à se pourvoir, pourquoi laisser illégalement payer ceux qui ne réclament pas, pourquoi insérer dans un règlement d'administration publique qui a sa base dans la loi du 16 septembre 1807, une disposition en flagrante opposition avec cette loi, qui veut (art. 33) que la *dépense soit supportée par les propriétés protégées, dans la proportion de leur intérêt aux travaux?* Pourquoi, enfin, placer le syndicat dans cette singulière alternative ou de violer le règlement en émettant des rôles conformes à la proportionnalité voulue par la loi, ou de violer la loi, de s'exposer à des réclamations sans nombre et qui ne pourraient manquer d'être reconnues fondées, en suivant les prescriptions du règlement?

35. L'administration pouvait en cette matière, non seulement assurer l'exécution des anciens règlements, mais encore les abroger et les remplacer par de nouveaux règlements lorsque s'agissant de travaux d'entretien de digues, le règlement ancien avait été constitué par application de l'art. 2 de la loi du 14 floréal an XI : 11 mai 1854 (DE CAMBIS c. SYNDICAT DES DIGUES DE BEAUCAIRE A LA MER).

§ 2.

Exécution des travaux destinés à mettre les villes à l'abri des inondations.

36. Ces associations syndicales, qui ne pourraient être organisées que dans le cas prévu par l'art. 5 de la loi du 28 mai 1858 (voy. n° 17), c'est-à-dire quand des particuliers ont à payer une part de la dépense, doivent être constituées en vertu d'un décret portant règlement d'administration publique et déclarant l'utilité publique des travaux. Les préfets n'ont plus ici d'autre compétence que celle qui résultait de la loi du 16 septembre 1807.

Dans les décrets rendus pour l'application de la loi de 1858, on lit : 1° l'indication de la part contributive mise à la charge des propriétaires intéressés; 2° la fixation du périmètre des propriétés imposables; 3° une disposition complémentaire ainsi conçue: « La répartition entre les propriétaires des terrains compris dans ce périmètre sera arrêtée par une commission spéciale, conformément aux titres II et X de la loi du 16 septembre 1807. » Voy. deux décrets du 24 août 1859, pour la préservation des villes de TAIN (Drôme) et ARAMON (Gard), *Bull des Lois*, 1859, t. II, p. 626.

Il est à remarquer que cette rédaction a subi plus tard une modification assez importante et qui semblait exclure une organisation syndicale, car il n'était plus dit que ceci : « La répartition entre les propriétaires intéressés de la part de dépense laissée à leur charge sera faite par une commission instituée conformément au titre X de la loi du 16 septembre 1807. » Décret du 5 avril 1865, VILLE DE BARRÈME (*Bull. des Lois*, 1865, t. II, p. 119); ou bien : « La répartition entre les propriétaires intéressés sera faite par une commission spéciale, conformément aux art. 42 et suivants de la loi du 16 septembre 1807. » Décret du 22 juin 1863, BOURG DE BRIVES-CHARENSAC (*Bull. des Lois*, 1863, t. I, p. 569). Mais le Conseil d'Etat est revenu à la première formule, renvoyant aux titres II et X de la loi de 1807, dans un décret du 9 novembre 1865, VILLE DE TROYES (*Bull. des Lois*, 1866, t. I, p. 129). Si la loi du 16 septembre 1807 ne devait recevoir d'autre application qu'en ce qui concerne le fonctionnement de la commission spéciale, on pourrait soutenir que le périmètre des terres protégées, s'il n'est pas fixé par le règlement d'administration publique, le sera par les ingénieurs de l'Etat, sauf à la commission à déterminer les bases de la répartition des dépenses entre les intéressés. Dans une telle hypothèse, on ne verrait pas plus la nécessité d'une organisation syndicale, qu'on n'apercevrait la nécessité de l'institution d'une commission spéciale, si, dans l'instruction précédant le règlement d'administration publique, les propriétaires intéressés avaient unanimement reconnu l'utilité des travaux et s'étaient entendus sur la répartition des dépenses. Mais du moment où les titres II et X de la loi de 1807 sont applicables, il faut arriver à l'organisation d'un syndicat (1).

(1) Nous savons cependant que la loi de 1858 est appliquée par l'administration sans autre représentation des propriétaires intéressés que la commission spéciale, et nous avons sous les yeux une espèce où il a été procédé comme il suit :

Un décret du 8 septembre 1860 est intervenu pour prescrire des travaux, afin de défendre la ville de Vichy contre les crues de l'Allier. Un second décret, du 1er décembre 1860, a composé de sept membres la commission spéciale, chargée de répartir entre les propriétaires intéressés la part qui leur incombait dans la dépense. Un expert a été nommé pour l'État par le Préfet, un autre par la commission spéciale pour les intéressés. Ils ont dressé un procès-verbal de répartition qui a été soumis à une enquête de un mois. M. le Préfet de l'Allier avait pensé qu'il y avait lieu de provoquer un règlement d'administration publique, dans les termes de l'art. 45 de la loi du 16 septembre 1807 ; mais Son Exc. le Ministre a répondu, le 20 juin 1862 :

« Il n'y a pas lieu de faire rendre un règlement d'administration publique pour définir la marche à suivre dans ses travaux par la commission spéciale. Cette commission a été instituée par le décret du 8 septembre 1860, qui a approuvé les travaux de défense de la ville de Vichy. Ce décret a été rendu dans la forme voulue pour les règlements d'administration publique. L'institution de la commission est dès lors parfaitement régulière. Depuis lors, les membres de la commission ont été nommés par décret impérial. Toutes les prescriptions de la loi de 1807 sont accomplies. La nomination du Président et du Secrétaire, l'époque des réunions et le dépôt des archives de la commission ne touchent pas à son institution ; ce sont là des questions secondaires qui ne doivent pas, à peine de nullité, être résolues par un règlement d'administration publique.

» Je vous autorise à nommer le Président de la commission. La commission, suivant l'usage, choisira elle-même son Secrétaire. Quant à la fixation de l'époque et des lieux de ses réunions, il convient de laisser à la commission elle-même le soin de régler ces détails. Il est bien entendu que les papiers seront conservés dans les archives de la Préfecture. »

Ce qui nous paraît grave dans cette jurisprudence, ce n'est pas précisément ce qui concerne le fonctionnement de la commission spéciale, mais c'est que les propriétaires intéressés restent sans représentant ; qu'un

C'est aussi l'opinion de MM. Christophle, t. 1, p. 79, n° 95, et Serrigny, t. III, p. 446, n° 1591. Ce dernier auteur constate, *loc. cit.*, l'inutilité de la loi de 1858, pour une situation à laquelle pourvoyait suffisamment, selon lui, la loi de 1807. La discussion provoquée par la loi de 1858, au sein du Corps Législatif (*Moniteur* du 6 mai 1858, p. 578, 2e col.), prouve que les deux lois n'ont pas le même objet, ne procèdent pas absolument de la même manière ; les paroles de MM. Millet et Vuillefroy ne laissent pas de doute sur ce point.

37. C'est à tort que M. Serrigny, t. III, p. 447, n° 1592, argumente d'un arrêt du 18 juillet 1860 (Voilquint) , comme ayant tranché une question afférente à la loi de 1858. Dans l'espèce de cet arrêt, il s'agissait de travaux défensifs, objet d'une décision de commission spéciale, en date du 27 juillet 1852, et par conséquent d'une organisation syndicale antérieure à la loi précitée. Il aurait cité avec plus d'à-propos les nombreux décrets parmi lesquels nous venons de faire quelques emprunts.

38. Remarquons d'ailleurs que la loi de 1865 n'a pas compris dans ses prévisions les travaux exceptionnels de la loi de 1858, lesquels ne présentent aucun intérêt agricole, et que la seule influence qu'elle puisse exercer sur cette dernière loi consiste, pour les contestations contentieuses, dans le remplacement de la commission spéciale de 1807 par le conseil de préfecture (art. 26, loi du 21 juin 1865).

---

syndicat n'est pas organisé comme le veut l'art. 7 de la loi du 16 septembre 1807 (tit. II), et que la commission spéciale est en quelque sorte juge et partie en cumulant la double fonction de représentant des propriétaires et de tribunal administratif.

Nous ne pensons pas que tel ait été le vœu de la loi de 1858, et nous croyons qu'il aurait été plus régulier de s'en tenir à l'exécution de la loi de **1807**.

§ 5.

*Exécution et entretien de travaux de curage, approfondisse-
ment, redressement et régularisation des canaux et cours
d'eau non navigables ni flottables, et des canaux de desséchement et d'irrigation.*

39. Ces syndicats ont pour base légale les lois des 12-20
août 1790 (voy. n° 9), 28 septembre-6 octobre 1791
(voy. n° 10), 14 floréal an XI (voy. n° 12) et les décrets
des 25 mars 1852 et 13 juin 1861 (voy. n° 15).

40. Les auteurs se sont demandé si la législation de
1790, 1791 et de l'an XI autorisait la formation de syndicats. M. SERRIGNY, t. III, p. 449, n° 1594, pense que
l'affirmative se déduit d'une raison d'analogie. « Puisque la
loi de 1807, dit-il, veut qu'il soit créé des syndicats pour
l'application des articles cités (53 et 54, voy. n° 15), l'analogie conduit à établir également des syndicats pour l'application de la loi de l'an XI au curage des rivières, et des
digues qui en sont l'accompagnement ordinaire. La pratique
s'est donc établie en ce sens (voy. circul. du ministre de
l'intérieur du 18 mars 1839, *Bull. int.*, 1839, p. 71 et
suiv.). » Cette circulaire contenait des instructions peu
conformes à la jurisprudence actuelle. M. CHAUVEAU, dans
son *Essai sur le régime des eaux*, p. 95, et dans le *Journal
du Droit administratif*, t. VI, p. 428 et 429 ; t. IX, p. 190,
art. 300, s'est élevé avec une certaine énergie contre ce
qu'il appelle l'abus d'appliquer la forme syndicale que n'a
pas prévue la loi de l'an XI. Voici un résumé de ses critiques :

« L'administration a pensé que les décrets pouvaient créer ce qu'on a appelé des *syndicats*, dont l'idée a été puisée dans la loi du 16 septembre 1807, et cependant ces syndicats ne sont pas organisés dans la forme indiquée par cette loi elle-même, car une *commission*, véritable tribunal administratif, n'existe pas. Rien dans la loi de l'an XI ne fait supposer qu'un travail quelconque préliminaire ou définitif puisse être confié à des propriétaires intéressés ou désintéressés dans l'opération du curage. Le décret qui doit intervenir n'a uniquement pour objet que de créer de nouveaux règlements à la place des anciens insuffisants, en déterminant la quotité des contributions à imposer relativement au degré d'intérêt ; par exemple, de déterminer les zones qui seront imposables, les classes de terrains et la proportion dans laquelle chaque propriétaire de telle zone ou de tel terrain, ou de telle usine, les départements, les communes, devront contribuer à la dépense. C'est donc à l'administration seule à faire les diverses instructions préparatoires, à confectionner les rôles, etc. Les formes de procéder et d'instruire, d'examiner et de réclamer devront être tracées avec soin dans ce règlement. Un des vices inhérents à cette législation improvisée est que l'administration, seule juge des grands travaux d'amélioration du cours de l'eau, aux termes des lois anciennes ou nouvelles, se décharge de cette importante mission sur une réunion anormale qui n'est ni publique ni privée, qu'on appelle un *syndicat*, qui a été déclaré pouvoir plaider sans autorisation, parce qu'il n'était pas un établissement public ; qui ne présente, pour le gouvernement, aucune garantie de science et pour les particuliers aucune garantie d'exactitude ; qui, en définitive, se résume en la personne d'agents salariés, chargés de la direction exclusive de l'exécution des travaux et de l'emploi des fonds. Ce sont des inconvénients réels qui ont été souvent signalés et que la pratique seule peut révéler. »

Toutefois, M. Chauveau reconnaît que son opinion n'a pas été suivie ; que les syndicats fonctionnent dans plusieurs localités ; qu'ils demandent à faire des emprunts de 50, de 100 mille francs ; qu'ils mettent en adjudication des travaux de redressement ; qu'ils traitent avec des propriétaires pour l'achat de terrains nécessaires ; qu'ils demandent des déclarations d'utilité publique pour pouvoir exproprier. Il est donc forcé de supposer que les règlements qui ont constitué ces syndicats sont légaux et doivent être exécutés.

M. Dufour, t. IV, p. 580, n° 541, se borne à rappeler les termes de l'art. 5 de la loi du 14 floréal an XI (voy. n° 12) et d'ajouter : « Le législateur n'a point dit par qui ni comment seraient dressés les rôles ; il s'est contenté de stipuler que l'opération se ferait par l'autorité du Préfet. La réunion des intéressés en association syndicale est, à la fois, le système le plus simple et le plus sûr que l'administration puisse adopter. »

M. Christophle, t. I, p. 70, n° 85, voit dans la loi du 14 floréal an XI la première consécration législative des associations syndicales. Cette loi autorisant le gouvernement à prendre des dispositions nouvelles lorsque l'application des usages ou des anciens règlements éprouve des difficultés, « ces dispositions nouvelles, dit-il, ne sont autre chose, dans la pensée même de la loi, que la création et l'organisation administrative de syndicats entre les propriétaires intéressés. » Et plus loin : « Tout concourt à démontrer qu'il s'agit ici de ces réunions particulières auxquelles la loi du 16 septembre 1807 devait donner le nom sous lequel elles sont aujourd'hui connues. »

11. Nous n'insisterons pas plus longtemps sur des divergences qui ne présentent, après tout, qu'un intérêt purement doctrinal ; il nous suffit de constater que, dans l'opinion du gouvernement, la loi de l'an XI a *toujours* été entendue et appliquée en ce sens, qu'à défaut d'usages ou

d'anciens règlements suffisants, elle permettait d'établir des syndicats par règlement d'administration publique (voyez les décrets des 24 messidor an XI, 16 germinal an XII, 19 septembre 1806, 12 novembre 1806 et 12 décembre 1806, cités par M. le conseiller d'Etat comte Dubois, dans la discussion de la loi de 1865, à propos d'une autre question). C'est ainsi qu'ont statué les nombreux décrets ou ordonnances royales intervenus en matière de curage avant le décret du 25 mars 1852, dont l'influence modificative a besoin de quelques explications.

42. Jusqu'en 1852, les préfets n'avaient pas compétence pour constituer d'office des syndicats en matière de curage, 20 janvier 1843 (Bourmizien c. syndicat de la rivière d'Orges); le décret du 25 mars 1852, confirmé par celui du 15 avril 1861, leur a attribué ce droit dans les limites qu'il a déterminées. Avant de fixer ces limites, examinons comment la doctrine les a comprises.

M. Dufour, t. IV, p. 578, n° 558, interprète le décret de 1852 comme autorisant le Préfet à remplacer les usages ou les anciens règlements par un nouveau règlement. Il fonde son opinion (t. I, n° 317) sur les termes de la circulaire du ministre de l'intérieur, du 10 avril 1852, portant des instructions sur le § 51 du tableau A du décret, paragraphe supprimé dans la rédaction définitive des tableaux annexés au décret de 1861, comme contraire aux principes consacrés par la jurisprudence administrative.

M. Serrigny, t. III, p. 450, n° 1595, enseigne qu'avant 1852, lorsqu'il existait un règlement ou un usage en tenant lieu, le Préfet était compétent pour organiser un syndicat, d'après les inductions des lois de l'an XI et 1807 ; que s'il n'y avait pas de règlement ou d'usage, ou bien s'il fallait y déroger, un décret ou une ordonnance royale était nécessaire ; que depuis le décret de 1852, qui a décentralisé dans cette dernière hypothèse, le Préfet peut faire le règlement qui auparavant était dans les attributions du pouvoir central, sans être autorisé néanmoins à déroger aux usages ou règlements anciens. En d'autres termes, le Préfet peut suppléer à l'absence de règlement ou d'usage ; il ne peut pas modifier ce qui est ; il faut alors recourir au pouvoir central. A l'appui de son opinion, M. Serrigny cite un arrêt du 7 juin 1859 (Roussel), dans les considérants duquel on lit, en effet, « que lorsque l'application des règlements ou des usages locaux pour le curage des rivières éprouve des difficultés, le décret du 25 mars 1852 donne aux préfets le droit d'y pourvoir par des arrêtés portant règlement. » Nous allons voir bientôt si cette phrase rend bien l'opinion consacrée par la jurisprudence du Conseil d'Etat.

M. Christophle, t. I, p. 79 et suiv., nos 93 et 94, se rapproche beaucoup de l'avis de M. Serrigny, puisqu'il admet qu'un simple arrêté préfectoral est suffisant toutes les fois qu'il n'est question que de curage à *vieux fond et vieux bords* et de *faucardement ;* qu'il n'y a ni élargissement, ni rectifications partielles, et qu'aucune modification n'est apportée aux usages ou règlements anciens relatifs à la contribution, aux dépenses et à la répartition des frais.

43. En résumé, de ce qui précède il résulte, d'après les auteurs, que depuis 1852 les préfets sont compétents pour organiser d'office des syndicats de simple curage lorsqu'il ne s'agit que d'appliquer au curage les anciens usages ou règlements ; qu'ils ont la même compétence quand il n'y a ni usages, ni règlements anciens.

44. Nous sommes d'accord avec eux sur le premier point, mais non sur le second.

Nous admettons que le décret de 1852 a attribué aux préfets le droit d'assurer, au moyen de la forme syndicale, le curage des cours d'eau non navigables ni flottables de la manière prescrite par les anciens règlements ou les usages locaux, mais rien au-delà.

Ainsi, quand il n'y a ni usage, ni règlement, le Préfet n'a pas qualité pour prescrire à titre règlementaire ; il faut provoquer un règlement d'administration publique. Même solution quand il s'agit de déroger aux usages ou règlements anciens ou bien quand, au lieu d'un simple curage, on doit exécuter des élargissements ou des redressements qui nécessitent une déclaration d'utilité publique préalable (jurisprudence constante, voy. notamment 1er février 1851, DE VESVROTTE ; 15 mars 1855, AMYOT-ROBILLARD ; 2 décembre 1858, GUICHELET ; 16 décembre 1858, COLLAS ; 1er décembre 1859, BONNARD ; 22 décembre 1859, GOUCHON. Dans la dernière espèce, on se plaignait aussi d'un approfondissement.

45. La jurisprudence du Conseil d'État, s'est nettement dessinée sur la compétence préfectorale dans un avis, sous la date du 8 décembre 1859, intervenu dans les circonstances suivantes :

Il avait été proposé d'insérer dans un arrêté préfectoral portant approbation d'un règlement relatif au curage d'une rivière, et dans un projet de décret concernant le curage et l'amélioration d'une autre rivière, des dispositions ainsi conçues :

« Art. 2, § 2. Le syndicat pourra être chargé de faire
» exécuter les travaux d'élargissement ou de rectification
» que pourrait nécessiter l'amélioration desdits cours d'eau,
» dans le cas prévu et après l'accomplissement des for-
» malités prescrites par l'article 52.

» Art. 52, § 2. Si les projets ne donnent lieu à aucune
» expropriation forcée, et que leur exécution n'augmente
» pas de plus d'un quart la contribution annuelle que les
« intéressés auraient à supporter pour l'entretien et le
» curage ordinaire, ils peuvent être approuvés par le
» Préfet. Dans le cas contraire,..... il est statué, s'il y a
» lieu, conformément à la loi du 3 mai 1841, par un décret
» qui déclare l'utilité publique des travaux. »

Saisi par Son Exc. le Ministre de l'agriculture, du commerce et des travaux publics de l'examen de la légalité de ces dispositions, le Conseil d'Etat, après avoir visé la loi du 14 floréal an XI, l'article 4 du décret du 25 mars 1852 et l'arrêt au contentieux du 1er décembre 1859 (BONNARD), s'est exprimé en ces termes :

« *En ce qui concerne l'insertion de la disposition précitée dans les arrêtés préfectoraux, relatifs au curage des cours d'eau :*

» Considérant qu'aux termes de l'article 2 de la loi du 14 floréal an XI, un règlement d'administration publique doit intervenir toutes les fois que les mesures à prendre pour le curage des cours d'eau ne sont pas l'application pure et simple des anciens règlements ou des usages locaux ;

» Que, de même, le décret du 25 mars 1852 limite expressément la compétence des préfets, au cas où le curage s'opère de la manière prescrite par les anciens règlements ou les usages locaux ;

» Considérant que les travaux auxquels s'applique la clause sus-mentionnée ont le caractère de travaux extraordinaires ou tout au moins de travaux d'amélioration dépassant les proportions d'un curage ordinaire, et ne sauraient, par cela même, être regardés comme l'application des usages ou des règlements anciens ;

» Considérant qu'il n'y a pas lieu, dès lors, de distinguer si ces travaux entraînent ou non des expropriations, et si la dépense excède ou non le quart de la contribution payée d'ordinaire par les intéressés ;

» Que, dans tous les cas, les préfets sont incompétents, d'après la législation en vigueur, soit pour prescrire de pareils travaux, soit pour en imposer la dépense aux intéressés, soit pour constituer un syndicat chargé de leur exécution ;

» Considérant que la jurisprudence du Conseil d'Etat, au contentieux, s'est prononcée dans le même sens, dans une affaire récente, ainsi qu'il résulte de l'arrêt sus-visé ;

» *En ce qui concerne l'insertion de la même disposition dans les décrets relatifs au curage :*

« Considérant qu'en insérant dans les décrets la disposition dont il s'agit, on satisferait peut-être, dans la forme, aux prescriptions de la législation, puisque le Préfet n'exercerait alors ses pouvoirs qu'en vertu de la délégation à lui faite par un règlement d'administration publique ;

» Mais que cette délégation, faite à l'avance et pour des travaux indéterminés, bien qu'on la limite au cas où ces travaux n'entraînent pas d'expropriation et où la dépense n'excède pas une certaine quotité, ne remplirait qu'imparfaitement le vœu de la loi ;

» Considérant, d'ailleurs, que la réglementation du curage, et surtout l'exécution des travaux d'élargissement, de redressement et d'amélioration, ne touchent pas seulement aux intérêts des propriétaires dépossédés ou obligés de contribuer à la dépense ;

» Que de pareilles mesures, alors même qu'elles n'entraîneraient aucune expropriation et ne comporteraient qu'une dépense modérée, peuvent avoir les conséquences les plus graves, soit à cause des obligations plus ou moins étendues qui en résultent pour les riverains, soit à cause des usines dont le fonctionnement peut être compromis, soit enfin à cause de l'influence que peuvent avoir, pour les propriétés situées en amont et en aval, les modifications apportées à l'écoulement des eaux ;

» Considérant qu'à tous ces points de vue, il est désirable que l'administration supérieure intervienne pour apprécier directement et pour concilier autant que possible ces divers intérêts, et que c'est par ce motif que le législateur a voulu qu'il fût statué par un règlement d'administration publique ;

» Est d'avis qu'il n'y a lieu d'insérer la disposition dont il s'agit ni dans les arrêtés préfectoraux, ni même dans les décrets impériaux rendus en matière de curage des cours d'eau. »

46. Le Conseil d'État a fait application des principes posés dans cet avis à l'occasion d'une dérogation à d'anciens usages. Un arrêté préfectoral du 22 décembre 1856, interprétant la loi de l'an XI combinée avec le décret de 1852, comme autorisant les préfets à faire de nouveaux règlements, avait assujetti au curage d'un cours d'eau des propriétaires non riverains. Le conseil de préfecture, saisi d'une demande en décharge de taxe, en avait prononcé le maintien. Sur le pourvoi, le Conseil d'État a statué, le 29 février 1860 (Courtois), ainsi qu'il suit :

« Considérant qu'aux termes de la loi du 14 floréal an XI il doit être pourvu au curage des rivières non navigables ni flottables de la manière prescrite par les anciens règlements ou d'après les usages locaux, et que lorsque l'application des règlements ou l'exécution du mode consacré par l'usage éprouve des difficultés, ou lorsque des changements survenus exigent des dispositions nouvelles, il doit y être pourvu par un règlement d'administration publique ; que ces dispositions de ladite loi n'ont pas été abrogées par notre décret du 25 mars 1852 ;

» Considérant qu'il résulte de l'instruction que, d'après les anciens règlements sus-visés et d'après les usages locaux, les frais de curage de la rivière la Petite-Seille doivent être supportés par les propriétaires riverains ; qu'aucun règlement d'administration publique n'a modifié ces règlements et usages locaux ; que dès lors, c'est à tort que les sieurs Bizet et Courtois ont été assujettis, comme propriétaires du moulin de Cany, au paiement des frais de curage des canaux de dérivation et bras de décharge de la Petite-Seille, desquels ils ne sont pas riverains. » (Voyez analogue 12 juillet 1855, Garnier).

47. Même en se maintenant dans les limites des usages ou des anciens règlements, un préfet ne peut pas comprendre dans des associations syndicales de curage ou dans des mesures de curage exécutées sous la direction de l'administration, sans organisation syndicale, des fossés qui ne constituent ni des canaux, ni des cours d'eau permanents, au curage desquels il appartienne à l'administration de pourvoir par application de la loi de l'an XI : 28 décembre 1858 et 16 janvier 1861 (D'Andlau) ; et par exemple des fossés d'assainissement, de clôture ou de défense ou autres fossés creusés de main d'homme pour la vidange des eaux : 19 février 1865 (Hubert). Tandis qu'il est fait une exacte application de la loi à un cours d'eau qui sert à l'écoulement dans une rivière des eaux provenant soit des infiltrations à travers la levée d'un fleuve, soit des fossés qui sillonnent le territoire d'une commune : 18 avril 1860 (Chauveau, Mathurin-Benoist), 24 avril 1865 (Chauveau) ; à un ruisseau, bien qu'il soit à sec pendant une partie de l'année, comme presque tous ceux du département, si la largeur de son parcours, son débit en temps de crue et l'étendue considérable de son bassin lui attribuent le caractère d'un cours d'eau assujetti aux prescriptions de la loi : 9 décembre 1864 (Bourbon).

48. La formule la plus récente des règlements de curage comprend 43 articles, classés sous 7 titres, savoir :

I. *Du syndicat* (curage à vieux fond et à vieux bords et faucardement, confié au syndicat, sous le contrôle et la surveillance de l'administration ; composition du syndicat, nomination, renouvellement, délibérations, attributions).

II. *Curages ordinaires et extraordinaires, faucardements.* — *Exécution et paiement des travaux* (époque de ces opérations, reconnaissance de la largeur du cours d'eau ; mode d'exécution des travaux, leur vérification, leur paiement).

III. *Police des cours d'eau.* — *Gardes rivières.* — *Prescriptions diverses* (mesures prescrites pour les constructions sur ou joignant les cours d'eau, pour les entreprises dans le lit des rivières, pour les usines, pour la conservation des berges, prohibition d'écouler des eaux infectes ou des matières nuisibles. Nomination, serment, attributions des gardes rivières. Obligation pour les riverains de livrer passage aux fonctionnaires et agents, sauf réparation des dommages).

IV. *Répartition des dépenses* (état des terrains et usines appelés à supporter la dépense du curage, enquête, approbation).

V. *Travaux d'amélioration et déclaration d'utilité publique* (cet article est ainsi conçu : — « Art. 52. Si, pour procurer le libre écoulement des eaux, il est jugé nécessaire d'entreprendre des travaux d'élargissement et de rectifications partielles, les projets de ces travaux, dressés par les soins du syndicat, et vérifiés par les ingénieurs, seront soumis à l'enquête prescrite par le titre Ier de la loi du 3 mai 1841, dans les formes indiquées par l'ordonnance du 18 février 1834.

» Il sera statué par un décret rendu dans la forme des règlements d'administration publique. Ce décret déclarera l'utilité publique des travaux, fixera les bases de la répartition de la dépense entre les propriétaires intéressés, et instituera, s'il y a lieu, le syndicat chargé de les exécuter.) »

VI. *Comptabilité et recouvrement des taxes* (caissier du syndicat, cautionnement; il est chargé de dresser les rôles qui sont rendus exécutoires et recouvrés comme en matière de contributions directes; paiement des dépenses, reddition des comptes, vérification de la caisse).

VII. *Dispositions générales* (contraventions et réclamations, compétence).

49. Pour les recours contentieux qui peuvent être dirigés contre les règlements en matière de curage, voy. ce qui a été dit *suprà*, nos 33 et 34.

50. Lorsque, depuis un temps immémorial, les frais de curage d'un cours d'eau ont été supportés exclusivement par les propriétaires riverains, on ne saurait prétendre que ces propriétaires ne sont pas seuls intéressés au curage et demander que tous les propriétaires intéressés y contribuent : 18 avril 1860 (Chauveau, Mathurin Benoist).

51. Le curage des rivières non navigables, régulièrement ordonné par l'administration, est un travail d'utilité publique. Dès lors c'est à l'autorité administrative qu'il appartient de connaître de la demande en indemnité formée par un riverain à raison de faits dommageables amenés par cette opération, notamment à raison soit d'un dépôt de galets, soit de la suppression momentanée d'une prise d'eau nécessaire à l'alimentation de son usine, soit enfin de l'enlèvement d'arbres existant le long de sa propriété : 15 décembre 1853 (Mignerot). Mais un riverain n'est pas fondé à réclamer à raison d'arbres ayant leur pied dans le lit même du cours d'eau qui ont été arrachés lors du curage : 18 avril 1860 (Chauveau).

52. Les tribunaux judiciaires sont compétents pour connaître de la demande en indemnité formée par un riverain privé d'une portion de terrain par suite d'un curage, sauf appréciation préalable par l'administration de la question de savoir si le curage a eu lieu à vif fond et francs-bords : 30 mars 1853 (Laurent) ; 14 avril 1853 (Amyot Robillard). Même solution quand il s'agit de décider sur la propriété d'un ancien lit abandonné et qu'il faut apprécier si l'administration y a ramené les eaux par voie de simple curage ou de redressement du nouveau lit : 3 juin 1858 (Mocker).

§ 4.

Répartition, entre l'industrie et l'agriculture, des eaux des cours d'eau non navigables ni flottables.

53. L'administration a puisé dans les lois de 1790 (voy. n° 9), 1791 (voy. n° 10) et 14 floréal an XI (voy. n° 12) le droit de faire des règlements de police concernant l'usage des eaux, règlements obligatoires pour tous. Ces règlements doivent, en principe, être faits par le pouvoir central. Le décret du 25 mars 1852 contenait dans les n°s 5 et 6

du tableau D le germe d'une compétence que le décret du
15 avril 1861, tableau D, n° 7, a formulée d'une manière
plus précise en ces termes :

« 7° Répartition, entre l'industrie et l'agriculture, des
eaux des cours d'eau non navigables ni flottables, de la
manière prescrite par les anciens règlements ou les usages
locaux. »

54. En vertu de ce texte, les préfets peuvent édicter
des règlements pour assurer l'application des anciens usages
ou règlements, comme nous l'avons indiqué (n° 44) en
matière de curage. Une organisation syndicale leur était-
elle permise lorsque ni les anciens règlements, ni les anciens usages ne la mentionnaient pas? La raison de douter
vient du silence du passage du décret de 1861 ci-dessus
rappelé. Et on peut très-bien soutenir qu'en dehors de
l'application pure et simple des errements anciens il fallait
recourir au Souverain. C'est, au surplus, ainsi qu'il était
procédé dans la plupart des cas, et voici les règles qui
étaient appliquées :

Lorsque le nombre et la nature des intérêts engagés dans
la question de règlement présentaient un caractère d'intérêt
général (ce caractère a été reconnu dans une espèce où il
s'agissait du partage des eaux d'un ruisseau entre trois
communes, un moulin et quatre barrages d'irrigation). Son
Excellence le Ministre des travaux publics, après avoir
examiné en conseil général des ponts et chaussées les projets présentés, adressait au préfet compétent les instructions nécessaires qui , en général , peuvent être résumées
en ces termes :

1° Aucune disposition légale ne saurait contraindre à
entrer dans un syndicat d'irrigation les propriétaires qui
ne veulent pas en faire partie ; mais un règlement de police
concernant l'usage des eaux, tant pour l'industrie que pour
l'agriculture, est obligatoire pour tous ;

2° S'il existe, dans la localité, des règlements ou d'anciens usages qu'il suffise de remettre en vigueur pour faire droit aux réclamations, le préfet tient à cet effet les pouvoirs nécessaires du § 7 du tableau D annexé au décret du 13 avril 1861, sur la décentralisation ;

3° A défaut de ces règlements ou usages, comme dans le cas où il serait nécessaire d'y déroger, un décret délibéré en conseil d'Etat est indispensable pour statuer sur le règlement, et il y a lieu, dès lors, de procéder comme il suit à l'instruction préparatoire :

A. Un syndicat provisoire sera institué par un arrêté préfectoral ;

B. Le projet d'un règlement de police sur l'usage des eaux, tant pour l'industrie que pour l'agriculture, et le projet d'organisation d'un syndicat définitif ayant pour mission de faire exécuter ce règlement, seront concertés entre les ingénieurs et le syndicat provisoire et soumis ensuite aux enquêtes dans la forme prescrite par la circulaire du 23 octobre 1851 (1) ;

C. Le dossier soumis aux enquêtes est ensuite transmis à l'administration supérieure avec les propositions définitives du préfet et celles des ingénieurs.

55. Il s'agit donc ici d'une constitution spéciale de syndicat qui s'impose aux intéressés non pas pour les contraindre à exécuter des canaux d'arrosage (voy. *infrà*, nos 63 à 67), ni même seulement pour les entretenir, car dans ce dernier cas la loi de floréal an XI aurait été suffisante, mais pour les astreindre à l'exécution de mesures de police reconnues nécessaires et qui ont leur principale base dans la loi des 12-20 août 1790.

Nous avons sous les yeux l'un des règlements de cette

(1) Il s'agit d'une enquête ouverte pendant vingt jours dans chacune des communes intéressées, après affiche à la principale porte de l'église et de la mairie, et publication à son de caisse ou de trompe, avec dépôt des pièces au secrétariat de la mairie et d'un registre destiné à recevoir les observations des parties intéressées.

nature les plus récemment publiés ; c'est un décret du
1er juillet 1865, dont l'art. 1er est ainsi conçu :

« Art. 1er. Les usagers des cours d'eau et canaux de la
plaine de Bigorre, de Campan à la limite du département
des Hautes-Pyrénées, seront réunis en associations syndicales dans le but de régler tout ce qui concerne l'usage
des eaux et de pourvoir à l'exécution et à l'entretien des
travaux nécessaires à cet usage. »

L'article 15 charge les syndicats :

« 1º De présenter des projets de règlement pour fixer ce
qui concerne le bornage des canaux, les dimensions du lit
et des berges des cours d'eau, le curage et les plantations
riveraines, le mode de distribution et la répartition des
eaux entre les intéressés, les dispositions relatives aux
usines et qui ne sont pas comprises dans les titres réglementaires de ces usines. »

Pour le surplus, il y a une étroite analogie entre ces syndicats et ceux de curage. (Voy. nº 48).

Il est superflu de faire remarquer que c'est aux règlements particuliers et locaux dont nous parlons ici que fait
allusion l'art. 645 du Code Napoléon.

§ 5.

Exécution et entretien de travaux de dessèchement des marais.

56. L'organisation syndicale en cette matière repose
sur la loi du 16 septembre 1807. (Voy. nº 15). M. CHRIS-
TOPHLE, t. I, p. 79, nº 95, exprime l'opinion qu'il y a eu
aussi décentralisation par les décrets de 1852 et 1861.
L'adhésion des intéressés à l'exécution des travaux et à la
répartition des dépenses autorise, en effet, le préfet à
constituer un tel syndicat. Malgré la nature complexe des
opérations inhérentes aux dessèchements, ces décrets prévoient formellement le cas en parlant des canaux de dessèchement. Mais remarquons que dans l'hypothèse de la

compétence préfectorale, il s'agit bien plutôt de l'application d'un règlement accepté par les intéressés avec des formes plus ou moins analogues à celles de la loi de 1807 que de l'application de cette loi elle-même. Car pour les concessions, la représentation de l'intérêt de propriété, l'exécution des travaux, leur entretien, la compétence de la commission spéciale, etc., etc., la législation de 1807 doit être suivie, et nous ne pensons pas que le préfet puise dans les décrets de décentralisation aucun pouvoir pour modifier le rôle que cette loi lui a assigné. C'est, au surplus, ce qu'enseignent MM. Dufour, t. VI, p. 123, n°s 155 et suiv., et Serrigny, t. III, p. 442, n° 1587. Les dessèchements volontaires prévus par les décrets de 1852 et 1861 n'ont jamais, que nous le sachions du moins, eu lieu pour de véritables marais, mais seulement dans les cas que l'art. 3 de la loi du 29 avril 1845 a prévus, pour procurer aux eaux nuisibles leur écoulement. Il est, en effet, beaucoup plus facile de s'entendre pour l'établissement et l'entretien de canaux de vidange et d'assèchement que pour le dessèchement de marais. Si l'entente était néanmoins obtenue, rien n'aurait empêché l'exercice de la compétence préfectorale, sans l'observation des formes tracées par la loi de 1807.

57. Il a été à bon droit décidé que lorsqu'un préfet a été chargé par une ordonnance royale rendue en 1832 de constituer en associations syndicales distinctes les propriétaires de marais d'une vallée intéressée au curage des cours d'eau de chacun des bassins entre lesquels se divise la vallée, un arrêté préfectoral, rendu sous l'empire du décret du 25 mars 1852, n'a pas pu, sans excès de pouvoirs, alors que les propriétaires intéressés n'étaient pas d'accord pour la répartition des dépenses, dissoudre plusieurs des syndicats organisés en exécution de l'ordonnance royale et charger un seul syndicat de l'administration de plusieurs bassins.

Le décret du 25 mars 1852 n'autorise, en effet, les préfets

à constituer en association syndicale les propriétaires intéressés à l'exécution et à l'entretien de travaux de dessèchement que dans le cas où ces propriétaires sont d'accord
pour l'exécution des travaux et la répartition des dépenses.
En conséquence, le syndicat organisé par le nouvel arrêté
préfectoral n'a pas qualité pour arrêter un rôle de répartition de dépenses, et décharge doit être accordée à un
propriétaire porté sur ce rôle, qui la réclame : 5 juillet 1865
(LEBARBIER).

58. Un autre arrêt, du 4 juin 1852 (GILLES), établit le
principe qu'une ordonnance royale, qui a constitué parmi
les propriétaires intéressés au libre écoulement des eaux
d'un territoire, un syndicat chargé de pourvoir à l'entretien de canaux, robines, fossés et autres cours d'eau d'un
intérêt général, pouvait déroger aux anciens usages en faisant contribuer à l'entretien de toute la robine des propriétaires qui n'en entretenaient qu'une partie, alors que leur
intérêt comportait cette extension de contribution prononcée par la commission spéciale. Le même arrêt déclare que
les propriétés dont la culture, à raison de l'élévation du
sol, est indépendante de l'écoulement des eaux, ont été à
tort comprises dans le périmètre des propriétés imposables
sur le motif que, par suite de l'assainissement des terrains
inférieurs, ces propriétés cessaient d'être exposées aux
fièvres causées périodiquement par les vents de la plaine.

59. La formule des règlements d'administration publique par décret, en matière de dessèchement, présente
d'étroites analogies avec celle que nous avons esquissée n° 52
pour les endiguements ; il nous paraît, en conséquence,
inutile d'entrer ici dans de nouveaux détails qui ne seraient
que des redites.

60. La loi du 21 juillet 1860 et un règlement d'administration publique du 6 février 1861 ont tracé les règles à
suivre pour la mise en valeur des marais et des terres
incultes appartenant aux communes. Cette législation spé-

ciale ne comporte pas l'emploi de l'organisation d'associations syndicales.

§ 6.

Exécution et entretien de travaux pour l'assèchement des mines.

61. C'est une association syndicale d'une nature toute particulière, régie par les dispositions de la loi du 27 avril 1838 (n° 14), auxquelles n'a pas dérogé la législation postérieure. Voy. aussi M. SERRIGNY, t. III, p. 448, n° 1593, et *suprà*, n° 23.

§ 7.

Exécution et entretien de travaux d'assainissement des terres humides et insalubres.

62. Avant la loi du 21 juin 1865, ces travaux d'assainissement rentraient dans la catégorie des dessèchements et recevaient l'application de la loi du 16 septembre 1807 (voy. n°ˢ 25 et 56), à moins qu'il ne s'agit de l'un des cas prévus par la loi du 10 juin 1854, art. 3 et 4. (Voy. *infrà*, n°ˢ 72 et suiv.)

II. ASSOCIATIONS VOLONTAIRES.

§ 1.

Exécution et entretien de travaux d'irrigation.

63. M. SERRIGNY, t. III, p. 459, n°ˢ 1611 et suiv., constate que les syndicats d'arrosage ne sont prévus et organisés d'une manière expresse par aucune disposition de loi, qu'ainsi ils ne peuvent être rendus obligatoires pour les propriétaires ; qu'il faut l'accord unanime des intéressés formellement exprimé ; que la législation générale donnait au gouvernement le droit de les autoriser ; que telle a été

la pratique constante ; qu'enfin, au moins depuis les décrets
de 1852 et 1861, les préfets avaient le droit de les constituer, quand ils pouvaient fonctionner sans expropriation,
car, dans ce dernier cas, il aurait fallu recourir au pouvoir
central. — M. CHRISTOPHLE, t. I, p. 77 et 81, nᵒˢ 91 et 95,
enseigne la même doctrine. M. DUFOUR, t. IV, p. 520, nᵒ 485,
après avoir indiqué la nécessité du consentement des intéressés et cité le décret du 25 mars 1852, tableau D, 6ᵒ
(voy nᵒ 15), ajoute : « Cependant il est sans exemple qu'un
préfet se soit prévalu de cette attribution; l'administration
supérieure se fait un devoir d'attirer jusqu'à elle toutes les
affaires de ce genre. Le dossier passe de la préfecture au
ministère des travaux publics, avec un projet présenté par
le préfet à titre de proposition. Enfin, le ministre consulte
la section du conseil d'Etat attachée à son département, et
il est statué par décret. » Nous croyons que cette opinion
de M. Dufour est un peu hasardée. L'administration supérieure se ferait un devoir d'appliquer la règle de compétence résultant des décrets de 1852 et 1861, si les espèces
qui lui sont soumises comportaient cette application. Ce qui
prouve que les préfets ont statué en matière d'irrigation,
c'est la déclaration faite par M. le ministre des travaux
publics lui-même dans les termes suivants, à l'occasion
d'un décret sur conflit, en date du 51 janvier 1856
(ARROSANTS D'EUS ET DE MARQUIXANNES) :

« D'après les usages du Roussillon, le préfet avait qualité,
en 1849, pour approuver la création volontaire d'une
association de ce genre. Le décret du 25 mars 1852 a étendu
à toute la France ces usages d'une province où les irrigations sont depuis longtemps en honneur. En matière d'associations territoriales purement volontaires, jamais le
conseil d'Etat n'a appliqué le principe que les associations
de ce genre dussent être, à peine de nullité, créées par des
actes émanés directement du Souverain. Ce principe n'a été
posé par le conseil d'Etat qu'en ce qui touche les associa-

tions territoriales constituées d'office en matière de curage :
20 janvier 1843 (Riv. d'Orges ; voy. n° 42). L'autorité
judiciaire a proclamé, au contraire, la validité des associations d'arrosage formées par simple arrêté préfectoral.
D'abord, la Cour de Cassation avait pensé que les associations d'arrosage étaient de simples sociétés civiles (26 mars
1841), mais elle a reconnu par un second arrêt (24 février
1844) qu'à l'égal des communes qui sont représentées en justice par leur maire, les associations territoriales d'arrosage,
constituées par simple arrêté du préfet, peuvent plaider
par leurs syndics (1). »

La preuve que les préfets se sont fréquemment occupés
d'associations d'arrosants, s'induit encore d'assez nombreux
arrêts rendus au contentieux par le conseil d'Etat.

64. Nous pensons donc qu'il faut admettre la compétence
préfectorale pour les associations volontaires d'arrosage ;
que cette compétence existait avant 1852 et 1861, et qu'elle
n'a été rendue que plus formelle par les dispositions de ces
décrets ; que si M. Dufour n' a été conduit à s'occuper que
de décrets ou ordonnances constitutives d'associations de
cette nature, c'est probablement que, dans les espèces qu'il
a examinées, l'exécution des travaux comportait l'application de l'expropriation pour cause d'utilité publique, ce
qui justifie complètement l'attraction exercée par l'administration supérieure.

65. Les facilités données aux irrigations par les lois
des 29 avril 1845 et 11 juillet 1847, dont nous avons
rendu compte dans le t. III du *Journal du Droit administratif* (1855), p. 49 à 72, art. 127, ne pouvant guère être
utilisées que pour des convenances individuelles, la com-

_____

(1) Sans traiter ici cette question qui sera mieux développée sous l'art. 3
de la loi du 21 juin 1865, constatons que cette jurisprudence a été suivie
par les arrêts de la même Cour, en date des 21 mai 1851 (Devill. 1851,
I, 695 ; Dall. 1851, I, 124); 30 août 1859 (Dall. 1859, I, 365) et 6
juillet 1864 (Devill. 1864, I, 327 ; Dall. 1864, I, 424).

mission du Corps Législatif chargée de l'examen du projet de loi sur le libre écoulement des eaux provenant du drainage, avait pensé qu'il était urgent·et opportun de saisir l'occasion qui était offerte de modifier la loi de 1845 dans ce qu'elle avait de préjudiciable à l'agriculture. Elle avait proposé, en conséquence, de rendre applicables aux cas régis par cette dernière loi les art. 3 et 4 de la loi du 10 juin 1854 (voy. n° 16).

Le conseil d'Etat en jugea autrement.

66. Nous avons vu *suprà*, n°s 54 et 55, que si un propriétaire ne peut pas être compris, malgré lui, dans une association d'irrigation, comme le font remarquer avec raison MM. Lebon et Hallays-Dabot, dans leur excellent *Recueil des arrêts du conseil d'Etat*, t. XXIX (1859), p. 459, ce même propriétaire peut être contraint de participer aux charges d'un syndicat ayant pour mission d'appliquer un règlement de police sur l'usage des eaux, tant pour l'industrie que pour l'agriculture. C'est pour avoir méconnu cette distinction qu'un usinier a vu rejeter le recours qu'il avait dirigé contre un arrêté de conseil de préfecture le condamnant à payer une taxe syndicale de 36 fr.

L'usinier disait : On a compris, malgré moi, mon moulin dans l'association syndicale.

On lui répondait : Les règlements d'eau de votre usine vous obligent à vous conformer à tous les règlements faits ou à faire par l'administration, en ce qui concerne le service des irrigations, la police et le régime des eaux de la rivière d'où est dérivé le volume d'eau nécessaire au mouvement de votre usine. Des règlements d'administration publique ont confié à un syndicat le soin d'*administrer* cette rivière ; vous êtes donc l'un des intéressés qui doivent supporter les dépenses occasionnées par cette rivière au syndicat. Et le conseil d'Etat a accueilli ces moyens : 21 juin 1859 (Villon).

67. Alors même qu'avant le décret de 1852 le droit de

constituer un syndicat d'arrosage pût être contesté au préfet, cette irrégularité aurait pu être couverte par l'adhésion de tous les intéressés. C'est ce qu'a décidé le conseil d'Etat dans une espèce très-favorable.

Un arrêté préfectoral pris avant 1852 (en 1838) avait constitué une association syndicale d'arrosants. Un propriétaire, compris par cet arrêté au nombre des intéressés, et après lui son fils, payent sans opposition, pendant un temps très-long (dix-sept ans) les cotisations mises à leur charge par la commission syndicale; ils se servent pour l'arrosement de leurs propriétés des eaux de l'association; ils exécutent ainsi volontairement et sans réserve l'arrêté préfectoral; le conseil de préfecture doit rejeter comme non recevable la demande en nullité pour excès de pouvoirs que le fils présente contre l'arrêté préfectoral, en se fondant sur ce que, jusqu'au décret de décentralisation, les associations syndicales d'arrosants ne pouvaient être autorisées que par une ordonnance rendue en la forme des règlements d'administration publique : 17 mars 1857 (MAGNAN).

M. CHRISTOPHLE, t. I, p. 85, n° 100, en rappelant cet arrêt, exprime l'opinion que la nullité provenant soit de l'incompétence, soit de l'inobservation des règles prescrites pour la constitution des sociétés syndicales, ne peut pas être couverte par l'acquiescement des intéressés, parce que cette nullité est d'ordre public. Nous serions disposé à distinguer entre les syndicats forcés constitués d'office et les syndicats volontaires. Nous admettrions d'une manière absolue le principe de la nullité d'ordre public pour les premiers, nous la repousserions pour les seconds. Du moment que l'adhésion est constante et que cette adhésion suffit pour que l'association soit valable, comment ne pas considérer comme liant irrévocablement l'intéressé un consentement, une acceptation de longue durée manifestés, non pas seulement par le paiement d'une taxe, comme en matière d'endiguement ou de curage, mais par une participation active aux avantages de l'irrigation, en employant l'eau mise à sa disposition pour fertiliser ses champs? La signature de l'intéressé au bas d'un acte d'association libre l'engagerait, et après avoir usé de l'eau pendant dix-sept ans, en vertu d'un règlement adopté par l'autorité administrative, il oserait prétendre qu'il a subi ce règlement! La prétention n'était pas soutenable, et la décision du conseil d'Etat nous paraît fondée.

68. S'il appartient au pouvoir exécutif, sous toutes réserves des droits des tiers, d'autoriser une commune à dériver pour ses arrosages, au moyen d'un canal, les eaux d'une rivière flottable, et de déclarer l'utilité publique de ce travail, il ne peut légalement prescrire que cette dérivation empruntera, sans l'assentiment des intéressés, un canal d'irrigation dont une association d'arrosants est exclusivement en jouissance et dont elle se dit même propriétaire. En conséquence doit être annulé dans ses dispositions, relatives à cette association d'arrosants, un décret qui, en dehors de tout consentement de la part de cette association, a ordonné l'élargissement et le prolongement de son canal pour l'arrosage du territoire d'une commune inférieure, attribué à la commune 1,200 litres d'eau par seconde, en laissant à l'association des arrosants 500 litres seulement, et soumis cette association à l'obligation de contribuer aux dépenses d'élargissement et d'entretien du tracé commun : 8 février 1864 (ASS. DU CANAL HARMAND). Il y avait, dans l'espèce, trois causes d'annulation : 1o une participation forcée aux dépenses d'une association d'irrigation; 2o une aggravation de dépense qui cessait d'être proportionnée à l'intérêt des premiers arrosants; 3o une atteinte grave aux droits de propriété de ces mêmes arrosants.

69. Que l'association dût être constituée par décret ou par simple arrêté préfectoral, voici comment il était procédé :

La demande des intéressés parvenue à la préfecture devait contenir l'engagement provisoire de payer les frais des études nécessitées par le projet de canal. Les ingénieurs visitaient les lieux, et si les résultats de cette visite étaient favorables à la demande, il était constitué un syndicat provisoire chargé d'élaborer avec les ingénieurs un projet de règlement. S'il ne s'agissait que d'une simple dérivation faite par une association de propriétaires pour arroser les terrains qu'ils possédaient dans les conditions de la loi du 11 juillet 1845, l'administration supérieure n'avait à s'occuper que de l'autorisation nécessaire pour la prise d'eau, quand elle devait être faite dans une rivière navigable ou flottable, sauf au préfet à approuver le règlement consenti par les intéressés. Si, au contraire, il s'agissait de l'ouverture d'un canal d'arrosage par une association qui demandait le droit de vendre l'eau à des propriétaires non associés, il fallait préparer l'instruction en vue de l'application de la loi du 5 mai 1841. Alors les propriétaires qui avaient demandé la concession devaient faire connaître par un engagement écrit quelle était l'étendue de terrain que chacun comptait arroser, et par suite quelle serait sa part contributive dans l'ensemble des dépenses des travaux. On ne peut, en effet, déclarer l'utilité publique d'une entreprise qu'autant qu'il existe une réunion de demandeurs en concession prête à former une personne civile offrant toutes les garanties pour en assurer l'exécution. En conséquence, les intéressés étaient tenus de remplir des formules de souscription contenant en autant de colonnes :

1º Les numéros du cadastre de chaque parcelle ;
2º L'étendue des terres engagées dans l'opération ;
5º Les nom et prénoms des propriétaires ;
4º Leur signature.

.L'engagement des propriétaires illettrés devait être reçu et constaté par la signature du maire.

Le cadre contenant ces indications était précédé d'une formule ainsi conçue :

49

« Les propriétaires soussignés déclarent consentir à se
réunir en société pour entreprendre en commun, et chacun
en proportion de son intérêt, l'établissement d'un canal
d'irrigation, et en devenir concessionnaires aux clauses et
conditions stipulées au projet de règlement ci-joint.

» Commune de....... »

70. Cette formule d'engagement pouvait être utilisée
dans le cas où la prise d'eau étant faite dans un cours d'eau
non navigable ni flottable, le préfet est compétent pour
l'autoriser, et où il l'était aussi pour autoriser l'association
sans expropriation.

71. Après que le dossier avait été régularisé par les
enquêtes faites conformément à l'ordonnance du 18 février
1854, le dossier était envoyé au ministère avec les avis des
ingénieurs et du préfet; le conseil général des ponts et
chaussées exprimait aussi son avis, et un décret interve-
nait, dont l'art. 1er disposait :

« Art. 1er. Les habitants des communes de....., intéressés à la construction d'un canal d'arrosage pour la fertilisation de leurs terres sont, suivant les listes de souscription
ci-dessus visées, autorisés à se réunir en association, sous
le nom de Société du canal de...... L'exécution des travaux
aura lieu conformément aux plans ci-dessus visés, qui resteront annexés au présent décret, et une prise d'eau sera
faite dans..... pour l'alimentation du canal d'arrosage. »

Les articles suivants traitaient des conditions imposées aux
propriétaires qui voudraient adhérer à l'association et de la
redevance qui devrait être payée par ceux qui voudraient
utiliser l'eau dérivée, tout en restant étrangers à l'association; de la formation du syndicat, de son renouvellement,
des délibérations et de son mandat.

Le titre II contenait une disposition ainsi conçue :

« Sont déclarés d'utilité publique les travaux dont l'exécution est confiée au syndicat institué par le présent dé-

cret et qui ont pour objet de pourvoir, au moyen d'un canal dérivé de..... à l'irrigation de.....

» En conséquence, les propriétaires des terrains arrosables sont substitués, pour l'entreprise dont il s'agit, à tous les droits et à toutes les obligations attribuées à l'administration par la loi du 3 mai 1841. »

Le titre III réglementait la prise d'eau et présentait une assez étroite analogie avec les autorisations d'usines.

Les titres IV, des travaux, de leur mode d'exécution et de leur paiement ; V, de la rédaction des rôles et de leur recouvrement ; VI, dispositions générales, différaient trèspeu des titres consacrés aux mêmes objets en matière de curage.

§ 2.

Exécution et entretien de travaux de drainage.

72. Ici la loi s'est montrée explicite, comme on l'a vu *suprà*, nº 16. Le syndicat est constitué par arrêté préfectoral, avec l'application des articles 3 et 4 de la loi du 14 floréal an XI (voy. nº 12), et les contestations sont de la compétence du conseil de préfecture quand elles portent sur les rôles ou sur la confection des travaux. Il nous paraît utile de rappeler les termes d'un passage de l'exposé des motifs de la loi du 10 juin 1854 :

« Le projet de loi dispose que l'association ne peut être que volontaire ; il l'encourage, il la protége, il ne la crée pas ; le propriétaire demeure libre de s'associer ou de ne pas s'associer ; il drainera son champ ou il ne le drainera pas, sans que sa volonté puisse jamais être violentée dans un sens ou dans un autre.

» Mais quand un certain nombre de propriétaires se seront réunis, qu'ils auront formé entre eux une association, et qu'ils demanderont, pour faciliter l'action sociale, l'organisation d'un syndicat, ce syndicat pourra être constitué par un arrêté du préfet.

» Le principe de la compétence préfectorale est écrit dans le décret du 25 mars 1852. L'art. 5 du projet de loi n'est qu'un corollaire des sages dispositions de ce décret, qu'il complète par les art. 3 et 4 de la loi du 14 floréal an XI. »

73. En analysant dans le *Journal du Droit administratif*, t. II (1854), p. 341 et t. III (1855), p. 71, la loi du 10 juin 1854, nous avons dû faire remarquer que la ligne de démarcation entre les lois du 16 septembre 1807, relative au dessèchement des marais, et de 1854, relative au drainage, avait fait l'objet principal de la discussion au sein du Corps Législatif. Des explications échangées à cette occasion, il résultait que si la loi de 1807 prévoit surtout le cas où l'eau couvre le sol qu'elle réduit à l'état de marais, et où il s'agit de travaux qui ne peuvent être exécutés avec des ressources individuelles, cependant elle pourra être invoquée, comme la loi actuelle, lorsqu'il s'agira d'assécher des surfaces considérables. On aura le choix entre ces deux modes, sans perdre de vue que la loi de 1807 a surtout pour objet l'intérêt général, tandis que la loi de 1854 est basée sur des considérations d'intérêt privé. Il a été reconnu également que les dommages que pourraient causer les travaux faits par les syndicats autorisés étaient soumis à la juridiction administrative des conseils de préfecture.

74. M. Serrigny, t. III, p. 457, n°s 1607 à 1610, est amené à reconnaître que la loi de 1854 distingue trois catégories de travaux : 1° les travaux libres, individuels ou collectifs, régis par l'art. 5 de la loi ; 2° les travaux des syndicats autorisés ; 3° les travaux déclarés d'utilité publique. M. Christophle, t. I, p. 76, n° 90, partage l'opinion du précédent auteur ; il insiste sur le caractère purement volontaire de l'association syndicale, qui ne pourrait devenir forcée qu'autant que l'application de la loi de 1807 serait substituée à celle de la loi de 1854.

Nous n'avons pu découvrir, dans la 2e édition de M. Du-FOUR, bien qu'elle soit datée de 1857, rien qui fût spécial au drainage.

75. La formule des règlements sur les associations de drainage présente, sauf quelques particularités d'espèce, de grandes analogies avec les règlements des associations de curage (voy. *suprà*, n° 48).

§ 3.

Associations libres, quel qu'en fût l'objet.

76. Les associations syndicales absolument libres se constituaient sans participation aucune de l'autorité publique ; elles étaient assujetties aux règles consenties par les intéressés et constatées dans des actes soit publics, soit privés, qui définissaient le but de l'association, sa gérance, le mode d'assiette et de recouvrement des cotisations, etc. ; quelquefois même il eût été bien difficile de représenter l'acte primitif, base de l'association. Le consentement verbal des propriétaires voisins et l'intérêt à l'exécution des travaux de dessèchement ou d'irrigation avaient suffi pour introduire certaines règles observées depuis des siècles, et qui tiraient de l'ancienneté de leur application une sorte de légalité.

« L'obstacle le plus grand à la formation d'associations libres, dit l'exposé des motifs de la loi du 21 juin 1865, résulte du silence de la législation sur cette matière et de la jurisprudence de la Cour de Cassation, qui refuse aux sociétés civiles le droit d'être représentées en justice par leurs gérants. Par son arrêt en date du 26 mai 1841, cette Cour a jugé que les réunions de propriétaires, constituant des sociétés purement civiles, il ne fallait pas leur appliquer les règles propres aux sociétés commerciales, et qu'en conséquence leurs membres devaient être assignés individuellement sur les demandes qui intéressent leur association, et non collectivement en la personne de leurs syndics. »

Malgré les difficultés opposées par cette jurisprudence indiquée déjà *suprà*, n° 63, et sur laquelle nous reviendrons *infrà*, sous l'art. 3 de la loi de 1865, le nombre des associations libres était de 254 en 1864, ce qui prouve que l'initiative individuelle, stimulée par l'intérêt local, pouvait, jusqu'à un certain point, lutter contre l'insuffisance de la loi.

CHAPITRE IV.

*Caractère des associations syndicales, de leurs travaux. —
Règles générales de compétence.*

77. Dans la discussion qui a eu lieu au Sénat (*Moniteur* du 14 juin 1865, p. 804), au sujet de la loi du 21 juin 1865, et notamment des facilités d'expropriation dont on gratifiait les associations syndicales autorisées, M. Le Roy de Saint-Arnaud a dit :

« Il n'était pas question d'une expropriation faite au nom d'un intérêt public proprement dit, c'est vrai, mais au nom d'un intérêt collectif qui, pour s'excuser à ses propres yeux des rigueurs qu'il allait déployer, était obligé de s'emparer par ci, par là de quelques éléments d'intérêt public, cachant son caractère local et privé sous les prétentions d'une utilité générale. »

Cette définition du caractère d'une association syndicale manque d'exactitude en ce qu'elle rapetisse outre mesure le rôle qui appartient naturellement aux syndicats.

Un syndicat est sans doute une institution locale ; mais, dans un grand nombre de cas, ce cachet local dépasse les proportions d'un intérêt communal.

Sans doute encore, l'intérêt privé domine seul quand on

considère l'individualité de chacun des intéressés, mais la collection des intérêts privés représentée par l'association atteint au niveau d'un intérêt public.

Les abstractions ne sont pas de mise en pareille matière, il faut apprécier les situations. Si les syndicats absolument libres doivent être laissés à l'écart comme excluant, dans la forme, sinon au fond, un caractère d'utilité publique, on ne saurait opposer la même objection aux syndicats patronnés par l'administration, provoqués par elle, et qui empruntent à cette origine officielle une partie des priviléges, des avantages qui sont propres aux établissement publics. Que de syndicats présentent une importance, au point de vue de l'intérêt général, de beaucoup supérieure à celle de bureaux de bienfaisance. Et cependant ils ne sont pas mis absolument sur la même ligne !

Ces derniers, en effet, sont de véritables établissements publics, tandis que les syndicats constitués par décrets, ordonnances royales, ou même par des arrêtés préfectoraux, sont plus exactement comparés à des établissements d'utilité publique.

Les uns et les autres constituent des personnes civiles ; ils ont chacun une individualité propre, mais les premiers ayant plus directement pour but l'amélioration des intérêts moraux ou matériels de la société, affectant d'une manière plus intime l'être social, appellent plus étroitement aussi le contrôle du gouvernement, la tutelle administrative.

Les seconds sont hiérarchiquement placés sur un plan inférieur, leur existence ne présente pas le même caractère, la même influence sociale que les premiers ; ils se rattachent moins étroitement à l'action administrative, et ils sont par cela même moins protégés par la tutelle officielle, plus émancipés.

Les syndicats, qu'on peut considérer comme faisant partie de la catégorie des établissements d'utilité publique, mais qui, sous bien des rapports, se rapprochent aussi des établissements publics, offrent une physionomie parfaitement tranchée.

La surveillance administrative ne les délaisse pas un seul instant. Leurs projets de travaux doivent être approuvés, leur budget aussi. Les rôles ne sont exécutoires que par l'autorité des préfets ; ils sont recouvrés comme en matière de contributions directes; la comptabilité est vérifiée et jugée administrativement, aucune délibération syndicale ne doit être mise à exécution qu'avec l'assentiment préfectoral. En un mot, les syndicats officiels ne naissent et ne vivent que sous l'égide de l'administration. Même parmi les établissements publics, on trouve peu d'exemples d'un plus complet patronage.

78. Constatons aussi que les associations syndicales avaient reçu, avant la loi de 1865, des règlements d'administration publique qui les constituaient, une individualité qui, malgré des variétés de forme inhérentes aux buts divers qu'il s'agissait d'atteindre, se trahissait toujours par des dispositions uniformes qu'on rencontre partout. Sans entrer ici dans des détails qui trouveront mieux leur place sous les articles de la loi nouvelle, il nous paraît utile d'emprunter textuellement aux formules de règlements les passages qui formaient comme la loi commune des associations syndicales.

79. 1° Chaque décret, ordonnance ou arrêté constitutif d'un syndicat était la loi organique de l'association ; il ne fallait pas chercher en dehors de ses dispositions des analogies, des assimilations que le texte excluait. Dans de nombreuses espèces, la jurisprudence du conseil d'Etat a établi que les propriétés associées pour des travaux s'appliquant à un objet déterminé ne l'étaient pas pour d'autres objets Et, dans une affaire qui a pris fin par suite d'un désistement, et où un particulier prétendait faire supporter par un syndicat une taxe de curage s'appliquant à un cours d'eau autre que celui-là seul qui était confiée à l'association, M. le ministre des travaux publics rappelait le principe de spécialité exclusive consacré par la jurisprudence.

80. 2º Le droit de contrôle et, au besoin, de contrainte accordé à l'administration se révélait par les dispositions suivantes :

« Le syndicat sera convoqué..... et sur l'invitation du préfet » ou bien « soit sur l'initiative directe du préfet. »

» Ses délibérations ne seront valables qu'après l'approbation du préfet » ou bien « dans tous les cas, les délibérations du syndicat ne pourront être exécutées qu'après l'approbation du préfet.

» Dans le cas où le syndicat ne remplirait pas les fonctions qui lui sont attribuées, le préfet, après une mise en demeure régulière, pourra y suppléer, en désignant, à cet effet, tel agent qu'il jugera convenable.

» Les projets de travaux doivent être approuvés par le préfet, et suivant les cas, par l'autorité supérieure.

» Les travaux seront adjugés, autant que possible, d'après le mode adopté pour ceux des ponts et chaussées, en présence du directeur du syndicat. Ils pourront cependant être exécutés de toute autre manière, sur la demande du syndicat, et d'après l'autorisation du préfet.

» A défaut du directeur, le préfet pourra faire constater l'urgence des travaux et ordonner leur exécution immédiate.

» A défaut du directeur, le préfet pourra délivrer des mandats pour le paiement des dépenses faites d'office d'après ses ordres.

» Le projet de budget est soumis... à l'approbation du préfet. »

Si le syndicat n'a pas pour caissier un percepteur, le receveur spécial choisi par le syndicat est « nommé par le préfet. »

« Les rôles sont rendus exécutoires par le préfet.

« Le syndicat vérifie le compte annuel du percepteur
(ou receveur spécial), l'arrête provisoirement et l'adresse
au préfet pour être soumis au conseil de préfecture qui
l'arrête définitivement, s'il y a lieu. »

81. Que conclure de tout cela, sinon que les associations
syndicales constituées par l'administration avant la loi de
1865 étaient, pour la plupart de leurs actes, assimilables
aux communes et participaient aux principaux attributs des
établissements publics, alors même qu'on les rangeait
dans la catégorie des établissements d'utilité publique.

C'est ce dernier caractère que leur reconnaissent M. CHAU-
VEAU dans ses observations sur un arrêt de la cour de Lyon
du 5 mars 1863 (*Journal du Droit administratif*, t. XI,
p. 281, n° 220), et M. CHRISTOPHLE, t. I, p. 16, n° 16 (1). La
cour de Lyon déclare, dans cet arrêt, qu'un syndicat de
curage, constitué par arrêté préfectoral « est une émana-
tion et une délégation de l'administration publique... qu'il
constitue une véritable administration ou établissement
public à l'égard duquel devait être observée, à peine de
nullité (art. 70 du Code de procédure civile), la formalité
du visa prescrit par l'art. 69. »

Après avoir mis ainsi en relief l'essence même des associations syndicales, nous sommes amenés à reconnaître
que ce sont des établissements d'utilité publique qui par le
lien de la subordination et du contrôle se rapprochent
beaucoup des établissements publics, en ayant néanmoins
une originalité *sui generis* qui ne permet de les confondre
ni avec les uns ni avec les autres.

82. La question de savoir si les travaux exécutés par les
associations syndicales sont publics ou privés présente des
difficultés dans certains cas. M. CHRISTOPHLE., t . I, p. 15 et

______

(1) Voy. aussi *infrà*, n° 82, ce que dit cet auteur à l'occasion des tra
vaux des syndicats.

suiv., n⁰ˢ 14 à 25, l'a traitée avec détail, et il nous paraît bon de résumer ici sa doctrine.

Il y a lieu de distinguer, dit cet auteur, les associations forcées et les associations volontaires. Pour les premières, pas de doutes ; il est impossible de ne pas reconnaître à leurs travaux le caractère de travaux publics; les secondes, qui doivent leur existence au consentement unanime des intéressés, ne présentent pas, au même degré, les conditions voulues. Certainement, les syndicats de drainage qui exécutent des travaux dont l'utilité publique a été déclarée (art. 4, loi du 10 juin 1854) doivent être assimilés, sous ce rapport, aux associations forcées; cela résulte aussi, d'ailleurs, de la déclaration faite devant le Corps Législatif, que l'indemnité à raison des dommages causés par ces travaux serait fixée par le conseil de préfecture (voy. *suprà*, n⁰ 73); on peut même décider en ce sens pour les travaux non déclarés d'utilité publique exécutés par un syndicat de drainage, parce que l'art. 3 de la loi précitée rend applicables à ces travaux les art. 3 et 4 de la loi du 14 floréal an XI (voy. *suprà*, n⁰ˢ 12 et 72) ; et c'est à tort qu'on argumenterait d'un arrêt de la Cour de Cassation, en date du 11 décembre 1860 (SYNDICAT DU FLOT DE WINGLES), dans l'espèce duquel l'association était régie par l'art. 5 de la loi de 1854, ce qui lui assignait le caractère d'un intérêt privé. Mais il en est autrement des syndicats d'irrigation, lesquels, sauf le cas où leurs travaux ont été déclarés d'utilité publique, ne forment pas une branche de l'administration. « Leurs travaux exécutés avec l'approbation et sous la surveillance de celle-ci, présentent, sans doute, une utilité que n'ont pas les travaux des particuliers qui agissent isolément; mais les actes constitutifs des syndicats n'en faisant ni des corps, ni des agents administratifs, et l'autorisation à laquelle leur existence est subordonnée n'intervenant réellement que pour réserver les droits de la police et de la sécurité publique, le caractère privé reste inhérent à ce qu'ils entreprennent dans l'intérêt des membres de l'association. » Et, ailleurs, « l'administration intervient, sans doute, pour les règlementer et donner une sanction définitive aux arrangements et aux conventions des intéressés ; mais elle ne procède pas alors par voie de commandement ; elle les organise, elle ne les crée pas. » Quant aux syndicats absolument libres où les particuliers sont livrés à eux-mêmes, sans intervention administrative, il est de toute évidence que leurs travaux sont purement privés, alors même qu'ils auraient pour objet de pourvoir à un service public : 18 avril 1850 (PREYSSAT), 7 avril 1859 (HERRER).

M. CHRISTOPHLE ne dissimule pas que son opinion sur les associations d'irrigation constituées par l'autorité rencontre des contradictions dans la jurisprudence du Conseil d'Etat qui paraît plus s'attacher, dans ses décisions, à l'importance de l'entreprise, aux formes dont sa constitution est revêtue, à l'intervention active des fonctionnaires administratifs qu'à la nature même de l'entreprise. Voici ses conclusions : « Cette distinction est-elle légale? Je suis porté à en douter, et je crois que le Conseil d'Etat s'est préoccupé beaucoup plus de l'utilité pratique de sa solution que des principes rigoureux du droit. »

Le même auteur a persisté dans son opinion dans un article inséré dans le *Journal du Droit administratif*, t. XI, p. 122, n° 92, où il décide que les syndicats d'irrigation autorisés par l'administration ne forment pas des établissements d'utilité publique, et que, eussent-ils ce caractère, le préfet ne devrait pas permettre aux entrepreneurs de leurs travaux de passer sur des propriétés particulières ou de les occuper temporairement pour le dépôt de matériaux. M. CHAUVEAU ADOLPHE a adhéré à cette doctrine, *loc. cit.* à la note.

Le raisonnement de M. CHRISTOPHLE a pour pivot une

argumentation que nous devons reproduire, puisque nous avons à la combattre.

« Les associations d'arrosage, dit-il, eussent-elles le caractère d'établissements d'utilité publique, la solution serait encore la même. Les établissements d'utilité publique, en effet, diffèrent eux-mêmes essentiellement des établissements publics. Ils constituent simplement des personnes civiles en faveur desquelles la reconnaissance administrative intervient sous forme de décret impérial, et a pour unique résultat de conférer le droit de posséder et d'acquérir, tandis que les établissements publics comme les départements, les communes, les sections de communes, les fabriques, etc., forment partie intégrante de notre organisation administrative (voy. M. BOUCHÉNÉ LEFER, *Principes de droit public administratif*, p. 29 et suiv.; M. DUCROCQ, *Cours de droit administratif*, p. 442 et suiv.). C'est pour cela que les établissements publics, lorsqu'ils font exécuter des travaux, jouissent de toutes les prérogatives qui sont attachées aux actes du gouvernement. Comme ces travaux sont créés dans le but de servir à des usages généraux, ou de pourvoir à des services publics, il importait essentiellement d'en favoriser l'exécution, et on n'a trouvé rien de mieux à faire que de les assimiler complètement à ceux qu'entreprend l'Etat. Mais pour ce qui regarde les travaux exécutés par les simples établissements d'utilité publique, il en est tout autrement. Ces établissements ne sont, nous le répétons, que des personnes morales dont l'existence est soumise à l'autorisation gouvernementale dans un but de police, mais qui ne se rattachant à aucun titre au gouvernement et ne faisant pas *partie* de l'administration, ne peuvent jouir, pour les travaux, des droits qui n'appartiennent qu'à celle-ci. »

M. Christophle cite à l'appui de cette thèse un arrêt du Conseil d'Etat, du 9 janvier 1860 (SCHULTERS), qui a décidé que les difficultés relatives au règlement des travaux d'un musée créé à Amiens, par la Société des antiquaires de Picardie, établissement d'utilité publique, ne concernant pas des travaux publics, étaient de la compétence des tribunaux judiciaires et non du conseil de préfecture.

Nous approuvons cet arrêt sans restriction, et nous allons essayer de démontrer que la jurisprudence du Conseil d'Etat, dans son état actuel que nous voudrions voir plus décisif, n'implique aucune contradiction avec la décision qui précède.

Examinons d'abord cette jurisprudence.

D'accord avec M. CHRISTOPHLE, n° 25 , nous pensons qu'aucune hésitation n'est possible, en quelque matière que ce soit, lorsqu'il s'agit de travaux exécutés par l'administration avec le concours de particuliers ; ces travaux ont et conservent le caractère de travaux publics : 28 juin 1837 (SOCIÉTÉ DES MOULINS D'ALBI), 18 mai 1838 (CHÉRONNET), 21 mars 1844 (ANDRÉ ET COTTIER), 1er décembre 1859 (DIGUE DE BALAFRAY). Nous sommes aussi d'avis que la question ne se pose même pas toutes les fois qu'il y a déclaration d'utilité publique (30 juillet 1850, ROUSSEL ; 17 février 1865, CANAL DE CARPENTRAS ; 8 avril 1865, CANAL ALARIC), qu'il s'agit de syndicats forcés ou de syndicats de drainage (V. n° 51). C'est aussi ce qu'exprime avec beaucoup de netteté M. SERRIGNY, t. III, p. 457, n°s 1607 à 1610, quand il établit que les travaux de drainage comportent les trois situations indiquées *suprà* n° 74, suivant lesquelles on distingue des travaux libres, individuels ou collectifs, qui n'ont qu'un caractère privé ; des travaux des syndicats et des travaux déclarés d'utilité publique, ces deux derniers ayant le caractère de travaux publics. Mais nous différons en ce qui touche aux associations d'irrigation.

Le Conseil d'Etat a reconnu aux travaux des syndicats d'irrigation le caractère de travaux publics dans des circonstances que nous allons résumer :

Dommages causés par les eaux d'un canal administré par

un syndicat organisé d'abord par un arrêté préfectoral, puis par une ordonnance royale : 15 décembre 1846 (REDON C. SYNDICAT DU CANAL DE VAUCLUSE). Dommages causés par un syndicat constitué par arrêté préfectoral pour établir sur le territoire de plusieurs communes et sur une longueur de plus de 4,000 mètres un canal d'irrigation ; plans et projets approuvés par le préfet sur le rapport des ingénieurs; adjudication passée dans les formes usitées par les ponts et chaussées; taxes recouvrées comme en matière de contributions directes : 22 août 1858 (SEYTE C. SYNDICAT DU CANAL DE QUISSAC). MM. LEBON ET HALLAYS DABOT, p. 566, caractérisent ainsi cet arrêt : « L'arrêt actuel précise avec beaucoup de soin les conditions dans lesquelles les travaux d'une association syndicale d'irrigation prennent le caractère de travaux publics. Il faut que les travaux aient une importance qui motive l'intervention de l'administration. Dans l'espèce, le canal a plus de 4 kilomètres, et doit desservir plusieurs communes. Il faut, en un mot, que d'après l'ensemble des circonstances, l'association syndicale puisse être considérée comme ayant agi en vertu d'une délégation de l'administration. » — Dommages causés par un syndicat d'irrigation constitué par un arrêté préfectoral ayant pour objet des réparations et des appropriations pour une nouvelle répartition des eaux, au moyen d'un canal d'un parcours de plus de 4,000 mètres, dont les plans et projets avaient été approuvés par le préfet, sur le rapport des ingénieurs et après enquête, dont l'exécution avait lieu sous la surveillance de l'administration, et dont la dépense était couverte au moyen de taxes recouvrables comme en matière de contributions directes : 16 mai 1860 (DEBLIEU C. SYNDICAT DU CANAL DU PÉAN).

Nous ne connaissons pas d'autre décision plus récente qui puisse être citée, mais cette jurisprudence, qui embrasse une période de près de 20 années, n'accuse-t-elle pas d'une manière suffisante la tendance du Conseil d'Etat ? Durant ce laps de temps, pas un seul cas ne se rencontre où le caractère de travaux publics ait été dénié aux travaux des syndicats d'irrigation administrativement organisés. Il nous est impossible de considérer comme un précédent à invoquer contre cette unanimité l'arrêt précité du 19 janvier 1860, statuant dans une affaire relative à la construction d'un musée aux frais d'une Société archéologique, déclarée établissement d'utilité publique. M. Christophle aurait, sans doute, raison de s'appuyer sur cette décision, qui ne concerne pas une association syndicale, s'il était exact de dire avec lui qu'un syndicat n'est *absolument* qu'un établissement d'utilité publique. Mais nous croyons avoir démontré que les syndicats se rapprochent beaucoup des établissements publics par les liens de subordination et de contrôle, et il nous suffit d'indiquer qu'aucun établissement d'utilité publique n'est soumis aux règles de la comptabilité publique et ne peut recourir, en ce qui concerne les recettes, au mode de recouvrement prescrit pour les contributions directes, pour repousser une analogie, une assimilation incompatibles avec la nature même des choses.

En un mot, nous reconnaissons que les travaux que fait exécuter un établissement d'utilité publique ne sont pas des travaux publics, et nous pensons, au contraire, que les travaux des syndicats d'irrigation constitués par l'autorité, dans la forme usitée, sont de véritables travaux publics.

Qu'a dit, en effet, le Conseil d'Etat dans chacune des espèces qui lui ont été soumises ; il s'est attaché à relever dans une forme énonciative et non limitative les circonstances qui placent les travaux des syndicats au niveau des travaux publics. Or, quelles sont ces circonstances ; elles peuvent se réduire à deux : 1° l'importance de l'entreprise ; 2° l'attache administrative se révélant par l'intervention des ingénieurs, la surveillance et l'approbation de l'administration, le recouvrement des taxes comme en matière de contributions directes. Le premier élément peut varier ; le second est invariable, car il est inhérent à l'emploi d'une formule dont on ne s'écarte pas ; à nos yeux, il est incontestable que le rôle prépondérant appartient au second, non pas qu'il faille en tenir compte, abstraction faite du premier, mais parce qu'il est évident que l'administration n'interviendra, n'étendra son action et ne conférera le privilége de l'assimilation des taxes avec les contributions directes qu'autant que l'importance de l'entreprise comportera ces proportions d'intérêt public. Il y a donc entre ces deux termes : importance de l'entreprise, attache administrative, une corrélation forcée par suite de laquelle toutes les fois qu'un syndicat d'irrigation existe avec les caractères essentiels que lui attribue l'organisation, même par simple arrêté préfectoral, les travaux qu'il fait exécuter doivent être classés au rang des travaux publics.

Nous ne prétendons pas toutefois que l'appréciation préfectorale ne puisse jamais s'égarer. Il pourrait arriver qu'en exagérant l'intérêt privé, certains arrêtés lui fissent franchir la limite qui le sépare de l'intérêt public, limite assez souvent difficile à préciser ; mais alors l'intérêt de quelques particuliers se prévaudrait en vain des avantages conférés par la forme syndicale. Le Ministre des travaux publics et, au besoin, le Conseil d'Etat feraient raison de ces erreurs.

Il ne faut pas perdre de vue qu'en cette matière, il n'y a pas seulement des bénéfices pour des particuliers, il y a aussi des mesures de police pour le partage des eaux, suivant le vœu de la loi des 12-20 août 1790 (n° 9), et qu'il n'est nullement nécessaire que le canal ait une longueur minima de 4 kilomètres, et qu'il intéresse plusieurs communes, il suffit que la question échappe au domaine de l'intérêt privé. Pour les usines, le Conseil d'Etat annule dans les arrêtés de règlement toutes les dispositions qui n'ont pas l'intérêt général pour objet ; cette jurisprudence offre

des analogies qu'on pourrait consulter avec fruit pour la loi
qui nous occupe.

Nous estimons, en conséquence, que M. Christophle n'a
pas assigné, dans les passages précités, sa véritable signification au patronage administratif que reçoivent les associations d'arrosage régies par un arrêté préfectoral. Leur
origine est purement volontaire, l'administration ne peut
pas les créer, mais quand la compétence des préfets s'exerce
dans les conditions réglées par les décrets des 25 mars
1852 et 13 avril 1861, quand ces associations ne peuvent
rien sans l'assentiment de l'autorité, quand leurs recouvrements se font comme ceux des contributions directes, elles
acquièrent un caractère officiel qui ne permet pas de confondre leurs travaux avec ceux des simples particuliers.

83. Ce qui nous confirme dans cette opinion que les syndicats d'irrigation sont des personnes civiles étroitement
liées à l'administration par les actes administratifs qui les
constituent, c'est encore la jurisprudence du Conseil d'Etat
sur certaines questions de compétence qui nous paraissent
faire une part équitable à chacun des intérêts public et
privé engagés dans ces associations.

Ainsi, le 15 septembre 1848 (ESMENJEAUD C. LAGIER), il a
été décidé que si l'autorité administrative est seule compétente pour statuer sur l'opposition au recouvrement de
rôles établis pour la répartition des dépenses de construction d'un canal d'irrigation construit par une association de
propriétaires, opposition formée par des particuliers qui
prétendent n'avoir jamais fait partie de l'association, elle
ne doit prononcer sur cette opposition qu'autant que l'autorité judiciaire aura déclaré si les réclamants font ou non
partie de l'association. La compétence de l'autorité judiciaire est justifiée par ces considérations que l'association
s'est formée par la réunion d'un certain nombre de propriétaires; que l'administration n'est intervenue, ni pour pro-

voquer la réunion des propriétaires, ni pour faire reconnaître par une enquête l'utilité du canal, ni pour déterminer le périmètre de l'association; que l'arrêté du préfet s'est borné, sur la demande spontanée des propriétaires, soit à autoriser la formation d'un syndicat en réglant son organisation et ses attributions, soit à approuver l'adjudication des travaux de construction du canal; que, dans ces circonstances, la question de savoir si les opposants font partie de l'association des arrosants dépend de l'examen d'actes privés auxquels l'administration est restée étrangère et dont l'appréciation appartient aux tribunaux judiciaires.

Solution analogue, le 17 avril 1856 (NOUVÈNE), dans les circonstances que voici :

Une association s'est formée par la réunion volontaire d'un certain nombre de propriétaires dans le but de faire servir les eaux d'une rivière (*la Durance*) à l'irrigation de leurs propriétés; — l'administration n'est intervenue ni pour provoquer l'organisation de l'association syndicale ni pour en déterminer le périmètre ; — elle s'est bornée à autoriser la formation du syndicat en réglant son organisation et ses attributions, et à faire la concession de la prise d'eau ; — un propriétaire, qui avait souscrit à l'association pour un certain nombre d'hectares, a vendu sa propriété, et l'acquéreur (qui prétend n'avoir pas eu connaissance de la souscription consentie par son vendeur) a souscrit personnellement pour un moindre nombre d'hectares ; — la souscription du vendeur, la vente et la souscription de l'acquéreur sont *antérieures* aux décrets qui ont organisé le syndicat et concédé la prise d'eau (décrets d'après lesquels les souscriptions des arrosants doivent être recouvrées comme les contributions directes) : — Dans ces circonstances, le conseil de préfecture n'est pas compétent pour statuer sur la question de savoir pour quel nombre d'hectares l'acquéreur s'est obligé par sa souscription, et s'il est lié par la souscription de son vendeur. Le conseil de préfecture doit surseoir à prononcer jusqu'à ce qu'il ait été statué sur ces questions par l'autorité judiciaire, car elles doivent être résolues par l'examen de titres et de droits privés, dont l'existence est antérieure aux décrets qui ont organisé le syndicat et concédé la prise d'eau.

Dans ces deux espèces, en effet, les difficultés portaient sur des actes antérieurs à l'application de l'organisation administrative et qui n'avaient rien de commun avec elle ; mais la solution eût été différente s'il se fût agi des travaux des deux syndicats.

Le 10 avril 1860 (Durand), le Conseil d'Etat s'est inspiré des mêmes principes. Divers arrêtés préfectoraux avaient réuni en association syndicale les propriétaires riverains d'un canal non navigable, prescrit une répartition nouvelle des eaux et approuvé un ensemble de travaux proposés par les syndics. Quelques-uns des riverains prétendant avoir le droit d'user des eaux d'une manière absolue, à certaines époques, en vertu d'un acte ancien par lequel leur auteur, en vendant le canal à la commune, se serait réservé ce droit pour lui et ses ayant-cause, actionnent le syndicat devant les tribunaux judiciaires pour voir reconnaître leur droit, obtenir une indemnité et la destruction des travaux exécutés. Un conflit est élevé, et le Conseil d'Etat reconnaît la compétence judiciaire pour apprécier le contrat, mais repousse cette même compétence pour ce qui concerne l'exécution des travaux.

A l'occasion de cette affaire, M. Ch. Robert, commissaire du gouvernement, appréciait en ces termes le caractère des travaux du syndicat :

« Les travaux dont il s'agit ne sont pas des travaux publics proprement dits. Ils ne sont exécutés ni par l'Etat, ni par le département, ni par la commune. Quoique faits par une association, ils ne répondent cependant pas à une nécessité publique. Faut-il, pour cela, dire que l'autorité judiciaire pourra ordonner leur suppression ? Nullement. Car, si l'administration n'a pas ordonné les travaux, elle les a autorisés et approuvés. Nous en dirions autant des travaux faits sur une rivière pour établir une usine, du dommage causé par un établissement industriel. Les particuliers, lésés par les travaux, ne peuvent demander aux tribunaux que la réparation du préjudice. » Ces paroles peuvent bien exprimer l'opinion personnelle de l'honorable commissaire du gouvernement, mais elles sont trop en désaccord avec les décisions précitées du Conseil d'Etat pour qu'elles puissent être acceptées comme une définition de sa jurisprudence. Dans l'espèce qu'elles avaient pour objet de caractériser, l'administration semblait avoir montré plus d'initiative que dans la plupart de celles que nous venons d'indiquer ; et, certainement, s'il avait été appelé à se prononcer sur le caractère des travaux autorisés par l'administration, le Conseil d'Etat n'eût pas hésité à les qualifier de travaux publics.

Nous n'avons d'ailleurs aucune objection à présenter contre sa décision, car il n'est pas douteux que le contrat d'où les réclamants prétendaient tirer leurs droits, n'avait rien d'administratif et ne pouvait être apprécié que par l'autorité judiciaire.

84. Mais la situation juridique n'est plus la même lorsque, au lieu de seconder une organisation syndicale préexistante en fait et à laquelle il ne manquait que l'appui de l'administration pour devenir officielle, c'est l'administration elle-même qui réunit et coordonne les éléments d'association pour constituer la personne civile à laquelle elle concède un travail d'utilité publique. Alors la compétence administrative exclut la compétence judiciaire, parce qu'on ne peut statuer sur les engagements d'arrosage sans toucher à l'œuvre de l'administration. Un arrêt du **17** février **1865** (Canal de Carpentras) a présenté cette physionomie spéciale. Si les faits eussent été mieux précisés, si, dès l'origine, la main de l'administration avait été signalée, il est à croire que la Cour de Nîmes n'eût pas rejeté le décl - natoire proposé par le préfet, dans un arrêt du 23 août 1864, dont les motifs sont la reproduction à peu près littérale des considérants exposés par le Conseil d'Etat dans les arrêts sus-énoncés des 15 septembre 1848 et 17 avril 1856. Un projet d'irrigation avait paru suffisamment important pour que l'administration s'occupât de son exécution. A cet effet, un syndicat provisoire, constitué par le préfet, avait arrêté un projet d'acte d'association, le 7 avril 1850, et provoqué des listes d'adhésion à cet acte. Après une instruction ré- gulière, un décret du 15 février 1855, visant ces listes de souscription, avait autorisé les souscripteurs à se réunir en association sous le nom de *Société du canal de Carpentras*. Un second décret, du même jour, avait concédé l'établis- sement et l'exploitation de ce canal à l'association des arrosants. L'utilité publique de l'exécution de ce canal avait été déclarée par une loi du 9 juillet 1852. Enfin, un troisième décret, du 24 octobre 1860, avait autorisé le recouvrement des taxes syndicales à titre d'avance. Le syndicat actionne des arrosants pour les contraindre à payer, comme avance, une cotisation supplémentaire pour l'achèvement du canal. Ces propriétaires soutiennent qu'ils ne peuvent être tenus de payer que les sommes pour les- quelles ils se sont engagés dans leur adhésion à l'acte du 7 avril 1850 ; ils forment, en outre, une demande recon- ventionnelle, tendant à faire prononcer la dissolution et à faire ordonner la liquidation de l'association pour violation des clauses de l'acte précité. Dans ces circonstances, le Conseil d'Etat a statué « que les travaux du canal de Car- pentras ont été déclarés d'utilité publique ; qu'ils ont été exécutés d'après des plans et devis approuvés par l'ad- ministration et subventionnés par l'Etat ; que l'association syndicale dont les réclamants ont consenti à faire partie, a été constituée et organisée par l'administration dans le but d'assurer l'exécution desdits travaux dont l'entreprise était concédée à cette association ; que, pour statuer sur la demande du syndicat, il est nécessaire de déterminer le sens et les effets de l'engagement pris par les réclamants, de contribuer dans une certaine proportion aux frais d'établissement du canal ; que cet engagement a pour objet l'exécution d'un travail d'utilité publique, et que, d'après les lois du 28 pluviôse an VIII et 14 floréal an XI, il appartient au conseil de préfecture de connaître des difficultés auxquelles il peut donner lieu ;

« Qu'en ce qui touche les demandes reconventionnelles (dissolution et liquidation du syndicat), les tribunaux ne pourraient connaître des actes administratifs qui ont constitué et organisé l'association syndicale sans contrevenir aux lois des 16-24 août 1790 et 16 fructidor an III ; que, dès lors, c'est avec raison que le préfet a revendiqué pour l'autorité administrative, à l'exclusion de l'autorité judiciaire, le droit de prononcer sur les questions que soulèvent tant la demande reconventionnelle des réclamants, que la demande principale du syndicat. »

Nous croyons inutile d'insister sur la différence qui séparait l'espèce actuelle de celles qui ont fait l'objet des arrêts sus-énoncés ; un mot suffit pour la faire apprécier. Dans les premiers cas, l'œuvre d'irrigation s'était formée en dehors de l'administration par la solidarité des intérêts privés ; dans celui-ci l'association était, qu'on nous pardonne l'expression, pour ainsi dire *éclose* par les soins et l'initiative de l'administration. Ces dissemblances expliquent pourquoi la solution et la compétence ne sont pas les mêmes.

85. Comme exemple d'une situation où la compétence judiciaire trouve sa raison d'être, nous citerons un arrêt de la Cour de Cassation, du 19 juillet 1865 (Syndicat de Raynans c. Rainier), rapporté dans Dalloz, 1866, 1, 40, qui décide que les actes administratifs réglant les rapports des propriétaires compris dans une association syndicale de dessèchement et d'irrigation, à l'aide de cours d'eau contigus, n'empêchent pas les tribunaux de régler le régime de ces cours d'eau, conformément à l'article 645 du Code Napoléon, entre le syndicat et les tiers qui n'en font pas partie.

86. Dans le *Journal du Droit administratif*, t. IX (1861), p. 206, art. 300, M. CHAUVEAU ADOLPHE a exprimé son opinion sur la compétence en matière syndicale. A son avis, il faut distinguer :

« S'il s'agit d'achat de terrains pour redresser, élargir ou changer le lit, la loi du 3 mai 1841 est seule applicable. L'utilité publique doit être déclarée ; le syndicat remplit les formalités exigées pour l'expropriation et paie le prix fixé par le jury avant de commencer les travaux.

» Si, au contraire, le syndicat n'a à répondre qu'à une demande d'indemnité, pour fermeture de brèche, pour reconstruction d'un pont, pour modification d'une usine, pour réparation d'un dommage quelconque, le Conseil de préfecture est le tribunal compétent, soit en vertu de la loi du 28 pluviôse an VIII, parce qu'il s'agit de dommages occasionnés par l'exécution de travaux d'intérêt général ; soit, ce qui est encore plus explicite, parce que la loi du 14 floréal an XI, siège de la matière des travaux de curage, attribue (art. 4) à ce tribunal la connaissance de toutes les contestations relatives au recouvrement des rôles, aux réclamations des individus imposés et à la confection des travaux. Je ne crois pas, du reste, que jamais cette compétence ait été sérieusement contestée. On peut consulter les arrêts du Conseil d'État des 14 mai 1852 (MARTEL)), et 20 juillet 1854 (DE BRIGES). »

Ces arrêts ont été rendus en matière de curage. Il faut y en joindre un autre déjà cité (n° 82) du 8 avril 1865 (CANAL ALARIC), portant que, lorsqu'en vertu de l'autorisation donnée par un décret impérial, le conseil d'Etat entendu, une dérivation des eaux d'une rivière est opérée et qu'un canal est construit pour l'irrigation ; que l'établissement de la prise d'eau et du canal a été déclaré d'utilité publique par le décret ; que, pour l'exécution des travaux, le concessionnaire a été substitué aux droits comme il a été soumis aux obligations dérivant, pour l'administration, de la loi du 3 mai 1841 ; que les travaux de construction du canal et de ses accessoires doivent être exécutés conformément au projet approuvé, sous la surveillance de l'ingénieur du service hydraulique de l'arrondissement ; que la concession du canal n'est que temporaire, et qu'à l'expiration de la concession, toutes les parties de l'irrigation, prises d'eau, canaux et leurs accessoires doivent être laissés par le concessionnaire en bon état d'entretien, le canal a le caractère d'un travail public ; qu'en conséquence, les réclamations de particuliers se plaignant de torts et dommages qui seraient résultés pour eux, soit de l'inexécution des conditions imposées au concessionnaire, soit de l'exécution abusive des travaux, rentrent dans la compétence des conseils de préfecture (art. 4, loi du 28 pluviôse an VIII).

87. De la nature des associations syndicales, qui sont presque des établissements publics (voy. n° 81), sauf lorsqu'elles sont purement privées ; du caractère de travaux publics que nous reconnaissons à leurs travaux (voy. n° 82), il y a lieu de tirer cette conséquence : que les difficultés qui pourraient s'élever entre les syndicats et les entrepreneurs de leurs travaux concernant le sens et l'exécution des clauses de leurs marchés, sont de la compétence des conseils de préfecture, par application du texte formel de l'art. 4 de la loi du 28 pluviôse an VIII, et aussi par application du texte non moins formel de l'art. 4 de la loi du 14 floréal an XI (*suprà*, n° 12), qui dit : « Toutes les contestations relatives..... à la confection des travaux seront portées devant le conseil de préfecture...... »

En supposant que cette compétence pût être contestée pour les travaux des syndicats volontaires d'irrigation non déclarés d'utilité publique, comme l'enseigne M. CHRISTOPHLE (voy. n° 82), il n'est pas douteux qu'elle ne pourrait l'être pour les travaux des autres associations qui étaient généralement forcées, et même des associations de drainage auxquelles s'applique l'article 4 de la loi de l'an XI : le même auteur n'hésite pas à le reconnaître (*Ibid.*). Aussi les décrets, ordonnances et arrêtés constitutifs des syndicats renferment-ils une disposition ainsi conçue :

« Les réclamations relatives à la confection des rôles, ainsi que les CONTESTATIONS RELATIVES A L'EXÉCUTION DES TRAVAUX, seront portées devant le conseil de préfecture, conformément aux dispositions des lois des 28 pluviôse an VIII et 14 floréal an XI, sauf recours au Conseil d'Etat. »

C'est bien dans le sens de la compétence des conseils de préfecture que se prononce la jurisprudence contentieuse du Conseil d'Etat, comme on peut s'en convaincre en consultant un arrêt du 21 juin 1855 (CANAL DES ALPINES), où il s'agissait d'une contestation entre un entrepreneur de travaux pour le compte d'une association syndicale et le syndicat lui-même ; ainsi qu'un arrêt du 2 juin 1864 (PONS c. SYNDICAT DE LA BARRE), rendu dans des circonstances analogues. Il est vrai qu'un autre arrêt du 17 mars 1859 (BARRIER c. SYNDICAT DU CANAL DE L'ISLE) a décidé que l'action de l'exagent général d'un syndicat en paiement de sommes représentant : 1° le salaire de services rendus avant son entrée en fonctions ; 2° des dépenses accessoires faites pendant l'exercice des fonctions n'était pas de la compétence du conseil de préfecture, parce que la contestation n'était pas relative à l'exécution d'une entreprise de travaux publics ; mais ce serait singulièrement dénaturer la portée de cette décision que de la considérer comme en contradiction avec les précédentes.

Il reste donc acquis qu'en doctrine comme en jurisprudence les difficultés entre un syndicat et son entrepreneur concernant le sens et l'exécution des clauses de leurs marchés, sont de la compétence des conseils de préfecture.

88. Celui de la Haute-Garonne en a cependant jugé autrement dans une espèce où un entrepreneur de travaux de curage, d'élargissement et de redressement, en vertu d'un marché approuvé par le préfet, sur la proposition des ingénieurs du service hydraulique, réclamait au syndicat le paiement de travaux exécutés, des dommages-intérêts pour le retard dans les paiements, et la résiliation du marché pour cause d'ajournement indéfini de la suite de travaux en partie exécutés.

Par un arrêté du 8 janvier 1866 (JOUCLA C. SYNDICAT DU TOUCH), il a été statué en ces termes :

« Considérant que si les conseils de préfecture sont compétents pour connaître des contestations existantes entre les entrepreneurs et les administrations publiques, cette juridiction ne saurait être étendue jusques aux contestations qui peuvent s'élever entre les entrepreneurs et des syndicats ; qu'en effet, si la loi du 28 pluviôse an VIII a attribué la première nature des débats à la juridiction administrative, c'est que ceux-ci, nés à suite, soit d'une adjudication publique, soit de tout autre contrat, sont émanés les uns et les autres de l'administration active, et que l'intérêt public exigeant, soit une interprétation de ces mêmes contrats, soit une solution rapide, aux conseils de préfecture seuls doit appartenir le droit de satisfaire à ces exigences ; mais qu'il n'en saurait être de même, lorsque l'administration est entièrement étrangère à la contestation, et que, les intérêts privés sont seuls engagés, que c'est par suite de ces principes que tous débats qui s'élèvent entre un entrepreneur et son sous-traitant, entre un concessionnaire de travaux publics et son entrepreneur, sont de la compétence des tribunaux ordinaires, parce que dans le premier cas, l'administration ne reconnaît pas de sous-traitant, et que, dans tous les deux, elle est étrangère au contrat qui lie les deux parties ;

» Considérant que ces principes sont évidemment applicables au syndicat du *Touch* ; qu'en effet, si substitué dans un intérêt public à l'autorité préfectorale pour faire procéder au curage de la rivière à vif fond et à vieilles rives, sa position est la même, soit à l'égard de l'administration, soit du public, que celle du concessionnaire de travaux publics, d'un chemin de fer par exemple, c'est-à-dire soumis à l'administration quant à ses projets et plans, dans l'intérêt général, s'il est encore responsable à l'égard des tiers des dommages causés par les travaux, ce qui le rend justiciable dans ce cas, de la juridiction administrative ; il faut reconnaître que si ce même syndicat, en faisant procéder non seulement au curage mais encore au recreusement et au redressement du lit de la rivière, ainsi qu'il en avait le droit, aux termes du décret du 6 avril 1850, agit dans un intérêt public, celui du libre écoulement des eaux, il ne peut contester qu'il agit aussi dans un autre intérêt tout aussi puissant au moins pour lui, celui des propriétaires riverains composant l'association ; qu'enfin s'il est obligé de faire approuver des projets de travaux par l'administration, ce n'est que tout autant que ceux-ci pourraient intéresser la grande voirie ; mais qu'en dehors de cette approbation pour ce cas spécial, le syndicat agit par lui-même, de sa propre autorité, et fait exécuter les travaux comme il le juge convenable et par qui bon lui semble ;

» Considérant que c'est ainsi que l'ont compris la loi du 28 pluviôse an VIII et la jurisprudence, qui n'ont attribué aux tribunaux administratifs que la connaissance des contestations existantes entre les administrations publiques seulement et les entrepreneurs ; que si la loi du 14 floréal an XI, dans son art. 4, porte que toutes les contestations relatives à la confection des travaux seront jugées par les conseils de préfecture, cette disposition n'a pour but que d'attribuer à ceux-ci la connaissance des difficultés qui pourraient s'élever entre le syndicat et des tiers lésés par l'exécution de ces travaux ; qu'interpréter autrement cette disposition ferait supposer un droit nouveau ; que rien ne justifierait cette exception, qui, pour être admise, devrait être formellement écrite dans la loi ;

» Considérant que l'on ne peut, dans l'espèce, tirer un argument de ce fait que le traité entre le syndicat et le sieur Joucla a été soumis à l'approbation préfectorale ; qu'en effet le syndicat n'était tenu de lui soumettre les projets que tout autant qu'ils intéressaient la grande voirie ; qu'ainsi le traité reste toujours comme une simple convention privée entre le syndicat et son entrepreneur... Le conseil se déclare incompétent et renvoie les parties à se pourvoir devant qui de droit, tous droits, moyens et exceptions demeurant réservés. »

89. Malgré notre déférence pour les décisions du conseil de préfecture de la Haute-Garonne, nous allons essayer de démontrer en quoi celle qu'on vient de lire nous paraît contraire aux principes.

Voici, en résumé, l'argumentation développée dans l'arrêté du 8 janvier 1866.

Les syndicats doivent être assimilés aux concessionnaires de travaux publics et non à des établissements publics ; les traités qu'ils font avec les entrepreneurs de leurs travaux sont rangés dans la catégorie des traités qui interviennent entre les concessionnaires et leurs sous-traitants ; l'administration y est étrangère et aucun de ses intérêts ne peut en être affecté ; le caractère administratif ne se révèle que par rapport aux tiers pour les torts et dommages qui peuvent leur être causés ; les syndicats, et spécialement celui du Touch, agissent par eux-mêmes, de leur propre autorité ils font exécuter les travaux comme ils le jugent convenable et par qui bon leur semble, sauf un seul cas, celui où ils intéressent la grande voirie pour lequel l'approbation de

l'autorité supérieure est formellement réservée ; la jurispru·
dence administrative est établie dans ce sens, et l'art. 4 de la
loi du 14 floréal an XI ne peut recevoir d'application qu'aux
difficultés qui s'élèvent entre le syndicat et les tiers lésés
par l'exécution de ses travaux ; enfin, si le traité a été
soumis à l'approbation préfectorale, c'était là une formalité
inutile qui n'enlève pas à cet acte son caractère de convention privée entre le syndicat et son entrepreneur.

C'est bien là, si nous ne nous trompons, l'argumentation
du conseil de préfecture sous sa forme la plus concise.

Si elle était fondée, on serait conduit à cette singulière
conséquence que les travaux des syndicats ne pourraient
pas fournir matière entre l'administration et le syndicat à
des contestations de la compétence administrative. En effet,
le plus souvent, et c'est le cas du syndicat du Touch, l'organisation du syndicat précède les projets des travaux que
l'avenir doit lui confier ; c'est le syndicat qui prépare ces
projets, c'est lui qui les ferait exécuter comme bon lui semblerait, et, comme l'administration n'aurait rien à y voir s'ils
n'intéressaient pas la grande voirie, on ne voit pas par quel
côté les tribunaux administratifs auraient à connaître des
contestations auxquelles les travaux pourraient donner
lieu.

Pour ne pas nous écarter de l'espèce, attachons-nous au
décret du 6 avril 1850, constitutif du syndicat du Touch,
qui ressemble à bien d'autres, et constatons qu'il est impossible d'en adapter les dispositions à l'interprétation consacrée par le conseil de préfecture.

Et d'abord, s'il arrive assez fréquemment que des travaux
d'utilité publique, des travaux publics sans contestation,
sont concédés à des associations syndicales avec toutes les
précautions et formalités prises en pareil cas, c'est-à-dire
après adoption de plans, profils et cahiers des charges,
nous ne croyons pas qu'on ait *jamais* assimilé les syndicats
concessionnaires aux compagnies anonymes de chemins de

fer ou autres particuliers ou personnes morales particulières déclarées concessionnaires de travaux publics. Les syndicats sont alors placés dans une situation réglée par les décrets qui statuent et sur la concession et sur la constitution syndicale. La compétence administrative existe non seulement pour les questions débattues entre l'administration et le concessionnaire, mais aussi pour les questions débattues, à l'occasion de l'exécution des travaux, entre le syndicat et ses entrepreneurs.

Dans une entreprise concédée suivant les règles ordinaires, l'administration ne connaît que la personne du concessionnaire, seul responsable vis-à-vis d'elle, et il lui importe peu que les travaux soient exécutés directement par le concessionnaire ou des tiers qu'il aura délégués, pourvu que les travaux soient effectués dans les conditions fixées par le cahier des charges de la concession.

Quand c'est un syndicat qui a été créé en vue de pourvoir à l'exécution d'un canal ou de tout autre travail objet des attributions syndicales, ce n'est pas lui qui exécute ; il a pour mission de fournir les ressources nécessaires à l'exécution et de surveiller cette exécution. Mais l'administration n'est plus, comme dans le premier cas, désintéressée dans l'exécution des travaux. Le syndicat fait rédiger les projets, les discute et en propose le mode d'exécution ; il concourt aux mesures nécessaires pour passer les marchés ou adjudications et il en surveille l'exécution. Les projets sont examinés par l'ingénieur en chef et approuvés par le préfet ou par l'administration supérieure, suivant les circonstances ; les travaux sont adjugés, autant que possible, d'après le mode adopté pour ceux des ponts et chaussées, en présence du directeur du syndicat. Ils peuvent cependant être exécutés de toute autre manière, sur la demande du syndicat, l'avis des ingénieurs et l'approbation du préfet. Aussi, les décrets de concession aux syndicats contiennent-ils la disposition rappelée plus haut (n° 87), d'après laquelle les conseils de préfecture doivent connaître des contestations relatives à l'exécution des travaux, tandis que les cahiers des charges des autres concessions présentent un article ainsi conçu :

« Les contestations qui s'élèveraient entre le concessionnaire et l'administration au sujet de l'exécution ou de l'interprétation des clauses du présent cahier des charges, seront jugées administrativement par le conseil de préfecture de....., sauf recours au conseil d'Etat. »

Nous croyons donc que les syndicats, en général, sont si peu assimilables aux concessionnaires de travaux publics, que même les associations syndicales déclarées concessionnaires ne peuvent pas être confondues avec les concessionnaires pour les questions de compétence se référant aux travaux compris dans la concession.

Or, le syndicat du Touch n'est concessionnaire d'aucune entreprise et il a simplement pour mission d'assurer, dans la mesure reconnue utile par lui-même et par l'administration, le curage et l'endiguement de cette rivière. La difficulté soumise au conseil de préfecture de la Haute-Garonne portait principalement sur des travaux de curage, l'endiguement n'ayant pas encore été entrepris. S'il est vrai que l'art. 20 du décret constitutif du syndicat veut que les projets de travaux préparés par les soins de cette association soient soumis par le préfet à *l'approbation de l'administration supérieure*, avec l'avis de l'ingénieur en chef, lorsqu'il s'agit de travaux pouvant intéresser le *service de la grande voirie,* il n'est pas moins vrai que le syndicat est spécialement chargé de faire *rédiger* les projets des travaux, de les *discuter* et d'en *proposer* le mode d'exécution, de *concourir* aux mesures nécessaires pour passer les marchés ou adjudications et de *surveiller* l'exécution des travaux (art. 9); qu'aucune des délibérations du syndicat n'est *valable* qu'après *l'approbation* du préfet (art. 8) qui autorise soit l'adjudication des travaux d'après le mode adopté pour ceux des ponts et chaussées, soit leur exécution de toute autre manière (art. 21) ; qu'enfin les contestations relatives à l'exécution des travaux doivent être portées devant le conseil de préfecture (art. 25).

Qu'on rapproche ces textes des considérants de l'arrêté rapporté, et l'on verra s'il est possible d'en concilier les dispositions avec l'opinion exprimée par le conseil de préfecture que le syndicat du Touch agit par lui-même, de sa propre autorité, en faisant exécuter les travaux comme il le juge convenable et par qui bon lui semble, l'approbation préfectorale étant inutile pour les marchés de travaux entre le syndicat et son entrepreneur.

Nous pensons que l'arrêté dont il s'agit n'a pas fait une exacte application des principes ; qu'il ne s'est pas assez pénétré du véritable caractère des travaux des associations syndicales qui traitent avec les entrepreneurs au même titre et sous le même contrôle que les départements, les communes et les établissements publics ; qu'enfin il n'était pas possible que l'administration laissât en pleine indépendance et livrée à elle-même une association syndicale dont les ressources se lient à la perception des contributions directes, et qui ne peut battre monnaie qu'au moyen d'un exécutoire délivré par le préfet. Il serait contraire aux règles d'une bonne administration, à la dignité même de la fonction préfectorale, qu'un syndicat pût faire des dépenses sans contrôle et que l'autorité fût obligée de lui prêter son concours pour le recouvrement des taxes assises sur les contribuables. Et si ces taxes, devenues trop lourdes, pesaient outre mesure sur la propriété foncière au détriment des impôts qui sont la source des revenus publics ? Et si un gaspillage inexcusable ruinait les intéressés en expériences aventureuses ? Et si on se servait des priviléges, conférés aux syndicats dans un intérêt collectif qui acquiert souvent la proportion d'un intérêt public, pour porter atteinte même à cet intérêt public ? etc., etc.

Les abus pourraient devenir monstrueux et l'administration, impuissante à les prévenir, à les corriger, se verrait
dominer par une force étrangère qu'elle aurait créée et qui
lui échapperait pour se tourner contre elle-même? Cela
n'est pas admissible, et c'est en perdant de vue ces nécessités administratives que l'arrêté rapporté prête à une
critique que nous croyons avoir justifiée.

TITRE II.

DES ASSOCIATIONS SYNDICALES DEPUIS LA LOI DU 21 JUIN 1865.

CHAPITRE PREMIER.

Commentaire de la loi du 21 juin 1865.

90. Bien que notre intention soit de reproduire le texte
de chacun des articles de la loi du 21 juin 1865, en le
faisant suivre de nos observations, il nous a paru utile de
faire précéder ce travail d'un coup d'œil d'ensemble dont
le principal intérêt ressortira de la comparaison des dispositions proposées par le gouvernement avec celles qui ont
été votées par le Corps législatif.

91. Voici l'indication des phases qu'a traversées la loi
depuis son élaboration par le Conseil d'Etat jusqu'à son
insertion au *Bulletin des Lois* :

Présentation au Corps législatif avec l'exposé des motifs,
le 6 avril 1864 (*Moniteur* du 21 avril, n° 254). Rapport de
M. SÉNÉCA, le 3 mai 1865 (*Moniteur* des 28 et 29 mai 1865,
n° 218). Discussion les 19 et 20 mai; adoption le 20 mai, à
l'unanimité, par 237 votants (*Moniteur* des 20 et 21 mai).
Rapport au Sénat, par M. BOINVILLIERS, le 9 juin (*Moniteur*
du 10). Discussion et adoption par 82 voix contre 11, le 13
juin (*Moniteur* du 14). Sanction et promulgation, le 21 juin
1865. Insertion au n° 1300 du *Bulletin des Lois* (1865, 1er

semestre, p. 781, n° 13338). La loi a été exécutoire dans le département de la Seine à partir du 28 juin 1865. Elle a été transmise aux Préfets, d'une manière spéciale, par Son Exc. le ministre de l'agriculture, du commerce et des travaux publics avec une circulaire du 12 août 1865, qui a été insérée dans le *Bulletin officiel du ministère de l'intérieur*, 1865, p. 495.

Nous avons cru pouvoir nous dispenser de reproduire *in extenso* l'exposé des motifs et le rapport dont tous les passages essentiels trouveront leur place dans le commentaire des articles de la loi. Ces documents ont été insérés dans les Recueils généraux de législation et de jurisprudence de Dalloz, 1865, 4e partie, p. 77 et suiv.; de Sirey-Deville-neuve, 1865, p. 65 et suiv., et du Journal du Palais, 1865, *lois annotées*, p. 117 et suiv. M. Duvergier, dans sa *Collection des lois*, 1865, p. 286, a inséré l'exposé des motifs seulement.

La circulaire ministérielle se trouve aussi *loc. cit.*, dans les recueils de Dalloz, p. 86, et Sirey, p. 141.

92. Voici le texte du projet présenté et de la loi votée :

<table>
<tr><td align="center">PROJET DE LOI.</td><td align="center">LOI (1).</td></tr>
<tr><td align="center">—</td><td align="center">—</td></tr>
<tr><td align="center">TITRE Ier.</td><td align="center">TITRE Ier.</td></tr>
<tr><td align="center">DES ASSOCIATIONS SYNDICALES.</td><td align="center">DES ASSOCIATIONS SYNDICALES.</td></tr>
<tr><td align="center">ARTICLE PREMIER.</td><td align="center">ARTICLE PREMIER.</td></tr>
<tr><td>

Peuvent être l'objet d'une association syndicale entre propriétaires :

1° Les travaux de défense contre la mer, les fleuves, les torrents et rivières navigables ou non navigables ;

2° Les travaux de curage, approfondissement, redressement et régularisation des canaux et cours d'eau non navigables ni flottables et des canaux de desséchement et d'irrigation ;

</td><td>

Peuvent être l'objet d'une association syndicale, *entre propriétaires intéressés, l'exécution et l'entretien de travaux* :

1° De défense contre la mer, les fleuves, les torrents et *les* rivières navigables ou non navigables ;

2° De curage, approfondissement, redressement et régularisation des canaux et cours d'eau non navigables ni flottables et des canaux de desséchement et d'irrigation ;

</td></tr>
</table>

(1) Les passages en italique indiquent les modifications subies par le projet.

3° Les travaux d'assainissement de terres humides ou insalubres ;

4° Les travaux d'irrigation et de colmatage ;

5° Les travaux de drainage ;

6° L'ouverture et l'entretien de chemins d'exploitation et tous autres travaux d'amélioration agricole ayant un caractère d'intérêt collectif.

Art. 2.

Les associations syndicales sont libres ou autorisées.

Art. 3.

Les associations syndicales peuvent ester en justice par leurs syndics, acquérir, vendre, transiger et emprunter. Elles peuvent hypothéquer les biens qui leur appartiennent en propre.

Art 4.

L'adhésion à la formation d'une association syndicale est valablement donnée par les tuteurs, par les envoyés en possession provisoire et par les représentants des incapables, pour les biens de mineurs, d'interdits, d'absents et autres incapables, après autorisation du tribunal donnée sur simple requête en la chambre du conseil, le ministère public entendu. Cette disposition est applicable aux immeubles dotaux et aux majorats.

TITRE II.

DES ASSOCIATIONS SYNDICALES LIBRES.

Art. 5.

Les associations syndicales libres se forment sans l'intervention de l'Administration, par le consentement des intéressés. Le consentement doit être constaté par écrit.

L'acte d'association spécifie le but de l'entreprise ; il règle le mode d'administration de la société et fixe les limites du mandat confié aux administrateurs ou syndics ; il détermine les voies et moyens né-

---

3° *De dessèchement des marais ;*

4° *Des éliers et ouvrages nécessaires à l'exploitation des marais salants ;*

5° D'assainissement des terres humides *et* insalubres ;

6° D'irrigation et de colmatage,

7° De drainage ;

8° De chemins d'exploitation et *de toute autre* amélioration agricole ayant un caractère d'intérêt collectif.

Art. 2.

Les associations syndicales sont libres ou autorisées.

Art. 3.

Elles peuvent ester en justice par leurs syndics, acquérir, vendre, *échanger*, transiger, emprunter et hypothéquer.

Art. 4.

L'adhésion *à une* association syndicale est valablement donnée par les tuteurs, par les envoyés en possession provisoire et par *tout représentant légal pour les biens des* mineurs, *des* interdits, *des* absents et autres incapables, après autorisation du tribunal *de la situation des biens*, donnée sur simple requête en la chambre du conseil, le ministère public entendu. Cette disposition est applicable aux immeubles dotaux et aux majorats.

TITRE II.

DES ASSOCIATIONS SYNDICALES LIBRES.

Art. 5.

Les associations syndicales libres se forment sans l'intervention de l'administration.

Le consentement unanime des associés doit être constaté par écrit.

L'acte d'association spécifie le but de l'entreprise ; il règle le mode d'administration de la société et fixe les limites du mandat confié aux administrateurs ou syndics ; il dé-

cessaires pour subvenir à la dépense, ainsi que le mode de recouvrement des cotisations.

ART. 6.

Un extrait de l'acte d'association devra, dans le délai d'un mois à partir de sa date, être inséré dans un journal d'annonces légales du département ; il sera, en outre, transmis au préfet et publié dans le recueil des actes de la préfecture.

ART. 7.

A défaut de publication dans le journal d'annonces légales, l'association ne jouira pas du bénéfice résultant de l'article 3.

L'omission de cette formalité ne peut être opposée aux tiers par les associés.

ART. 8.

Les associations syndicales libres peuvent, sur leur demande, être converties par arrêté préfectoral en associations autorisées ; elles jouissent, dès lors, des avantages accordés à ces associations par les articles 15, 16 et 17.

TITRE III.

DES ASSOCIATIONS SYNDICALES AUTORISÉES.

AT. 9.

Les propriétaires intéressés à l'exécution des travaux énumérés dans les deux premiers paragraphes de l'article 1er peuvent être reunis d'office en association autorisée par arrêté préfectoral ou par décret.

ART. 10.

Le préfet soumet à une enquête

---

termine les voies et moyens nécessaires pour subvenir à la dépense, ainsi que le mode de recouvrement des cotisations.

ART. 6.

Un extrait de l'acte d'association devra, dans le délai d'un mois à partir de sa date, être *publié* dans un journal d'annonces légales *de l'arrondissement ou, s'il n'en existe aucun, dans l'un des journaux du département.* Il sera en outre transmis au préfet et *inséré* dans le recueil des actes de la préfecture.

ART. 7.

A défaut de publication dans *un* journal d'annonces légales, l'association ne jouira pas du bénéfice de l'article 3. L'omission de cette formalité ne peut être opposée aux tiers par les associés.

ART. 8.

Les associations syndicales libres peuvent être converties en associations autorisées par arrêté préfectoral, *en vertu d'une délibération prise par l'assemblée générale, conformément à l'article 12 ci-après, sauf les dispositions contraires qui pourraient résulter de l'acte d'association.*

Elles jouissent, dès lors, des avantages accordés à ces associations par les articles 15, 16, 17, 18 et 19.

TITRE III.

DES ASSOCIATIONS SYNDICALES AUTORISÉES.

ART. 9.

Les propriétaires intéressés à l'exécution des travaux *spécifiés dans les numéros 1, 2, 3, 4, 5 de l'article 1er* peuvent être réunis, par arrêté préfectoral, en association *syndicale* autorisée, *soit sur la demande d'un ou de plusieurs d'entre eux, soit sur l'initiative du préfet*

ART. 10.

Le préfet soumet à une enquête

administrative les plans, avant-projets et devis des travaux, dressés par les ingénieurs des ponts-et-chaussées, ainsi que le projet d'association.

Le plan indique le périmètre des terrains à défendre ou à améliorer, et est accompagné de l'état des propriétaires compris dans ce périmètre.

Le projet d'association contient les dispositions énumérées au deuxième paragraphe de l'article 5.

ART. 11.

Après l'enquête, les propriétaires qui sont présumés devo r profiter des travaux sont convoqués en assemblée, soit sur leur demande, soit d'office par le Préfet.

Un procès-verbal constate la présence des intéressés et le résultat de leur délibération. Il est signé par les membres de l'assemblée et mentionne l'adhésion de ceux qui ne savent pas écrire et de ceux qui ont envoyé leur consentement par écrit.

Le procès-verbal est transmis au Préfet.

ART. 12.

Si la moitié des intéressés, représentant au moins les deux tiers de la superficie des terrains, ou si les deux tiers des intéressés, représentant plus de la moitié de la superficie, ont donné leur adhésion, le Préfet autorise, s'il y a lieu, l'association.

Un extrait de l'acte d'association et de l'arrêté approbatif du Préfet est affiché dans les communes de la situation des lieux et inséré dans le recueil des actes de la préfecture.

ART. 13.

Les propriétaires dissidents et les tiers peuvent déférer cet arrêté au Ministre des travaux publics

administrative, *dont les formes seront déterminées par un règlement d'administration publique.* les plans, avant-projets et devis des travaux, ainsi que le projet d'association.

Le plan indique le périmètre des terrains *intéressés* et est accompagné de l'état des propriétaires *de chaque parcelle.*

Le projet d'association *spécifie le but de l'entreprise et détermine les voies et moyens nécessaires pour subvenir à la dépense.*

ART. 11.

Après l'enquête, les propriétaires qui sont présumés devoir profiter des travaux sont convoqués en assemblée *générale par le préfet, qui en nomme le président, sans être tenu de le choisir* parmi les membres de l'assemblée.

Un procès-verbal constate la présence des intéressés et le résultat de *la* délibération. Il est signé par les membres *présents* et mentionne l'adhésion de ceux qui ne savent pas *signer.*

L'acte contenant le consentement par écrit de ceux qui l'ont envoyé en cette forme est mentionné dans ce procès-verbal et y reste annexé.

Le procès-verbal est transmis au préfet.

ART. 12.

Si la *majorité* des intéressés, représentant au moins les deux tiers de la superficie des terrains, ou les deux tiers des intéressés, représentant plus de la moitié de la superficie, ont donné leur adhésion, le préfet autorise, s'il y a lieu, l'association.

Un extrait de l'acte d'association et l'arrêté du préfet, *en cas d'autorisation, et, en cas de refus, l'arrêté du préfet,* sont affichés dans les communes de la situation des lieux et insérés dans le recueil des actes de la préfecture.

ART. 13.

Les propriétaires *intéressés* et les tiers peuvent déférer cet arrêté au ministre des travaux publics dans

dans le délai d'un mois, à partir de l'affiche.

Le recours est déposé à la préecture et transmis, avec le dossier, au Ministre dans le délai de huit jours.

Il est statué par le Ministre, après avis de la Section des travaux publics du conseil d'Etat.

Art. 14.

Dans le cas où le procès-verbal de l'assemblée ne constate pas l'adhésion des intéressés dans les conditions spécifiées à l'article 12, le Préfet transmet, avec son avis, au Ministre les plans, avant-projets et devis des travaux ainsi que les pièces de l'enquête.

Un décret, rendu en conseil d'Etat, déclare, s'il y a lieu, l'utilité des travaux et constitue l'association syndicale.

Art. 15.

Les taxes ou cotisations sont ecouvrées sur des rôles dressés par le syndicat chargé de l'admiistration de l'association, approuvés, s'il y a lieu, et rendus exécuoires par le Préfet.

Le recouvrement est fait comme en matière de contributions directes.

Art. 16.

Les contestations relatives à la fixation du périmètre des terrains compris dans l'association, au classement des propriétés en raison de leur intérêt aux travaux, à la répartition et à la perception des axes, à l'exécution des travaux, sont jugées par les Conseils de préfecture, sauf recours au Conseil d'Etat.

Il est procédé à l'apurement des comptes de l'association, selon les règles établies pour les comptes des receveurs municipaux.

le délai d'un mois à partir de l'affiche.

Le recours est déposé à la préfecture et transmis, avec le dossier, au ministre, dans le délai de *quinze* jours.

Il est statué par *un décret rendu en Conseil d'Etat.*

Art. 14.

S'il s'agit des travaux spécifiés aux numéros 3, 4 et 5 de l'article 1er, les propriétaires qui n'auront pas adhéré au projet d'association pourront, dans le délai d'un mois ci-dessus déterminé, déclarer à la préfecture qu'ils entendent délaisser, moyennant indemnité, les terrains leur appartenant et compris dans le périmètre. Il leur sera donné récépissé de la déclaration. L'indemnité à la charge de l'association sera fixée conformément à l'article 16 de la loi du 21 mai 1836.

Art. 15.

Les taxes ou cotisations sont recouvrées sur des rôles dressés par le syndicat chargé de l'administration de l'association, approuvés, s'il y a lieu, et rendus exécutoires par le préfet.

Le recouvrement est fait comme en matière de contributions directes.

Art. 16.

Les contestations relatives à la fixation du périmètre des terrains compris dans l'association, *à la division des terrains en différentes classes,* au classement des propriétés en raison de leur intérêt aux travaux, à la répartition et à la perception des taxes, à l'exécution des travaux, sont jugés par le conseil de préfecture, sauf recours au Conseil d'Etat.

Il est procédé à l'apurement des comptes de l'association, selon les règles établies pour les comptes des receveurs municipaux.

Art. 17.

Nul propriétaire compris dans l'association ne pourra, après le

Art. 17.

Dans le cas où l'exécution des travaux entrepris par une association syndicale autorisée exige l'expropriation de terrains particuliers, il est procédé conformément aux dispositions de l'article 16 de la loi du 21 mai 1836.

TITRE IV.

DISPOSITIQNS GÉNÉRALES.

délai de quatre mois, à partir de la notification du premier rôle des taxes, contester sa qualité d'associé ou la validité de l'association.

Art. 18.

Dans le cas où l'exécution des travaux entrepris par une association syndicale autorisée exige l'expropriation de terrains, il y est procédé conformément aux dispositions de l'article 16 de la loi du 21 mai 1836, *après déc aration d'utilité publique, par décret rendu au Conseil d'Etat.*

Art. 19.

Lorsqu'il y a lieu à l'établissement de servitudes conformément aux lois, au profit d'associations syndicales, les contestations sont jugées suivant les dispositions de l'article 5 de la loi du 10 juin 1854.

TITRE IV.

DE LA REPRÉSENTATION DE LA PROPRIÉTÉ DANS LES ASSEMBLÉES GÉNÉRALES. — DES SYNDICS.

Art. 20.

L'acte constitutif de chaque association fixe le minimum d'intérêt qui donne droit à chaque propriétaire de faire partie de l'Assemblée générale.

Les propriétaires de parcelles inférieures au minimum fixé peuvent se réunir pour se faire représenter à l'Assemblée générale par un ou plusieurs d'entre eux, en nombre égal au nombre de fois que le minimum d'intérêt se trouve compris dans leurs parcelles réunies.

L'acte d'association détermine le maximum de voix attribué à un même propriétaire, ainsi que le nombre de voix attaché à chaque usine, d'après son importance et le maximum de voix attribué aux usiniers réunis.

Art. 21.

Le nombre des syndics, leur répartition, s'il y a lieu, entre diverses catégories d'intéressés et la durée de leurs fonctions seront déterminés par l'acte constitutif de l'association.

Art. 22.

Les syndics sont élus par l'Assemblée générale, parmi les intéressés.

Lorsque les syndics doivent être pris dans diverses catégories, la liste d'éligibilité est divisée en sections correspondantes à ces diverses catégories.

Les syndics seront nommés par le préfet dans le cas où l'Assemblée générale, après deux convocations, ne se serait pas réunie ou n'aurait pas procédé à l'élection des syndics.

Art. 23.

Dans le cas où, sur la demande du syndicat, il est accordé une subvention par l'État, par le département ou par une commune, cette subvention donne droit à la nomination, par le préfet, d'un nombre de syndics proportionné à la part que la subvention représente dans l'ensemble de l'entreprise.

Art. 24.

Les syndics élisent l'un d'eux pour remplir les fonctions de directeur, et, s'il y a lieu, un adjoint qui remplace le directeur en cas d'absence ou d'empêchement.

Le directeur et l'adjoint sont toujours rééligibles.

TITRE V.

DISPOSITIONS GÉNÉRALES.

Art. 25.

A défaut, par une association, d'entreprendre les travaux en vue desquels elle aura été autorisée, le Préfet rapportera, s'il y a lieu et après mise en demeure, l'arrêté d'autorisation.

Il sera statué, par un décret rendu en Conseil d'État, si l'autorisation a été accordée en cette forme.

Art. 18.

Lorsqu'il est accordé une subvention par l'Etat, par le département ou par la commune, un décret règle, s'il y a lieu, la composition ou le mode de formation du syndicat.

Art. 19.

Dans le cas où l'inexécution,

Dans le cas où l'interruption ou

l'interruption ou le défaut d'entretien des travaux pourraient avoir des conséquences nuisibles à l'intérêt public, le préfet, après avoir mis en demeure le syndicat, pourra faire procéder d'office à l'exécution desdits travaux.

Art. 20.

Un règlement d'administration publique déterminera les dispositions nécessaires à l'exécution de la présente loi, notamment en ce qui concerne : le mode de représentation de la propriété et des divers intérêts dans les assemblées générales, les formalités de l'enquête prescrite par l'article 10, la nomination et les attributions des syndics, la détermination du périmètre, le classement des propriétés et le jugement des réclamations auxquelles ces opérations peuvent donner lieu, l'exécution et la réception des travaux, la rédaction des rôles et leur recouvrement.

Art. 21.

Les dispositions des lois antérieures sont abrogées en ce qu'elles ont de contraire à la présente loi.

le défaut d'entretien des travaux entrepris par une association pourrait avoir des conséquences nuisibles à l'intérêt public, le préfet, après mise en demeure, pourra faire procéder d'office à l'exécution des travaux nécessaires pour obvier à ces conséquences.

Art. 26.

La loi du 16 septembre 1807 et celle du 14 floréal an XI. continueront à recevoir leur exécution à. défaut de formation d'associations libres ou autorisées. lorsqu'il s'agira de travaux spécifiés aux numéros 1, 2 et 3 de l'article 1er de la présente loi.

Toutefois il sera statué à l'avenir, par le Conseil de préfecture, sur les contestations qui, d'après la loi du 16 septembre 1807, devaient être jugées par une commission spéciale.

En ce qui concerne la perception des taxes, l'expropriation et l'établissement de servitudes, il sera procédé conformément aux articles 15, 16, 18 et 19 de la présente loi.

---

93. Le rapprochement du projet présenté et de la loi votée suffit pour mettre en évidence des modifications importantes dont les principales ont motivé, dans le rapport de M. Sénéca, les observations suivantes :

« Examiné dans son ensemble, le projet de loi contenait d'abord l'énumération des travaux qui pouvaient être l'objet d'une association syndicale. Il établissait, à ce point de vue, trois sortes d'associations, les unes libres, les autres autorisées; mais sous cette dernière dénomination étaient comprises, en réalité, des associations forcées, c'est-à-dire qui pouvaient être imposées aux intéressés, malgré leur résistance même unanime. Le projet de loi assurait aux associations respectives certains avantages propres à faciliter leur fonctionnement, pourvoyait au cas d'inexécution, d'interruption ou de défaut d'entretien des travaux. Il réservait à un règlement d'administration publique de

statuer sur le complément de la loi, notamment sur la représentation de la propriété dans les assemblées générales
et sur la nomination des syndics. La loi du 16 septembre
1807 et la loi du 14 floréal an XI auraient régi la matière
des endiguements et du curage des rivières et cours d'eau
non navigables ni flottables, mais concurremment avec la
loi des associations; le dessèchement des marais et les
ouvrages nécessaires à l'exploitation des marais salants, au
contraire, n'auraient pas été compris dans cette dernière
loi. Par les nouvelles dispositions que nous vous proposons,
ces deux objets importants sont ajoutés à la nomenclature
des travaux à faire par voie d'association. L'économie du
projet de loi se trouve d'ailleurs modifiée. Ainsi, il n'y aura
que des associations libres formées par le consentement
unanime des intéressés, ou des associations autorisées du
consentement soit de l'unanimité, soit au moins d'une forte
majorité formée du nombre des intéressés combiné avec
l'importance des intérêts. Les associations forcées n'ont pas
été admises; les moyens d'action accordés aux associations
ont été précisés et complétés. Des dispositions ont été introduites, qui statuent sur les principaux objets que le
projet de loi avait réservés à un règlement d'administration
publique, et qui appartenaient manifestement au domaine
législatif.

» Enfin, il est reconnu que la loi du 16 septembre 1807
et la loi du 14 floréal an XI continueront à recevoir leur
exécution, mais, à défaut de formation d'associations libres
ou autorisées pour les endiguements, pour les dessèchements de marais et pour le curage des rivières et cours
d'eau. »

Pour bien saisir la pensée du législateur qui se dégage
du rapport que nous venons de reproduire comme rédui-
sant d'une manière absolue les associations syndicales à
deux catégories : les associations *libres;* les associations
autorisées, avec exclusion des associations *forcées,* il faut

consulter tous les éléments d'appréciation que présentent l'élaboration et le vote de la loi.

L'exposé des motifs ne peut fournir aucune explication, puisque le projet de loi admettait les associations forcées, mais le rapport contient deux autres passages qu'il importe de recueillir. Le premier, sous l'article 14, est ainsi conçu :

« Mais, quand c'est la majorité des éléments de l'intérêt collectif qui résiste, quand c'est la presque unanimité ou l'unanimité même, peut-elle être constituée en association contre sa volonté? et ce système, qui n'aurait même pas pu avoir le délaissement pour correctif, aurait pu avoir pour la propriété les conséquences les plus préjudiciables. Il ne s'agit pas de contester au gouvernement le pouvoir de décréter des mesures de haute administration et de police dans l'intérêt public : ce pouvoir lui est reconnu; mais il l'exerce avec des formes et des garanties qui lui sont propres. Autre chose est de grever la propriété de servitudes, et même d'aller jusqu'à l'expropriation; autre chose est d'imposer à des propriétaires la qualité d'associés, avec des chances qu'ils ont considérées comme trop incertaines, ou des charges qui leur ont paru trop lourdes.

» L'association forcée, avec toutes ses conséquences, ne serait donc pas une conciliation équitable de l'intérêt public avec l'intérêt privé. Comment espérer, d'ailleurs, que des propriétaires puissent exécuter convenablement des travaux qu'ils repoussent? Quels résultats utiles pourrait-on attendre de leur action? Si les syndics sont choisis parmi les intéressés, leur mauvais vouloir est acquis. Le Préfet nommera-t-il les syndics, ou même fera-t-il exécuter d'office tous les travaux. Mais alors il y aura des associés sans liberté, sans action, et cependant avec toutes les charges de l'association.

» Votre commission a pensé qu'il y avait en même temps plus de vérité et plus de garanties à conserver aux mesures d'intérêt public leur véritable caractère, plutôt que de les aggraver sous une dénomination nouvelle. »

Sous l'article 26, le rapport ajoute :

« Toutefois, le syndicat *chargé de l'administration de l'association*, qui a reçu de l'art. 15 de la loi actuelle mission de dresser les rôles des taxes ou de cotisations, ne peut pas être le même sous l'empire de la loi de 1807, lorsque les travaux sont faits par l'Etat ou exécutés par un entrepreneur; mais, aux termes des art. 16 et 26 de cette loi, les syndics sont nommés par le Préfet parmi des propriétaires ayant pour mission de nommer les experts qui doivent procéder aux estimations et de fixer le genre et l'étendue des contributions nécessaires pour subvenir aux dépenses de l'entretien et de la garde des travaux, ce qui rend l'art. 15 applicable. »

La discussion au sein du Corps législatif est encore assez explicite. M. GUILLAUMIN a reproché plusieurs fois, dans la discussion générale et à l'occasion des art. 14 et 26, à la loi de rétablir par l'art. 26 les associations forcées que la commission avait fait disparaître de l'art. 14. Une première fois, M. le comte DUBOIS, *commissaire du gouvernement*, a répondu qu'il était de jurisprudence qu'après enquête, lorsque l'utilité de certains travaux de défense et de conservation était reconnue, un décret pouvait organiser des associations syndicales, même lorsque les propriétaires intéressés ne s'étaient pas montrés favorables au projet, mais que la commission n'a pas voulu suivre ce système et que le Conseil d'Etat a admis les amendements. Il a ajouté : « En effet, qu'est-ce que nous faisons? Une loi d'association. Et du moment que la commission du Corps législatif maintenait le principe posé dans les lois de l'an XI et de 1807, savoir : que par voie de contribution, par voie de police des eaux, le préfet était armé d'un pouvoir suffisant pour rendre des rôles exécutoires, afin de faire exécuter les travaux obligatoires, il n'était pas besoin de recourir à la forme de l'association. C'était quelque chose qui pouvait, à un certain point de vue, paraître anormal, que de prendre le procédé de l'association pour faire certains travaux alors que les individus ne voulaient pas se réunir et s'associer. C'est là, Messieurs, la distinction capitale à laquelle le Gouvernement et le Conseil d'Etat ont donné les mains, distinction qui a été faite par la commission. Oui, à l'avenir, nous n'aurons pas d'associations organisées par décret pour faire des travaux pour lesquels on n'aura pas, dans l'assemblée générale des intéressés, trouvé soit la majorité en nombre, soit la majorité des intérêts. »

La seconde fois, M. Sénéca, rapporteur, a fait remarquer ce qu'il y aurait eu d'illogique à dire par un décret à des intéressés dont l'assemblée aurait repoussé le projet d'association : vous êtes associés dans les termes de l'acte d'association dont vous n'avez pas voulu ; à appeler associés des contribuables forcés. « Comment auraient fonctionné ces sortes d'associations ? Si les syndics sont élus par les intéressés, comme le propose la loi en discussion, leur mauvais vouloir est acquis à l'exécution des travaux. Les syndics sont-ils alors nommés par le préfet ? voilà des associés qui ne sont rien et qui ne font rien. On peut prévoir que le préfet aurait dû d'office faire continuer les travaux ? Où serait l'association, et quelles conditions feriez-vous là à la propriété ?... Il restait une chose à faire : laisser subsister la loi de 1807 avec les mesures de défense et de protection qui sont prises par le gouvernement lui-même. C'est le gouvernement alors qui en prend la responsabilité. Ces mesures ont été réservées, et les lois qui accordent ces pouvoirs au gouvernement continueront d'exister. Nous avons préféré ces sortes de mesures avec les garanties qu'elles peuvent offrir, même aussi avec la plus-value de la loi de 1807, à l'association pure et simple dans les conditions où elle était présentée dans le projet de loi. »

La troisième fois, M. de Franqueville, *commissaire du gouvernement*, a répondu en invoquant les nécessités d'intérêt public qui exigent que le gouvernement reste armé des pouvoirs que lui confèrent les lois de l'an XI et de 1807 ; il a fait observer que le défaut de majorité empêchant la constitution d'une association autorisée, n'équivalait pas à une majorité opposante, parce qu'un grand nombre de propriétaires qui ne donnent pas, par crainte, inertie, insouciance une adhésion écrite, ne sont pas pour cela hostiles, et il a conclu ainsi : « Le gouvernement avait demandé, dans le principe, que toutes les fois qu'il n'y aurait pas de majorité constituée pour les travaux énoncés aux deux premiers paragraphes de l'article 1er, il pût être autorisé à constituer des associations syndicales d'office. La commission n'a pas cru que ce fût possible. C'est alors que le gouvernement, en acceptant l'avis de la commission et en renonçant ainsi à constituer d'office des syndicats d'endiguement et de curage, a demandé et obtenu de votre commission, en compensation de l'abandon de cette faculté, le maintien formel du pouvoir dont il est armé par la loi de l'an XI et par la loi de 1807. »

La circulaire ministérielle du 12 août 1865 expliquant, à son tour, les termes de l'art. 26 de la loi, porte : « La loi nouvelle, en effet, a eu pour but et aura, on peut l'espérer, pour effet d'encourager l'initiative individuelle des propriétaires, de provoquer l'esprit d'association et de faciliter ainsi l'exécution des travaux d'amélioration agricole ; mais elle n'a pas entendu enlever au gouvernement les pouvoirs dont il est investi par la législation actuelle, à l'effet d'assurer, après que l'utilité en a été régulièrement constatée, l'exécution par les propriétaires intéressés, de travaux qui, à raison de leur nature spéciale, touchent directement à la sécurité ou à la salubrité publique. Tels sont ceux que je viens d'énumérer plus haut, et qui, par ce motif, sont soumis à des règles particulières. Le gouvernement peut donc prescrire d'office l'exécution de travaux d'endiguement ou de curage, et prononcer la concession d'un dessèchement de marais, en se conformant aux dispositions des lois de 1807 et de l'an XI ; mais l'exercice de ce droit exige toujours, sauf pour les curages opérés conformément aux anciens règlements ou aux usages locaux, l'intervention d'un décret délibéré en conseil d'Etat, et ce n'est qu'en présence d'un intérêt public incontestable que l'administration se déterminera à imposer à des propriétaires l'exécution de travaux dont ils auraient refusé de reconnaître l'utilité. »

Enfin, on lit dans un décret du 6 janvier 1866, relatif à la construction de 29,900 mètres de canaux d'écoulement généraux destinés à conduire les eaux de trois bassins dans un étang et dont la dépense, estimée à 450,000 francs, est supportée par l'Etat et le département des Bouches-du-Rhône, une disposition en ces termes :

« L'entretien des canaux ainsi exécutés, et l'exécution des rigoles secondaires destinées à faciliter par ces canaux l'évacuation des eaux, seront à la charge des propriétaires intéressés, qui seront ultérieurement réunis à cet effet en syndicat, conformément aux lois. » (*Bulletin des Lois*, 1866, 1er semestre, p. 170, n° 14068).

Faut-il conclure de ce dernier texte que, malgré les déclarations échangées lors de la loi de 1865, il y aura encore des syndicats *forcés*, car ce décret a été rendu par application des lois de l'an XI et de 1807 ? Il nous semble que la réponse à cette question se trouve dans la distinction suivante : Non , il n'y aura pas d'associations syndicales d'après le régime fixé par la loi de 1865 qui ne soient *libres* ou *autorisées*, mais il y aura encore des syndicats ou plutôt des syndics nommés par l'autorité pour représenter l'intérêt collectif, sans association, soit pour les règlements de police concernant l'usage des eaux tant pour l'industrie que pour l'agriculture (voy. nos 53, 54 et 55), soit en matière d'endiguement, de dessèchement de marais et de curage, lorsque la tentative d'une association syndicale aura échoué.

En un mot, les lois de l'an XI et de 1807 continueront d'être exécutées, sans recourir à l'association qui demeure réglée par la loi du 21 juin 1865, mais en empruntant à cette loi les facilités que donnent les art. 15, 16, 18 et 19. (Voyez aussi *infrà* sous l'art. 26.)

Article premier.

Peuvent être l'objet d'une association syndicale, entre propriétaires intéressés, l'exécution et l'entretien de travaux :

1° De défense contre la mer, les fleuves, les torrents et les rivières navigables ou non navigables ;

2° De curage, approfondissement, redressement et régularisation des canaux et cours d'eau non navigables ni flottables et des canaux de dessèchement et d'irrigation ;

3° De dessèchement des marais ;

4° Des étiers et ouvrages nécessaires à l'exploitation des marais salants ;

5° D'assainissement des terres humides et insalubres ;

6° D'irrigation et de colmatage ;

7° De drainage ;

8° De chemins d'exploitation et de toute autre amélioration agricole ayant un caractère d'intérêt collectif.

94. Il suffit de comparer le texte de la loi avec celui du projet pour reconnaître combien le premier est préférable par sa précision : c'est parce que les propriétaires sont *intéressés* qu'ils concourent à la formation de l'association et qu'ils y prennent une part proportionnée au degré de leur intérêt (principe d'équité posé par les lois du 14 floréal an XI et du 16 septembre 1807. Voy. *suprà*, nos 12 et 13); d'un autre côté, le projet ne mentionnait que l'*exécution* des travaux, bien que l'*entretien* fût aussi dans l'intention du législateur : « l'entretien, dit le rapport, spécialement traité dans la législation antérieure, avait été omis dans quelques parties du projet de loi. Il a paru à votre commission que rien à cet égard ne devait rester équivoque ou implicite. »

95. Envisagé dans son ensemble, notre article présente dans sa nomenclature les deux catégories d'associations que nous avons déjà signalées comme existant avant la loi : Syndicats *forcés*, syndicats *volontaires* (*suprà*, n⁰ˢ 24, 25, 39, 56, 62, 63, 72), avec cette différence que les associations *forcées*, exclues du système de la loi, sont remplacées par les associations *autorisées* (Voy. *infrà*, art. 9), et qu'il ne peut pas être question ici des associations créées pour l'exécution des règlements sur la police des eaux, que nous avons mentionnées *suprà*, n° 53. Les n⁰ˢ 1, 2, 3, 4 et 5 de notre article concernent des associations pour lesquelles l'adhésion de la majorité des intéressés peut suffire, tandis que les n⁰ˢ 6, 7 et 8 s'occupent d'associations pour la formation desquelles il faut l'unanimité de ces intéressés. Et chose digne de remarque, la loi de 1865 n'a, à vrai dire, rien innové en consacrant cette division, car ce qui, *maintenant*, peut faire l'objet d'associations autorisées, c'est-à-dire *quasi forcées*, pouvait, *auparavant*, faire l'objet d'associations forcées, et ce qui reste dans le domaine de la volonté des intéressés leur appartenait au même titre purement volontaire. Sans doute, il y a eu quelques additions, mais qui, loin de contrarier l'économie de la distinction préexistante ne font que la confirmer avec plus d'autorité. La base de cette division trouve donc une force nouvelle dans la loi de 1865, qui a fourni l'occasion de rappeler ces principes adoptés par une jurisprudence administrative déjà ancienne : « Peut-on attribuer et donner le même pouvoir de coercition pour les travaux de défense et de conservation? Le conseil d'Etat ne l'a jamais pensé; tous les précédents administratifs ont toujours fait la distinction, et c'est cette distinction que nous apportions dans le projet primitif » (M. LE COMTE DUBOIS, *commissaire du gouvernement; Moniteur* du 20 mai, p. 629, 3ᵉ col.). Voy. aussi *infrà*, nos observations sous l'art. 9.

96. Nos explications ont fait connaître le régime des

associations syndicales avant la loi de 1865, dont le but a été ainsi défini par l'exposé des motifs.

« Aucun de ces actes (les dispositions législatives antérieures, rapportées *suprà*, n°ˢ 9 à 18) n'a fixé d'une manière complète et spéciale le régime des associations syndicales. Le moment est arrivé d'aborder cette question par son côté le plus important, c'est-à-dire de simplifier les formalités, d'abréger les instructions, de donner l'essor à l'esprit d'entreprise et à l'initiative des intérêts privés. »

97. Les travaux défensifs (*suprà*, n°ˢ 25 à 35) occupent naturellement la première place parmi ceux que les associations syndicales peuvent avoir en vue. Le rapport rappelle que des arrêts du Conseil de 1769, 1772, 1773 et 1779, avec loi du 3-21 septembre 1792, et l'art. 33 de celle du 16 septembre 1807, ont formulé des prescriptions témoignant de la sollicitude du gouvernement pour la construction et l'entretien des digues ; que la loi du 28 mai 1858 a pourvu à la défense des villes (Voy. *suprà*, n°ˢ 36 à 38) ; que lors de la discussion de cette dernière loi M. Guillaumin avait proposé de la rendre applicable aux campagnes, et que, si sa proposition ne fut pas adoptée, le rapport de M. Louvet constate que la commission s'était associée à la pensée qui l'avait inspirée, et avait demandé au gouvernement de présenter prochainement un projet de loi sur la défense des vallées. « Ces espérances, ajoute le rapport, n'ont pas paru pouvoir se réaliser, du moins par le système de la loi de 1858. Une des pensées du projet de loi actuel a été, ce semble, de remplacer ce système par les associations aidées de subventions. » Ces paroles justifient notre appréciation (*suprà*, n° 58) sur l'inapplicabilité de la loi de 1858 aux prévisions de la loi de 1865, en même temps qu'elles indiquent que des travaux de défense des villes pourraient être entrepris soit par des associations syndicales libres, soit par des associations autorisées dans la forme prévue par cette dernière loi, ce que nous n'avons jamais mis en doute, les termes du n° 1 de notre article ne comportant pas de restriction et pouvant être invoqués aussi bien en faveur des agglomérations que des campagnes.

Un amendement de M. Guillaumin avait demandé la suppression des mots : les *torrents*. La commission ne l'a pas accueilli, parce que les torrents se trouvent déjà mentionnés dans l'art. 33 de la loi du 16 septembre 1807 et que les torrents débordés sont une cause de dommages qu'il importe de prévenir.

98. Enfin, le rapport fait remarquer que les digues des places de guerre demeurent régies par une législation spéciale (Loi du 16 juillet 1791, tit. 1er, art. 13, et ordonnance du 1er août 1821, art. 5, etc.).

99. La circulaire ministérielle du 12 août 1865 comprend au nombre des additions dues à la nouvelle loi certains travaux, qui font partie du n° 2 de notre article. « Ainsi, dit-elle, le second paragraphe comprend, indépendamment du simple curage, *l'approfondissement*, le *redressement* et la *régularisation* des canaux et cours d'eau non navigables ni flottables, et des canaux de dessèchement et d'irrigation. Toutefois, les travaux de cette nature ne doivent être entrepris qu'avec une extrême réserve, et lorsqu'ils sont nécessaires pour former le complément d'un curage efficace. Dans ce cas, ils doivent être autorisés par un décret rendu en conseil d'Etat, après l'accomplissement des formalités d'enquête. »

Est-il bien exact de dire qu'en parlant de l'approfondissement, du redressement et de la régularisation, la loi de 1865 ait consacré une innovation, ait ajouté à la loi du 14 floréal an XI?

L'affirmative résulte du passage de la circulaire ministérielle que nous venons de reproduire ; elle résulte aussi du rapport qui rappelle que cette addition avait été critiquée par MM. Guillaumin et Martel, auteurs d'amendements qui en demandaient la suppression et qui n'ont été adoptés ni par le gouvernement, ni par la commission. Les motifs de ce rejet, indiqués dans le rapport, ont été précisés dans la discussion.

« MM. les commissaires du gouvernement, porte le rapport, ont combattu l'amendement ; ils ont considéré les travaux ainsi spécifiés soit comme des moyens, soit comme un complément d'un curage efficace. Ils ont fait remarquer d'ailleurs que, lorsqu'il y a lieu de procéder à ces travaux exceptionnels, un règlement d'administration publique est nécessaire, en vertu même de la loi du 14 floréal an XI, comme à défaut ou en cas d'insuffisance d'anciens règlements ou d'usages locaux; telle est, ont dit MM. les commissaires du gouvernement, la jurisprudence du conseil d'Etat.

» On a ajouté que, lorsqu'un curage doit avoir lieu dans un intérêt public, il ne faut pas créer dans la loi elle-même un obstacle à une mesure nécessaire à son exécution. La loi doit donc comprendre cette mesure parmi les objets de l'association. Enfin, a-t-on dit, il ne faut pas perdre de vue que le curage est, comme l'endiguement, une défense contre l'inondation; mais, par un procédé inverse, dans un cas, on surélève; dans l'autre, on approfondit. »

La même question, soulevée à propos de l'article 1er de la loi par M. Guillaumin, est revenue avec plus de force sur l'art. 26, avec l'insistance de MM. Martel, Josseau et Segris. M. le comte Dubois, *commissaire du gouvernement*, a répondu en ces termes :

« La première question, posée par M. Martel, est celle-ci : Vous étendez l'interprétation de la loi du 14 floréal an XI, quand vous mettez dans le second paragraphe de l'article 1er le curage, l'approfondissement, la régularisation des cours d'eau.

» Messieurs, c'est une question qui a son importance ; elle a divisé le conseil d'Etat pendant longtemps. La section à laquelle j'ai l'honneur d'appartenir a été longtemps de l'avis de l'honorable M. Martel, et elle a cru, dans différentes occasions, qu'il fallait réduire l'application de la loi de floréal an XI aux travaux de simple curage. Mais cette question est venue en assemblée générale, en 1855, à propos de la *Chalaronne*, cours d'eau du département de l'Ain, et l'assemblée générale du conseil d'Etat, examinant le texte, l'exposé des motifs de la loi de l'an XI, et l'application qui a été faite par le conseil d'Etat de l'empire, qui avait rédigé cette loi, a reconnu que l'on devait entendre l'article de la loi du 14 floréal an XI, dans le sens étendu que nous lui donnons dans le paragraphe 2 de l'article 26.

» Pour le prouver, je n'ai qu'à lire les décrets contemporains de la loi du 14 floréal an XI, qui sont au *Bulletin des Lois* ou dans les Archives des ministères.

» Et d'abord, je dois dire que vous ne devez pas isoler la loi de l'an XI, qui oblige les propriétaires au curage en proportion de leurs intérêts, vous ne devez pas l'isoler de l'article 33 de la loi du 16 septembre 1807, dont nous avons parlé si souvent dans cette discussion. »

M. le commissaire du gouvernement cite les décrets des 24 messidor an XI, relatif au *Cosson* (Loir-et-Cher) ; 16 germinal an XII, relatif aux canaux artificiels de *Landgraben* (Bas-Rhin) ; du 19 septembre 1806, relatif à la rivière d'*Ill* (Haut-Rhin) ; du 12 novembre 1806, relatif à la rivière du *Schwoll* (Moselle) ; du 12 décembre 1806, relatif à l'*Albe* et au *Zell* (Moselle) ; du 21 décembre 1808, relatif à la *Rozelle* (Moselle), et 25 mars 1811, relatif aux marais de la *Naville* (Seine-Inférieure). Puis, il ajoute :

« Ainsi, vous le voyez, Messieurs, telle est la jurisprudence du conseil d'Etat du premier Empire, jurisprudence établie par les hommes qui venaient de faire la loi de floréal ; c'est ainsi qu'ils interprétaient les mots : élargissement et redressement de cours d'eau.

» Mais, je dois faire néanmoins une réserve importante :

il n'est pas possible, sans un décret d'utilité publique, de redresser un cours d'eau ; il faut que le syndicat provoque cette déclaration, et il faut qu'un décret d'utilité publique autorise à faire ce redressement. Ce n'est pas en vertu d'une simple approbation du préfet que ces travaux peu·vent être faits, il faut un décret d'expropriation.

» Aussi, lorsqu'un préfet avait ordonné un élargissement et un redressement de cours d'eau sans avoir obtenu un décret d'utilité publique, son arrêté était annulé par le conseil d'Etat, en vertu de l'article 5 de la loi de floréal an XI.

» Il est quelquefois permis, dans un cas pressant, de procéder d'urgence ; mais le principe est toujours réservé. »

M. le commissaire du gouvernement a cité les motifs des arrêts du conseil d'Etat, des 25 mars 1846 (COUTENCET, TIBOULET) et 1er février 1851 (VESVROTTE).

Il suit de ces explications qu'avant la loi de 1865, la jurisprudence du conseil d'Etat admettait l'application des lois de l'an XI et de 1807 comme autorisant des élargissements, des redressements et des approfondissements, à la condition de les faire ordonner par un règlement d'administration publique, ces opérations excédant les limites d'un simple curage et sortant dès lors de la compétence préfectorale. C'est ce que nous avons fait remarquer *suprà*, nos 44 et suiv. Il s'en suit, en outre, que les expressions nouvelles introduites dans le texte de la loi, si elles sont une addition matérielle, n'ajoutent pas en réalité à son sens primitif qu'elles ne font que confirmer ; en sorte qu'elles seraient plus justement une restitution qu'une addition véritable.

100. Au sujet du même paragraphe 2, M. DE VOIZE s'est exprimé en ces termes :

« L'article 1er énumère, parmi les travaux qui pourront être l'objet d'une association syndicale, le redressement et la régularisation des canaux et cours d'eau non navigables ni flottables. Or, souvent il arrive que les torrents et les ruisseaux se jettent dans des rivières sujettes à des crues pouvant s'élever au-dessus des rives. Dans ces conditions, il faut nécessairement endiguer; mais, si on ne changeait pas en même temps le tracé de la partie inférieure de ces petits cours d'eau, l'eau refluant par leur ouverture se répandrait sur les terrains voisins. Il y a donc nécessité absolue de reporter leur embouchure en aval et souvent à des distances considérables, quelquefois de plusieurs kilomètres, ainsi qu'on le voit dans le département de l'Isère. Ce nouveau lit doit évidemment être considéré comme un accessoire de la digue, et c'est à ce titre que je croirais utile de compléter la nomenclature des travaux portés au n° 2 de l'article 1er, en y comprenant ceux motivés par l'ouverture des canaux de dérivation, à moins qu'il ne soit bien entendu que les mots redressement et régularisation peuvent être étendus au cas que je viens d'examiner.

» M. le comte Dubois, *commissaire du gouvernement.* Le mot régularisation répond à l'observation de M. de Voize.

» M. Sénéca rapporteur. L'observation de M. de Voize est une réponse à l'amendement de M. Guillaumin et à l'amendement de M. Martel. Elle prouve l'utilité de parler des redressements.

» M. Royer. La régularisation comprend évidemment cela. »

101. Le rapport, parlant de la loi du 14 floréal an XI, dit : « Cette loi, différente en cela des anciennes règles, impose aux riverains l'obligation du curage et le fait peser proportionnellement sur chacun d'eux. » Le texte de la loi de l'an XI (Voy. *suprà,* n° 12) ne contient pas un mot qui puisse autoriser cette interprétation. Les anciens usages ou règlements n'assujettissent, en général, au curage que les riverains, mais les règlements d'administration publique pris en vertu de la loi, étendent l'obligation à tous les propriétaires de la zone submersible, de manière que la quotité de la contribution de chaque imposé soit toujours proportionnée au degré d'intérêt qu'il a aux travaux.

102. Sur le n° 3 de notre article, le rapport fait connaître que la commission a proposé d'ajouter le desséchement des marais à la nomenclature du projet de loi, et que le conseil d'Etat a adopté cet amendement dont l'initiative appartenait à M. Guillaumin. A cette occasion, le rapport cite un édit de Henri IV, du 8 avril 1599, la loi du 12 août 1790, celles du 5 janvier 1791, du 11 septembre 1792, du 16 septembre 1807 et du 21 juillet 1860 (Voy. *suprà*, n°ˢ 56 à 60). Appréciant le système adopté par la loi de 1807, art. 2, le rapport dit : « Lors même que tous les propriétaires sont réunis, ce n'est pas sous la forme d'association qu'ils agissent ; mais la concession du dessèchement leur est accordée, s'ils se soumettent à l'exécuter dans les délais fixés et conformément aux plans adoptés par le gouvernement. Les concessions sont faites par des décrets rendus en conseil d'Etat. »

103. C'est encore à l'initiative de M. Guillaumin qu'est due la disposition du paragraphe 4, relative aux étiers et à l'exploitation des marais salants. « La loi du 7 (il faut lire 17) juin 1840, dit le rapport, complétée par l'ordonnance règlementaire du 26 juin 1841, forme aujourd'hui le Code de la législation sur l'extraction, la fabrication et la circulation du sel. Mais les marais salants, notamment dans l'ouest, sont généralement divisés en un assez grand nombre de propriétaires dont les intérêts sont étroitement liés par la nature même des travaux ou des opérations nécessaires pour assurer tant la conservation de l'ensemble de la propriété que la fabrication du sel. Ainsi, chaque saline est accompagnée d'un canal principal nommé étier, destiné à y introduire les eaux de la mer, et aussi de canaux et de fossés intérieurs pour la circulation de ces eaux, et de bassins pour leur faire subir une première réduction par l'évaporation, avant de les recevoir dans les compartiments destinés à recueillir définitivement le sel. Or, les canaux et les bassins forment des propriétés spéciales, communes à tous les intéressés, dont la conservation et l'entretien doivent peser sur chacun d'eux dans la proportion de son intérêt. On conçoit que, dans un tel état de choses, la saline ne puisse remplir réellement sa destination qu'autant que les intéressés, agissant de concert, pourvoient régulièrement à l'entretien des étiers et autres ouvrages, tels que canaux, fossés, bassins, digues, aqueducs, ponceaux, ponts et écluses. L'association doit produire d'heureux effets en donnant de l'unité et de la suite à l'exécution, à la conservation et à l'entretien de ces travaux, à l'effet d'augmenter la production du sel, si universellement répandu dans la consommation et si précieux pour l'agriculture. »

La circulaire ministérielle du 12 août 1865 ajoute : « Le quatrième paragraphe s'applique à une nature d'ouvrages qui présente un caractère tout spécial ; ce sont les canaux nommés *étiers*, destinés à introduire les eaux de la mer dans les marais salants, notamment sur le littoral de l'ouest, et en outre, les fossés intérieurs et les bassins où ces eaux subissent une première évaporation. Ces ouvrages, nécessaires pour la fabrication du sel, constituent des propriétés communes à tous les intéressés et dont la conservation doit peser sur chacun d'eux dans les proportions de son intérêt. La réunion des propriétaires en associations syndicales est donc une mesure parfaitement justifiée et d'une incontestable utilité. »

104. Sur le cinquième paragraphe, on lit dans le rapport : « Le projet de loi portait terres humides *ou* insalubres. Il a paru à votre commission que, puisqu'il s'agissait d'assainissement, l'alternative de l'humidité ou de l'insalubrité n'aurait pas été exactement en rapport avec le mot assainissement dans le simple cas de terres humides, qui auraient paru faire double emploi avec le drainage ; tandis qu'en disant assainissement dans le simple cas de terres humides et insalubres, on établit une catégorie plus nettement caractérisée. L'amendement, ainsi formulé par votre commission, a été adopté par le conseil d'Etat.

» Toutefois, même rédigé ainsi, le n° 5 a donné lieu à quelques objections. Un membre de la commission a demandé si, par suite de la nouvelle rédaction, le n° 5 ne faisait pas double emploi avec le n° 3, relatif au dessèchement des marais. MM. les commissaires du gouvernement ont répondu que la distinction, d'une application difficile en certains cas, était cependant réelle et devait être maintenue. Sans entrer, à ce sujet, dans une dissertation géologique, on peut dire que les marais sont plus généralement le produit de terres d'alluvion sur des surfaces d'eaux ou d'eaux qui deviennent stagnantes dans des bas-fonds, que d'un autre côté il y a des terrains, pourtant assez élevés, mais qui se forment sur un fond de glaise ou d'argile tenace qui retient l'eau, à laquelle elle ne permet pas de s'infiltrer. Les fonds deviennent ainsi des foyers d'insalubrité, sans prendre le nom de marais. Du reste, cette distinction n'est pas nouvelle, et elle a déjà reçu la consécration de la loi. En effet, l'article de la loi du 5 janvier 1791, que nous avons déjà eu occasion de rappeler, recommande les moyens de faire dessécher les marais, les lacs et les terres habituellement inondées ; et la loi du 11 septembre 1792 ordonne la destruction des étangs marécageux. La disposition amendée a donc paru à votre commission devoir être maintenue. »

La circulaire ministérielle du 12 août 1865 précise encore l'objet de notre paragraphe en ces termes : « L'assainissement des terres humides et insalubres, qui fait l'objet du cinquième paragraphe de l'art. 1er, ne doit pas être confondu avec le dessèchement des marais, qui est énoncé au troisième paragraphe. Il ne s'agit pas ici de marais proprement dits, qui ont, en général, un aspect et un caractère parfaitement définis ; il s'agit de ces terrains qui sont quelquefois désignés sous le nom de terres mouillées, et qui ne doivent leur état d'humidité, et, par suite d'insalubrité, qu'à des obstacles accidentels qui arrêtent l'écoulement naturel des eaux. Il suffit, le plus souvent, soit de rétablir un cours d'eau qui a disparu par suite du défaut de curage, soit d'ouvrir quelques rigoles secondaires, soit d'augmenter le débouché d'un pont pour rendre la fertilité et la salubrité à ces terrains longtemps improductifs et insalubres. »

105. L'irrigation (n° 6 de notre article) a fourni au rapport l'occasion de rappeler les lois des 12-20 août 1790 (*suprà*, n° 9), 29 avril 1845 et 11 juillet 1847 (*suprà*, n° 65) et l'art. 644 du Code Napoléon. Quant au colmatage, voici ce qu'on lit dans ce document : « Le colmatage, dont le nom est tiré du mot italien *colmare* (combler), est une opération agricole, très-pratiquée surtout en Toscane, qui consiste à exhausser un bas-fonds habituellement immergé au moyen de terres enlevées à des lieux plus élevés, que l'on fait charrier et déposer par les eaux elles-mêmes. On obtient ainsi le nivellement, l'assainissement et la fertilisation du terrain. De tels résultats, déjà connus en France, doivent y être encouragés. »

La circulaire ministérielle du 12 avril 1865 porte : « Le paragraphe 6 comprend, outre l'irrigation, le colmatage des terres. Cette dernière opération consiste à exhausser un bas-fonds habituellement immergé, ou à couvrir des terrains infertiles, tels que des sables ou des graviers, au moyen d'alluvions entraînées par des eaux courantes. Cette amélioration agricole, qui a été appliquée avec succès sur divers points de la France, notamment sur les bords de la Moselle et de quelques cours d'eau du Midi, méritait d'être encouragée. Aussi, pourra-t-elle désormais devenir l'objet d'une association syndicale. »

106. Le drainage dont s'occupe le paragraphe 7 a été expliqué *suprà*, n°ˢ 72 et suiv. Le rapport, après avoir rappelé les principales dispositions de la loi du 10 juin 1854, reproduit les paroles de M. Rouher sur la distinction à faire entre le dessèchement et l'assèchement, pour savoir quand il y a lieu d'appliquer la loi de 1807 ou celle de 1854 : « La loi de 1807 avait envisagé la question du dessèchement au point de vue de l'intérêt général, et tout dans son organisation répondait à cette pensée. Il s'agissait effectivement de marais, c'est-à-dire d'un intérêt qui engageait la salubrité publique. Aussi, fut-il décidé, malgré l'inviolabilité du droit de propriété, que le gouvernement pourrait intervenir et faire procéder à l'exécution des travaux d'assainissement, et même déléguer son droit à des concessionnaires. » Relativement à la loi de 1854 : « Elle n'envisage pas la nature même du fonds ; elle ne songe pas à déterminer la quantité d'eau qui motiverait l'emploi des moyens de drainage plutôt que l'exécution de travaux de dessèchement. Le but qu'elle s'est proposé, c'est l'amélioration du fonds dans un intérêt privé, et, en créant une sujétion de la propriété particulière au profit de la propriété particulière, elle prévoit en même temps que cet intérêt peut devenir collectif, et elle y pourvoit (art. 3 et 4), mais sans interdire le recours aux moyens que fournit l'ancienne législation. Il se peut que l'intérêt privé, auquel on a voulu donner satisfaction, se développe sur une certaine échelle ; alors, des associations peuvent être autorisées et revêtir même un caractère syndical. Dans ce cas, il y a lieu de pratiquer l'économie de la loi de floréal an XI, qui a pour seule conséquence de soumettre à la seule compétence du conseil de préfecture les contestations entre associés, et d'autoriser le recouvrement des sommes nécessaires au paiement des travaux, de la même manière que celui des contributions publiques. Ce mode d'association ne se confond pas avec les syndicats autorisés par la loi de 1807. Si l'intérêt d'assainissement grandit plus encore et prend les proportions d'un intérêt communal ou départemental, on peut invoquer la législation de 1807. Ainsi donc, tout se concilie, tout peut concourir sans qu'il y ait confusion, et on est forcé de convenir que les deux législations demeureront debout; que ce sont deux sœurs qui marchent parallèlement sans se heurter et même par un esprit d'existence mutuelle. »

« Nous n'avons à ajouter qu'une seule observation : c'est que, si les associations prévues par la loi de 1854 reçoivent de la loi actuelle des facilités nouvelles, il n'en résulte aucune atteinte aux distinctions si judicieusement établies alors. »

La circulaire du 12 août 1865 (Voy. *suprà*, n° 104) vient à l'appui de cette distinction.

107. Le paragraphe 8 est celui qui a fourni le plus d'aliments à la discussion de l'art. 1er au sein du Corps législatif. MM. Roulleaux-Dugage et le marquis d'Havrincourt ont insisté avec énergie pour que les chemins ruraux fussent compris dans notre alinéa. MM. Segris et Sénéca, rapporteur, ont répondu en maintenant la rédaction proposée par la commission et qui a prévalu. Il nous semble que cette discussion n'a pas été exempte d'une certaine confusion, qui aurait pu être évitée s'il avait été nettement posé en principe, qu'en dehors de la grande voirie (chemins de fer, routes impériales, routes départementales) il ne peut y avoir dans une commune que des voies de communication soit publiques soit privées ; que les premières se composent des chemins communaux et comprennent d'abord les chemins vicinaux, puis les chemins ruraux, que les secondes comptent tous les chemins sans caractère public dont le sol appartient à des particuliers. Au reste, il ne peut plus maintenant exister aucun doute sur la volonté de la loi qui est très-formellement fixée par les passages suivants :

Le rapport dit : « Au fond, la commission a eu à délibérer sur ce qu'il fallait entendre par chemin d'exploitation, et un de ses membres a émis l'opinion que les chemins ruraux, c'est-à-dire qui sont des voies communales à l'usage du public, y étaient compris, et qu'en tout cas il convenait de les y ajouter. Trop souvent, a dit notre honorable collègue, ces sortes de chemins, n'étant pas classés vicinaux, ne profitent d'aucune des ressources communales, sont en mauvais état, et il importe que ceux qui y ont intérêt puissent les rendre facilement praticables. MM. les commissaires du gouvernement ont déclaré que, par chemins d'exploitation, il fallait entendre précisément les chemins qui n'avaient aucun caractère communal et qui ne servaient qu'à certains intérêts privés. La commission a partagé cet avis. En effet, les chemins d'exploitation sont des propriétés privées distinctes des chemins publics, de quelque nature que soient ceux-ci. Un arrêt de la Cour de Cassation, du 12 avril 1856, a reconnu cette distinction. »

Dans la discussion, M. Sénéca a dit : « Et maintenant, pourquoi ne voulons-nous pas appliquer à d'autres chemins ce qui est applicable aux chemins d'exploitation proprement dits, aux chemins d'intérêt particulier? C'est parce qu'il y a une autorité publique qui est chargée des chemins communaux. (C'est cela! Très-bien !) C'est au maire de la commune qu'il appartient de veiller à l'entretien de ces chemins ; c'est un soin qui n'appartient qu'à la commune. (Nouvelle approbation.)

» J'admets avec l'honorable M. d'Havrincourt qu'il est important que les chemins soient bien entretenus, sans doute, mais ils doivent l'être par ceux qui ont mission de les bien entretenir, et non pas par voie d'usurpation de pouvoir public ; ne faisons pas de confusion dans les mots ; ne confondons pas les chemins qui servent à des intérêts collectifs et ceux qui servent à des intérêts communaux.

» Cette distinction, qui se trouve en termes très-explicites dans le rapport, paraît à votre commission devoir être maintenue dans la loi. (Très-bien ! Très-bien !) »

La circulaire du 12 août 1865 n'est pas moins explicite :
« Enfin, le dernier paragraphe énonce les chemins d'exploitation et toute autre amélioration agricole ayant un caractère d'intérêt collectif. Le terme « chemins d'exploitation » s'applique exclusivement à des chemins qui ne doivent servir qu'à l'exploitation de propriétés privées. Pour ceux qui ont un caractère public et dont l'administration et la police sont placées dans les attributions de l'autorité municipale, on ne saurait admettre qu'une association syndicale pût se substituer à cette autorité. La loi a eu seulement pour but de faciliter, par la formation d'associations syndicales, l'ouverture des voies d'accès utiles à un certain nombre de propriétaires. En ajoutant d'ailleurs à cette énonciation « toute autre amélioration agricole d'intérêt collectif, » le législateur a voulu laisser la voie ouverte à l'exécution de tous les travaux utiles à l'agriculture, tels que fixation de dunes, construction de ponts, ensemencement de landes, qui, par leur nature, peuvent exiger le concours d'un certain nombre de propriétaires. »

108. Les *améliorations agricoles* dont parle notre paragraphe ont donné lieu à des observations au sein de la commission ; le rapport s'exprime ainsi :

« On a reproché à ces mots : *Toute autre amélioration agricole ayant un caractère d'intérêt collectif*, d'être vagues et de pouvoir donner lieu à des applications abusives. MM. les commissaires du gouvernement ont répondu que tous les cas dans lesquels une association pouvait être utile ne sauraient être expressément prévus ; ils ont ajouté qu'un pont, par exemple, pouvait être construit dans un intérêt purement collectif. Votre commission n'a pas pensé qu'il y eût de dangers réels à maintenir la disposition, surtout les droits des tiers se trouvant nécessairement réservés. »

109. La commission avait voulu ajouter un article nouveau, qui aurait formé l'art. 2, sur la fixation des dunes. Cet article était ainsi conçu :

« Peuvent également être l'objet d'une association syn-
» dicale entre propriétaires intéressés, pour la défense de
» leurs héritages, l'exécution, l'entretien et la conservation
» des travaux sur les dunes, prescrits conformément à
» l'art. 5 du décret du 14 décembre 1810, lorsque les pro-
» priétaires des dites dunes refusent d'exécuter ces tra-
» vaux ou d'employer les moyens propres à en assurer la
» conservation. »

« MM. les commissaires du gouvernement ont fait remarquer que cette matière, d'ailleurs spéciale à raison des
mesures qu'elle exige, n'était plus dans les attributions du
ministère des travaux publics, qui a élaboré le projet de
loi ; qu'elle avait été transférée au ministère des finances
par décret du 29 avril 1862. Mais ils ont reconnu que la
question était d'un grand intérêt, et que le gouvernement
ne devrait pas manquer de s'en occuper. Votre commission
a persisté, mais l'amendement n'a pas été adopté par le
conseil d'Etat. Votre commission exprime l'espoir que la
législation actuelle sera exécutée ou révisée, afin de prévenir les dangers qui menacent les départements mari-
times. »

Le passage précité (n° 107) de la circulaire ministérielle,
indique que, dans l'esprit de l'administration, la loi nouvelle sera applicable aux travaux qui excitaient la sollicitude de la commission.

Article 2.

Les associations syndicales sont libres ou autorisées.

110. Cet article, adopté sans discussion, établit les deux
catégories d'associations reconnues par la loi (Voy. *suprà*,
n° 95) ; il fait disparaître en même temps les incertitudes
et les difficultés qui résultaient du silence de la législation
sur cette matière. Le rapport fait connaître que ce texte

est passé du projet dans la loi sans aucun changement et qu'il « est entendu que le mot *autorisées* n'a qu'un seul sens et qu'il ne s'applique pas à des associations autres que celles qui sont spécifiées dans l'art. 12. »

La circulaire du 12 août 1865 porte : « Jusqu'ici, aucune loi ni règlement n'avait prévu la formation d'une association syndicale libre, réunie par la seule volonté des intéressés, et n'empruntant aucun droit à l'autorité publique. » Cette définition est bonne à retenir ; elle nous servira bientôt à déterminer comment les associations libres n'ont rien à demander à l'autorité tant qu'elles conservent ce caractère.

ARTICLE 3.

Elles peuvent ester en justice par leurs syndics, acquérir, vendre, échanger, transiger, emprunter et hypothéquer.

111. Que les associations soient libres ou autorisées, elles forment désormais, sans distinction, des personnes morales. Une association libre, dit la circulaire du 12 août 1865, « ne constituait, par le fait, qu'une simple société civile, dont tous les membres devaient être assignés individuellement sur les demandes intéressant l'association, et non collectivement en la personne de leurs syndics. Il importait de faire disparaître ces entraves et de donner un plus libre essor à l'initiative de l'intérêt privé,..... et l'art. 3 décide que les associations libres ou autorisées peuvent ester en justice par leurs syndics, acquérir, vendre, échanger, transiger, emprunter et hypothéquer. »

112. L'exposé des motifs, s'appuyant sur l'arrêt de la Cour de Cassation, du 26 mai 1841 (Voy. *suprà*, n° 63), constate les obstacles provenant d'une jurisprudence qui attribuait le caractère d'une société civile aux associations syndicales libres, et il ajoute : « En vertu de l'art. 3, les syndicats, même formés librement, constitueront désormais des personnes morales qui n'auront pas besoin de l'intervention de l'autorité pour ester en justice et faire tous actes de la vie civile : vendre, acquérir et transiger, contracter des emprunts et consentir des hypothèques par l'organe de leurs syndics. »

113. Le rapport se borne à faire remarquer que l'art. 3 a été complété par l'addition du mot *échanger* qui avait été omis, et qu'il a été aussi modifié dans sa rédaction. Le projet portait, en effet : les associations peuvent hypothéquer *les biens qui leur appartiennent en propre.* Cette indication des immeubles susceptibles d'hypothèque, consentie par le syndicat, a paru inutile, car il était bien évident que l'association ne pouvait hypothéquer les biens qui ne lui appartenaient pas, mais qui étaient la propriété des membres de l'association.

Il est donc bien entendu que désormais les associations syndicales, sans distinction, jouissent d'une personnalité propre et d'un crédit inhérent aux garanties que présente cette qualité.

Reprenons maintenant les termes de notre article énonciatif des actes de la vie civile conférée aux associations.

« Elles peuvent ester en justice par leurs syndics. »

114. L'arrêt de 1841, il importe de le remarquer, n'avait pas précisément décidé que les syndicats libres ne peuvent pas agir en justice, poursuites et diligences de leurs gérants ou syndics, mais, ce qui est un peu différent, qu'on ne pouvait pas repousser comme non recevable une action intentée contre un tel syndicat, sur le motif qu'au lieu d'assigner les gérants ou syndics on avait assigné chacun des intéressés. La Cour d'Aix, accueillant l'exception du syndic de la Compagnie des Pinchinats, qui se fondait sur ce que la légalité de l'association résultait de l'ancienneté de son origine et des divers actes de son passé, avait annulé l'introduction de l'instance faite par ajournement contre chacun des intéressés, et déclaré que l'ajournement aurait dû être donné aux syndics. La Cour de Cassation a cassé cet arrêt, en rappelant le principe de droit commun posé par les art. 61 et 69 du Code de procédure, et en refusant d'attribuer à l'association des eaux des Pinchinats le caractère et la nature d'une société de commerce (Voy. DALLOZ, 1841, 1, 277). Ce n'est pas, d'ailleurs, le seul arrêt qui pût être cité. Par ses décisions des 11 novembre 1829 (DALLOZ, 1829, 1, 380), 20 février 1844, 21 mai 1851 (*ibid.*, 1851, 1, 124) et 30 août 1859 (*ibid.*, 1859, 1, 365), la Cour suprême avait ainsi établi sa jurisprudence :

Les sociétés instituées avec le concours et l'approbation de l'autorité publique (peu importe que ce soit par arrêté préfectoral, par ordonnance royale ou par décret impérial, les tribunaux n'étant pas juges de l'acte administratif qui constitue la société, et cet acte, tant qu'il existe, devant être exécuté), dans un intérêt collectif et territorial qui touche à l'intérêt public, et par exemple, pour l'arrosage de diverses localités, peuvent être actionnées en la personne des administrateurs, agents ou syndics, qui ont le pouvoir de les représenter suivant leurs statuts.

L'adhésion de l'autorité fait d'une société de ce genre une véritable individualité juridique, capable d'ester en justice comme être collectif par son représentant légal.

Mais l'approbation de l'administration est une condition indispensable à l'existence d'une association territoriale, à titre de personne juridique. En l'absence de cette approbation, chaque membre de l'association, au lieu de disparaître confondu dans un être social, conserve sa personnalité propre.

Un arrêt récent, du 6 juillet 1864 (DALLOZ, 1864, 1, 424) a, comme le fait remarquer M. DUVERGIER, président de section au conseil d'État, dans ses *Lois annotées*, 1865, p. 296, note 1, 2, presque abandonné cette distinction, et s'est ainsi singulièrement rapproché de l'opinion exprimée par ce savant jurisconsulte dans son *Traité de la société*, n°s 316 et 317, qui assimile, quant aux actions judiciaires, les sociétés civiles aux sociétés commerciales. Cet arrêt a décidé qu'une association d'arrosage, bien que non constituée en syndicat par l'autorité publique, n'en a pas moins une existence légale, lorsqu'elle existe de temps immémorial, qu'elle a fait des travaux d'intérêt général et a toujours été représentée par des syndics ; qu'en conséquence ceux-ci ont qualité pour la représenter en justice et même pour interjeter appel en son nom. Dans l'espèce, il est vrai, les adversaires de l'association, en agissant contre les syndics, avaient eux-mêmes reconnu leur capacité. Quoi qu'il en soit, plus de doute aujourd'hui, puisque la loi a parlé. Quand la question pouvait encore se présenter, M. FERAUD-GIRAUD l'avait traitée, sous quelques-uns de ses aspects, dans un article publié par la *Revue de législation*, t. Ier, de 1850, p. 386, et qui ne peut plus présenter qu'un intérêt rétrospectif.

115. Les syndicats peuvent-ils intenter une action judiciaire ou y défendre sans l'autorisation du conseil de préfecture ?

L'affirmative n'était pas contestée avant la nouvelle loi. On lisait dans les décrets constitutifs d'associations syndicales : « Après autorisation du syndicat, il (le Directeur) représente l'association en justice, tant en demandant qu'en défendant. »

Nous ne connaissons pas une seule espèce où l'autorisation ait été exigée, et nous savons que beaucoup de syndicats ont plaidé, soit en demandant, soit en défendant, sans qu'on se soit préoccupé le moins du monde de la formalité d'une prétendue autorisation. Les établissements d'utilité publique n'y sont pas assujettis, et si les associations syndicales se rapprochaient beaucoup des établissements publics (Voy. *suprà*, n° 81), nous avons constaté qu'elles ne se confondaient pas avec eux. Telle est aussi l'opinion exprimée par M. Chauveau Adolphe, dans son *Code d'instruction administrative*, t. II, p. 231, n° 1159.

Si cet acte de tutelle n'était pas exigé avant la loi de 1865, à plus forte raison en est-il ainsi aujourd'hui sous l'empire d'une législation qui s'est proposée d'émanciper l'esprit d'entreprise et d'initiative, et de faciliter les efforts collectifs. Pas de difficultés d'abord pour les syndicats libres, qui n'ont jamais été soumis à la tutelle de l'administration, et, quant aux syndicats autorisés, l'exposé des motifs (Voy *supra*, n° 112) est assez explicite pour nous dispenser d'insister. Il nous paraît utile de rappeler ici, comme moyen d'appréciation de la capacité civile des associations syndicales, ce passage de l'exposé des motifs : « Sans doute les œuvres complèxes et difficiles que les syndicats ont en vue de réaliser ne peuvent se passer complètement du concours de l'Etat, mais c'est ici l'occasion de répéter que la tutelle organisée par une centralisation peut-être excessive de la puissance publique, a pour effet de donner aux populations des habitudes regrettables d'inertie et de timidité qui aboutissent souvent à l'impuissance. » A ces considérations, qui éclairent l'interprétation de l'art. 5, on peut ajouter que si, avant la loi de 1865, les procès des associations syndicales étaient affranchis de la tutelle administrative, alors cependant que ces syndicats étaient forcés et qu'on pouvait prétendre, jusqu'à un certain point, que les syndics choisis par le préfet n'étaient pas les véritables représentants des intéressés, comment hésiterait-on aujourd'hui que les syndics sont les véritables mandataires des propriétaires associés, aux mains desquels est entièrement remis le choix de leurs représentants (art. 22 et 24) !

116. Les huissiers qui notifient aux associations syndicales des actes de leur ministère doivent-ils, à peine de nullité, si c'est un ajournement, d'amende, s'il s'agit d'un autre acte, soumettre l'original de l'exploit au visa prescrit par les art. 69 et 1039 du Code de procédure?

Nous avons reproduit *suprà*, n° 81, les motifs d'un arrêt de la Cour de Lyon, en date du 5 mars 1863, qui s'est prononcé dans le sens de l'affirmative, mais dont la solution ne nous paraît pas devoir être suivie. Les syndicats (et il ne peut s'agir ici que des syndicats *autorisés*) ne sont pas des administrations publiques, de véritables établissements publics ; ils le sont peut-être moins depuis la loi de 1865 qu'avant, car nous aurons occasion de voir que, sous plusieurs rapports, ils sont moins subordonnés à l'autorité du préfet que ne l'étaient ceux créés par des décrets ou des arrêtés préfectoraux (Voy. *suprà*, n° 81). La Cour de Lyon a appuyé sa décision sur une exagération du caractère syndical ; elle nous paraît avoir ajouté aux prescriptions de la loi, en mettant les syndicats sur la même ligne que l'Etat pour son domaine, le trésor public, les administrations et établissements publics, la liste civile et les communes. Nous ne méconnaissons pas les raisons d'analogie qui rapprochent les associations syndicales des hospices, bureaux de bienfaisance, fabriques d'église, séminaires, etc., mais nous ne pouvons pas oublier que les établissements publics sont assujettis à la tutelle administrative, tandis que les associations syndicales en sont exemptes, et qu'au point de vue des discussions judiciaires, la loi nouvelle a voulu que ces dernières pussent se mouvoir librement, sans que l'autorité eût à intervenir, absolument comme les sociétés commerciales dont parle l'art. 69 précité du Code de procédure, et vis-à-vis desquelles il n'exige pas la formalité du visa. Nous savons que, dans son arrêt du 20 février 1844 (Devilleneuve, 1844, 1, 302, et Dalloz. 1844, 4, 14), précité n° 114, la Cour de Cassation a déclaré, au point de vue de la solution de la question de savoir si un syndicat organisé par l'administration peut plaider par son directeur, qu'une association syndicale, reconnue par l'administration, peut être considérée comme un établissement public, en ce qui touche l'exercice des actions judiciaires ;

mais nous hésitons à croire que cette cour eût vu une cause de nullité dans l'absence du visa d'un directeur de syndicat qui n'est pas, à coup sûr, un des fonctionnaires publics auxquels se réfèrent les quatre premiers numéros de l'art. 69 du Code de procédure. (Voy. *infrà*, n° 120).

Au surplus, il suffit qu'il y ait doute pour que la prudence conseille aux huissiers de suivre l'opinion adoptée par la Cour de Lyon, bien que, en doctrine, cette opinion ne nous paraisse pas justifiée.

117. D'après l'art. 58 de la loi du 18 juillet 1857, sur les attributions communales, le particulier qui a plaidé contre une commune n'est point passible des charges ou contributions imposées pour l'acquittement des frais et dommages-intérêts résultant du procès. Cette disposition est-elle applicable en matière syndicale ? La négative, qui nous paraît certaine, a été adoptée par le conseil d'Etat, sur le motif que, d'après le règlement de l'association, tous les membres qui en font partie doivent contribuer aux dépenses sociales, dans la proportion de leur intérêt, et qu'aucune exception n'a été faite à ce principe au profit des membres de l'association qui auraient obtenu contre elle une condamnation : 15 mars 1856 (IMBERT ET CONSORTS C. SYNDICAT DE LA DIGUE DES VALOIRES).

« Les associations syndicales peuvent acquérir (1), vendre, échanger, transiger, emprunter et hypothéquer. »

118. Avant la loi de 1865, et sans nous occuper des syndicats libres régis par le droit commun, les associations constituées administrativement pouvaient aussi faire ces divers actes de la vie civile, mais comme les délibérations du syndicat n'étaient exécutoires que par l'approbation du préfet, ce n'est qu'en vertu d'une délibération ainsi approuvée que le syndicat pouvait contracter. Encore même

(1) Soit à titre gratuit, par donation ou legs, soit à titre onéreux.

fallait-il distinguer. Pour les acquisitions, les ventes, les échanges, les transactions et les hypothèques, l'approbation du préfet suffisait d'une manière générale, tandis que, pour les emprunts, la loi du 10 juin 1855 ayant abrogé le n° 37 du tableau A du décret du 25 mars 1852, on se demandait s'il fallait, suivant les cas, un décret ou une loi, comme pour les communes, ou bien une simple décision ministérielle ?

Mais postérieurement à cette loi, le conseil d'Etat délibérant sur un décret relatif à la *Chalaronne*, le 17 mai 1856, avait arrêté à la suite d'une discussion développée, les dispositions suivantes : « Le syndicat a pour mission.....
» de délibérer sur les emprunts qui peuvent être néces-
» saires à l'association. Ces emprunts doivent être autorisés
» par l'administration supérieure. Toutefois, le préfet
» pourra les approuver définitivement, lorsqu'ils ne por-
» teront pas à plus de..... fr. (le chiffre varie suivant
» l'importance des travaux à entreprendre) la totalité des
» emprunts de l'association. » Et, depuis cette époque, tous les règlements d'administration publique ont contenu une disposition calquée sur celle de la Chalaronne, et parmi ceux qui sont passés sous nos yeux, nous en avons vu dans lesquels la compétence préfectorale était restreinte à 5,000 fr. ou étendue à 30,000 fr.

Au-delà du maximum assigné à cette compétence c'était le ministre de l'agriculture, du commerce et des travaux publics qui statuait ; un décret n'était pas nécessaire, à plus forte raison une loi. Toutefois, lorsque l'emprunt était proposé pour l'exécution de travaux dont l'utilité publique était demandée, le décret déclaratif de cette utilité autorisait l'emprunt par suite de l'application du principe de la connexité. C'est ainsi qu'on lit dans un décret du 16 mars 1864 (Syndicat de l'Hers) : « Pour la prompte exécution des travaux, le syndicat est autorisé à contracter un emprunt pouvant s'élever à cent soixante mille francs

(160,000 fr.), recouvrable au fur et à mesure de l'avancement des travaux et moyennant que le taux de l'intérêt ne dépasse pas cinq pour cent. »

Bien que le conseil d'Etat ne se fût prononcé qu'en 1856, il n'en fallait pas conclure que les syndicats constitués avant cette époque et dans le règlement desquels ne se trouvait aucune disposition relative aux emprunts, fussent placés dans d'autres conditions que ceux dont les règlements postérieurs étaient plus explicites. Une décision ministérielle du 20 octobre 1859 (SYNDICAT DU TOUCH), disait : « Il n'est pas nécessaire de recourir à un décret pour cette autorisation ; un arrêté préfectoral ou une décision ministérielle suffisent, selon l'importance de l'emprunt. Cette disposition est inscrite dans les syndicats constitués depuis plusieurs années. Je vous autorise, en conséquence, à prendre un arrêté dans lequel vous viserez cette dépêche, et par lequel vous donnerez au syndicat l'autorisation qu'il sollicite. » En conséquence de ces instructions, un arrêté préfectoral autorisa le syndicat à faire un emprunt de 150,000 fr.

119. D'après les termes de l'exposé des motifs, rappelés *suprà*, n° 112, qui suppriment l'intervention de l'autorité dans les actes de la vie civile des syndicats, faut-il décider que les associations autorisées peuvent contracter des engagements et spécialement des emprunts sans l'autorisation de l'administration ?

Pour la négative, on peut dire :

Comment l'initiative absolue, sans contrôle, des syndicats, serait-elle conciliable avec les dispositions des art. 15 et 16 de la loi, d'après lesquelles le préfet approuve, *s'il y a lieu*, les rôles des taxes et les rend exécutoires, et l'apurement des comptes de l'association se fait suivant les règles établies pour les comptes des receveurs municipaux ? Quoi, un syndicat voterait une acquisition, échangerait avec une soulte à sa charge, transigerait en abandonnant une notable partie de ses droits, emprunterait et se lierait ainsi définitivement avec son prêteur, sans savoir si l'autorité lui fournira les moyens de faire face aux engagements résultant de ces actes ! Les règles de la comptabilité communale exigeant un budget, des chapitres additionnels, approuvés par les préfets ; aucune dépense ne pouvant être faite si elle ne correspond pas à un crédit ouvert soit dans l'un ou l'autre de ces états financiers, soit par une autorisation spéciale, le comptable, chargé d'une manière exclusive des recettes et des dépenses, ne pouvant payer qu'autant que ces conditions de régularité existent et que les mandats sont appuyés de pièces justificatives minutieusement décrites, le syndicat serait autorisé à changer, par l'exercice de cette initiative omnipotente, toutes les combinaisons budgétaires, à détruire toute l'économie de précautions prises dans l'intérêt des associés et des tiers qui traitent avec eux ? Cela ne se peut. En outre, quelle serait la situation d'un prêteur demandant un remboursement, devenu exigible en vertu de conventions ignorées du préfet, remboursement voté par le syndicat et auquel l'autorité préfectorale ne pourrait se prêter, parce que le rôle des taxes ne pourrait être rendu exécutoire qu'en grevant outre mesure les contribuables ? Il est donc indispensable que le préfet soit appelé à ratifier tout ce qui, de près ou de loin, sera de nature à aggraver la situation financière actuelle du syndicat, à excéder les prévisions inscrites dans les titres dont la stricte observation est imposée aux receveurs sous peine d'engager leur responsabilité personnelle.

Pour l'affirmative, on répond :

Le gouvernement a déclaré lui-même, dans l'exposé des motifs, de la manière la moins équivoque, que l'autorité n'aurait plus à intervenir dans les actes de la vie civile des syndicats, sans distinguer entre les emprunts et les autres conventions. La loi de 1865 est une loi d'émancipation et de progrès qui a voulu largement décentraliser et donner un libre essor à l'initiative individuelle. Quel inconvénient peut-il y avoir à substituer l'autorité des syndics à celle des préfets, du moment qu'il est admis que les syndics sont nommés par le suffrage universel des intéressés dont ils sont les mandataires. Sans doute, les projets à exécuter doivent avoir l'adhésion de l'administration qui les soumet à l'enquête prescrite par l'art. 10 de la loi, mais le projet d'association spécifie le but de l'entreprise, il détermine les voies et moyens nécessaires pour subvenir à la dépense, les bases de la répartition des dépenses de l'entreprise. Sauf les mécomptes de la mise à exécution, tout est connu d'avance : ce qu'on veut faire, ce qu'on doit dépenser, et comment et par qui seront fournies les sommes nécessaires pour payer les travaux. L'enquête interpelle individuellement chaque intéressé (Voy. art. 5 du décret du 17 novembre 1865). Quand l'association débute dans la vie civile, elle possède déjà tous les éléments d'une ligne de conduite approuvée par l'administration. Les associés n'ont pas à craindre que leurs délégués, soumis à des renouvellements fréquents, dépassent les limites de leur mandat.

Les dépenses annuelles, les emprunts n'excèderont jamais les nécessités prévues ; le syndicat ne pourra que se mouvoir dans un cercle infranchissable, tracé par l'acte d'association, sans péril pour aucun des associés. Il n'y a pas à craindre qu'entraîné hors de ces limites il grève la propriété foncière au-delà des charges qu'elle peut raisonnablement supporter. Si, quelquefois, il faut des sacrifices exceptionnels, ils auront été librement consentis, tout au moins la majorité les aura acceptés. Donc, aucune appréhension raisonnable quant aux exagérations de dépense.

D'un autre côté, l'argument tiré de l'assimilation de la comptabilité des associations syndicales autorisées avec la comptabilité communale est dénué de valeur, car rien n'empêche d'observer les formalités prescrites, les délibérations des syndics et les actes passés par eux étant exécutoires sans l'approbation du préfet.

Qu'on n'objecte pas qu'on ne saurait concevoir ce désintéressement absolu de l'administration dans une matière qui peut toucher à l'intérêt public : qu'on ne saurait admettre une dualité de pouvoirs et d'actions où le rôle prépondérant appartiendrait aux associations autorisées au détriment des attributions de police que la loi des 12-20 août a placées dans les mains des préfets. On répondrait : autre chose est d'exiger que les délibérations syndicales soient dénuées d'efficacité sans l'attache administrative, autre chose est l'exercice du pouvoir propre à l'administration. On peut très-bien admettre que celle-ci soit tenue au courant de toutes les résolutions adoptées par le syndicat, qu'elle ait le droit de mettre son veto à celles dont l'exécution lui paraîtrait compromettre ou dépasser l'œuvre confiée à l'association, sans pour cela assujettir ces résolutions à la nécessité d'une approbation qui implique une tutelle permanente d'une part, et une minorité incapable de l'autre. En un mot, l'acte d'association peut être établi de telle sorte qu'aucune atteinte ne soit portée aux droits supérieurs dont l'administration doit toujours rester armée dans l'intérêt de tous, et que toute la somme de liberté désirable soit laissée à l'association pour accomplir ses entreprises.

Nous ne faisons aucune difficulté d'avouer qu'entre un système d'indépendance absolue et celui d'une tutelle semblable à celle qui était admise pour les syndicats constitués avant la loi de 1865, notre choix serait bientôt fait. Peut-être est-ce une tendance de notre esprit habitué à s'occuper d'affaires administratives, mais il nous paraît impossible qu'en aucun cas l'administration abdique en faveur des associations syndicales; qu'elle les émancipe de son contrôle, qu'elle les érige à l'état de puissances la tenant en échec. Que la loi de 1865 soit large et bienveillante, nous le reconnaissons, mais qu'elle supprime des garanties indispensables, c'est ce que repoussent à la fois son esprit et son texte (art. 15, 16 et 25). Il faudra que les travaux soient autorisés, il faudra que les moyens financiers d'exécution le soient aussi. Seulement, nous comprendrions que les formules d'actes d'associations syndicales fussent moins restrictives que celles en vigueur avant la loi précitée. Pourquoi, par exemple, exiger que les délibérations du syndicat soient dépourvues de toute force exécutoire, tant qu'elles ne sont pas revêtues de l'approbation du préfet? Qu'il en fût ainsi pour celles qui votent des modifications aux projets approuvés ou des projets nouveaux, pour celles qui votent des emprunts, rien de mieux, mais à quoi bon une telle formalité pour les délibérations qui choisissent un agent spécial, qui nomment un garde-rivière, etc., pour toutes celles en un mot qui ne sont que l'accomplissement normal, régulier, de l'œuvre définie par l'acte d'association? Si nous avions un vœu à émettre, nous demanderions que tout projet dont l'exécution doit entraîner pour l'association des charges non prévues, tout emprunt, fussent délibérés en assemblée générale, et que les syndics n'eussent à s'occuper que de l'exécution des délibérations prises avec l'assentiment des intéressés. Si nous ne nous trompons, la jurisprudence de l'administration se dessinera de manière à ne faire intervenir le contrôle de l'autorité que dans les cas où il sera rigoureusement nécessaire; mais le préfet, chargé de rendre les rôles exécutoires, *s'il y a lieu* (art. 15), de dissoudre l'association quand elle n'agit pas (art. 25), de faire exécuter d'office des travaux pour sauvegarder l'intérêt public (*ibid.*), ne peut pas ne pas être appelé à approuver les projets de travaux, les budgets et les emprunts des associations syndicales autorisées, ainsi que, d'une manière plus générale, tous les actes qui font impression sur la situation financière de ces associations (1).

(1) Ce passage était entre les mains de l'imprimeur quand nous avons eu connaissance d'un décret du 24 mars 1866, portant règlement pour le curage des rivières de *Thèves* et d'*Izieux* (Seine-et-Oise), lequel vise la

120. Le droit commun est évidemment applicable aux conventions que prévoit l'art. 5 de la loi de 1865. Les actes sont passés soit devant notaire, soit sous seing-privé quand les parties savent signer. Les difficultés d'interprétation ou d'exécution sont de la compétence des tribunaux judiciaires. Le directeur d'un syndicat autorisé n'étant pas un fonctionnaire public (voy. *suprà* n° 116) et ne pouvant, sous aucun rapport, être assimilé à un préfet, à un maire, n'aurait pas qualité pour passer, dans la forme administrative, les actes intéressant le syndicat. C'est un point hors de toute contestation (1).

loi de 1865, et qui paraît être intervenu à défaut d'association autorisée, par application de l'art. 26 de cette loi. On y lit, pour les emprunts, la disposition rappelée *suprà*, p. 113, n° 118, que les délibérations du syndicat ne sont exécutoires que par l'approbation du préfet, et une clause nouvelle, qui semble faire double emploi avec la précédente et qui est ainsi conçue : « Dans tous les cas où les délibérations du syndicat emporteraient des engagements financiers, ces délibérations ne pourront être exécutées qu'après l'approbation du préfet. »

(1) Un jugement du tribunal de Chatillon-sur-Seine, en date du 29 mars 1866 (Dalloz, 1866, 3, 48), porte que les syndics d'une association syndicale participent, dans le cercle de leurs attributions, à l'exercice de l'autorité administrative, qui leur a délégué certains pouvoirs dans l'intérêt d'un service public, qu'ainsi ils sont des citoyens chargés d'un ministère de service public dans le sens attaché à cette désignation par l'article 224 du Code pénal, révisé en 1863. Mais l'arrêtiste critique, avec raison, cette décision en ces termes : « Nous estimons que le présent jugement commet une véritable confusion en comprenant les membres des associations syndicales parmi les citoyens chargés d'un *ministère de service public*. Nous reconnnaissons bien que l'autorité publique vient en aide aux associations syndicales, de même qu'elle prête son concours aux entrepreneurs de travaux publics en leur donnant l'autorisation de pratiquer des extractions de matériaux, ou à des entreprises de rues nouvelles, en leur cédant, dans certains cas, l'exercice de son droit d'expropriation pour cause d'utilité publique ; mais ce concours que la loi a fait respecter par des dispositions spéciales (notamment par l'art. 438 Code pénal), ne transforme pas ceux auxquels il est donné en véritables dépositaires de la puissance publique... La qualité de citoyens, chargés d'un ministère de service public, doit être déniée aux membres des syndicats tout aussi bien, et plus encore qu'aux employés des Compagnies de chemin de fer.

Les Présidents des Sociétés de secours mutuels approuvées, nommés

121. Dans beaucoup de cas, les associations syndicales ont des redressements de cours d'eau à faire exécuter. Pour ne pas recourir aux formalités de l'expropriation pour cause d'utilité publique, elles essaient de la persuasion et obtiennent généralement des adhésions, des consentements qui leur permettent la voie amiable. Il est, toutefois, des situations compliquées qui peuvent rendre difficiles ces arrangements.

Les redressements amiables s'effectuent le plus souvent par voie d'échange. Le propriétaire cède l'emplacement du nouveau lit au syndicat, qui l'indemnise en lui cédant le lit abandonné, plus une soulte, s'il y a lieu. Cette combinaison n'offre pas d'inconvénients quand le propriétaire échangiste est à la fois riverain des deux côtés du nouveau lit et de l'ancien. Mais il peut arriver :

Que le lit à abandonner ait pour riverains soit de droite, soit de gauche, soit des deux côtés à la fois, des particuliers autres que le propriétaire du nouveau lit à ouvrir ;

Que le nouveau lit doive être ouvert sur un terrain qui confronte d'un côté à la propriété restant au cédant, et de l'autre à la propriété d'un tiers.

De là les questions suivantes :

I. Le redressement peut-il être effectué sans l'assentiment des riverains de l'ancien et du nouveau lit ?

II. Le lit abandonné appartient-il à l'Etat dès que l'eau cesse d'y couler, ou bien le syndicat peut-il en disposer à titre de compensation des frais qu'occasionne le nouveau lit ?

III. Les riverains du lit supprimé n'ont-ils aucun droit de préemption à exercer sur ce terrain ?

par l'Empereur, n'ont pas le caractère de magistrats de l'ordre administratif et ne sont pas des personnes protégées par l'art. 222 du Code pénal (Cass., 15 mai 1859 ; DALLOZ, 1859, 1, 432), il n'y a pas de raison pour décider autrement à l'égard des membres des syndicats.

IV. A qui appartiendra-t-il de connaître des difficultés qui précèdent ?

A notre avis, ces questions doivent être ainsi résolues :

I. Il faut le consentement des riverains de l'ancien lit, parce que le redressement doit les priver de la faculté de l'irrigation que leur accorde l'art. 644 du Code Napoléon et du droit de pêche que leur confère l'art. 2 de la loi du 15 avril 1829. — Nous estimons qu'on peut se passer du consentement du riverain dont le nouveau lit va border la propriété, parce qu'aucune atteinte n'est portée à sa propriété qui, au lieu d'être contiguë à une autre parcelle de terre, le sera au cours d'eau redressé, sous la réserve des dommages-intérêts auxquels il pourrait prétendre si, par suite du redressement, des éboulements ou l'action des eaux lui occasionnaient un préjudice, et aussi sous la réserve de la compensation que le syndicat pourrait lui opposer à raison des profits que l'exercice des droits de pêche ou les avantages de l'irrigation pourraient lui procurer.

II. Si, malgré toutes les controverses doctrinales et quelques hésitations dans la jurisprudence des tribunaux, la Cour de Cassation maintient l'opinion que le lit des cours d'eau non navigables ni flottables n'appartient pas aux riverains et qu'il faut le ranger dans la classe des choses qui, aux termes de l'art. 714 du Code Napoléon, n'appartiennent à personne, dont l'usage est commun à tous et dont la jouissance est réglée par des lois de police ; arrêts des 14 février 1833, 10 juin 1846, 17 juin 1850, 23 novembre 1852, 6 mai 1861 et 8 mars 1865, il n'en faut pas tirer la conséquence que ce soit une propriété domaniale ; qu'ainsi dès que la déviation est effectuée, l'Etat a le droit de s'en emparer à son profit. Que le redressement s'opère par voie de force majeure (art. 563 du Code Napoléon) ou par la volonté des intéressés, la situation, quant aux prétendus droits de propriété de l'Etat, nous paraît la même ; il demeure toujours exclu : dans le premier cas, parce que la loi attribue la propriété de l'ancien lit aux propriétaires contraints de céder le nouveau lit ; dans le second cas, parce que les conventions des parties remplacent les dispositions de la loi. Lorsque le redressement est volontaire, nous supposons, bien entendu, que l'intérêt public n'est pas en jeu et qu'il a plutôt à gagner qu'à souffrir de la mesure exécutée. Or, quand c'est un syndicat qui agit avec le consentement de l'administration pour exécuter un projet approuvé par elle, que c'est dans un but d'intérêt collectif digne des faveurs de la loi, que le redressement est fait, que le syndicat achète le nouveau lit pour améliorer le régime du cours d'eau, l'Etat viendrait lui dire : C'est bien ; vous avez mené à fin une entreprise méritoire, au succès de laquelle je ne puis qu'applaudir, mais je m'empare du lit abandonné que vous avez rendu libre et je le vends à mon profit? C'est ce que l'équité et le sens commun ne peuvent admettre. Le syndicat peut donc disposer de cet ancien lit, et cela est d'autant plus naturel, que, dans la plupart des cas, c'est la cession de ce terrain qui facilite l'accord sur l'exécution du redressement.

III. Que la loi du 24 mai 1842, que celle du 21 mai 1836, que la jurisprudence judiciaire (Voy. arrêt de la Cour de Cassation, du 18 mai 1858) veuillent que le droit de préemption des riverains soit applicable à tous les chemins publics ; qu'une décision ministérielle du 20 octobre 1844 ait étendu ce droit aux lits abandonnés des cours d'eau navigables ou flottables qui sont, suivant une expression d'une exactitude pittoresque, des chemins qui marchent, cela se comprend , sans qu'il soit besoin d'explication spéciale ; mais la jurisprudence est absolument muette en ce qui concerne les cours d'eau non navigables ni flottables, et l'analogie ne nous semble pas assez étroite pour conserver ici ce privilége. Ces derniers cours d'eau ne sont pas assimilables à des voies publiques de communication, par terre ou par eau. La formation des routes et des chemins a eu d'autres causes moins naturelles que celles qui ont présidé à la formation des cours d'eau. Aussi, ne serions-nous pas étonnés que la décision ministérielle précitée souffrît des difficultés dans la pratique. Car, s'il faut reconnaître, avec la Cour de Cassation, que le droit de préemption est fondé sur la présomption que les propriétaires riverains ont dû céder, dans un but d'intérêt général, une partie de leur terrain pour l'ouverture du chemin qui le traverse ; que lorsque cet usage public vient à cesser, il est juste de leur restituer ce qui en a été détaché, et d'empêcher, par le droit de préférence qui leur est accordé, que des tiers ne puissent s'en rendre acquéreurs et ne viennent ainsi s'établir au centre d'une propriété, ces considérations perdent une notable partie de leur valeur en tant qu'on s'en prévaut pour des cours d'eau où la main de l'homme est loin d'avoir joué un rôle aussi décisif que pour la construction des routes et des chemins publics. Et puisque la loi n'a pas vu des inconvénients assez sérieux pour empêcher les propriétaires envahis par les eaux de s'emparer du lit abandonné, malgré l'intérêt contraire des riverains, il nous paraîtrait surabondant et excessif d'indemniser ces mêmes propriétaires à raison de la privation de l'eau et de la pêche, et de leur réserver encore un droit de préemption qui pourrait singulièrement gêner les plans du syndicat.

IV. Les dommages causés par les travaux de l'association syndicale autorisée, en exécutant le redressement ou par suite de cette exécution, seraient appréciés par le conseil de préfecture, conformément aux lois des 28 pluviôse an VIII, 14 floréal an XI et 16 septembre 1807 (Voy. *suprà*, nᵒˢ 51, 82 à 89). Dans la même hypothèse, les tribunaux judiciaires seraient seuls compétents s'il s'agissait de travaux exécutés par des associations syndicales libres. Quant aux indemnités dues aux riverains du lit abandonné pour la privation de l'eau et de la pêche, l'autorité judiciaire devrait en connaître, comme l'a décidé le conseil d'Etat, le 7 août 1843 (BLANC), en ces termes :

« Considérant que l'indemnité réclamée par le sieur Blanc a pour objet la privation des eaux du ruisseau de Bresson, dont il allègue qu'il avait la jouissance soit pour l'irrigation de son jardin, soit pour l'usage de sa maison, privation résultant du détournement du dit ruisseau que l'administration a eu le droit d'ordonner par suite de travaux de fortification pour la place de Grenoble ; que, dans ces circonstances, l'indemnité réclamée par le sieur Blanc, par suite de la privation d'un droit exercé par lui, conformément à l'art. 644 du Code civil, ne peut être appréciée que par l'autorité judiciaire, etc. »

Il n'est pas douteux que la revendication du droit de pêche ne comporte la même compétence.

122. Quelle est la voie d'exécution à suivre contre une association syndicale, pour obtenir le paiement des condamnations prononcées contre elle ou des obligations qu'elle a souscrites ?

S'il s'agit d'une association libre, pas de difficultés ; le droit commun est applicable, puisque l'administration est hors de tout débat ; on procédera donc comme vis-à-vis d'un simple particulier.

En est-il de même des syndicats autorisés ? Dans l'opinion de ceux qui dénient à l'autorité le droit d'intervenir dans les actes de la vie civile de ces personnes morales, il faut adopter l'affirmative, car on ne comprendrait pas que, pour s'engager, les associations autorisées fussent affranchies de tout contrôle administratif, et que néanmoins l'administration eût à s'occuper de l'acquit de leurs engagements. Mais pour ceux qui pensent, comme nous, qu'il doit y avoir entre les associations formées avant la loi par des actes administratifs et les associations autorisées depuis la loi de 1865, une analogie presque complète en ce qui concerne la comptabilité et l'organisation financière ; que les moyens de droit commun ne peuvent être employés sans apporter les plus étranges perturbations dans les règles observées pour l'approbation des budgets, l'ouverture des crédits, etc., il restera certain que les associations, assimilées aux communes pour la comptabilité, le seront aussi, dans une certaine mesure, pour l'exercice des moyens de contrainte. Nous disons dans une certaine mesure, parce que nous croyons que l'administration doit se montrer plus large dans l'appréciation des situations syndicales que dans celle des situations communales. Pour ces dernières, il importe, avant tout, d'assurer les services qui touchent à l'intérêt public ; de faire face aux dépenses obligatoires ; pour les syndicats, sauf le cas de péril en la demeure, prévu par l'art. 27, § 3 de la loi, la préférence doit appartenir au remboursement des dettes établies par titre judiciaire ou conventionnel. L'association manquerait au premier de ses devoirs si, créant des ressources par l'émission de taxes, elle en affectait le montant à des travaux d'amélioration en laissant en souffrance les dettes exigibles. Et si, d'une part, nous considérons comme contraire à l'économie de la loi de laisser les créanciers libres dans l'emploi des moyens de contrainte, s'il nous répugne d'admettre l'efficacité d'une saisie quelconque sur la caisse de l'association avec la conséquence d'épuiser cette caisse au détriment de travaux urgents en cours d'exécution ; d'autre part, il nous paraîtrait immoral que le mauvais vouloir d'un syndicat rencontrât un appui dans la protection de l'autorité qui doit veiller à la juste conciliation des intérêts public et privé, en présence devant elle. Le créancier devra donc suivre la voie tracée dans le *Code d'instruction administrative*, t. II, p. 45 et suiv., n°ˢ 865 et suiv., où M. Chauveau Adolphe indique lui-même, n° 872, en ces termes, les motifs déterminants de notre opinion :

« Les motifs qui ont fait interdire l'usage des voies ordinaires d'exécution contre les communes sont applicables à tous les établissements publics dont la comptabilité est réglée par l'autorité administrative. La marche à suivre par les créanciers porteurs de titres exécutoires est donc la même dans les deux cas. »

Dans son *Journal du Droit administratif*, t. X (1862), p. 381, art. 328, M. Chauveau avait penché vers une solution opposée en matière syndicale, mais s'il pouvait conserver quelques doutes avant la loi de 1865, malgré les dispositions des décrets qui déféraient aux conseils de préfecture l'apurement des comptes des receveurs, il n'en saurait être de même aujourd'hui que l'art. 16 de la loi nouvelle déclare : « Il est procédé à l'apurement des comptes de l'association, selon les règles établies pour les comptes des receveurs municipaux » (Voy. *infrà*, sous l'art. 16).

123. Pour n'omettre aucune des particularités se rattachant aux associations syndicales, nous devons faire remarquer ici que si les associations libres ne peuvent prétendre à aucune immunité en matière de franchise postale, une circulaire du ministre de l'agriculture, du commerce et des travaux publics, en date du 6 août 1861, a fait connaître que les associations territoriales n'avaient pas droit à l'exonération de taxe qui n'appartenait en principe qu'aux correspondances relatives au service de l'Etat, d'après la jurisprudence du conseil d'Etat, mais que M. le ministre des finances, par décision du 17 juin 1861, avait consenti à maintenir l'immunité de taxe, par l'intermédiaire des maires et de l'autorité préfectorale. Ainsi, la correspondance des directeurs de syndicat est, à titre de tolérance, admise à circuler en franchise, sous le contre seing des maires et le couvert des préfets et sous-préfets, à la condition qu'elle soit accompagnée, soit d'une lettre d'envoi justifiant l'intervention du maire, soit de l'avis motivé de ce fonctionnaire.

ARTICLE 4.

L'adhésion à une association syndicale est valablement donnée par les tuteurs, par les envoyés en possession provisoire et par tout représentant légal pour les biens des mineurs, des interdits, des absents et autres incapables, après autorisation du tribunal de la situation des biens, donnée sur simple requête en la Chambre du conseil, le ministère public entendu. Cette disposition est applicable aux immeubles dotaux et aux majorats.

124. Cet article a été, comme les deux précédents, adopté sans discussion. Sa raison d'être a été ainsi expliquée par l'exposé des motifs :

« L'article 4 a également pour but de faire disparaître une difficulté sérieuse que rencontre la constitution volontaire des associations.

» Dans l'état de morcellement où se trouve la propriété en France, il est peu de contrées où le périmètre de terrains à placer sous la protection d'un syndicat ne comprenne des parcelles possédées par des mineurs, des interdits, des absents, des femmes mariées sous le régime dotal, ou autres incapables. L'adhésion à une association excède-t-elle les pouvoirs donnés aux représentants de ces incapables? La loi est muette à cet égard, et, par suite, la validité des associations constituées par le préfet, en vertu du décret du 25 mars 1852, pourrait être contestée : aussi, le Crédit foncier a-t-il souvent refusé de faire des prêts aux syndicats ainsi formés, et exigé qu'ils soient reconnus par décret impérial. Les mêmes scrupules et les mêmes craintes arrêtent tout capitaliste, appelé à traiter avec des associations présentant des garanties aussi insuffisantes.

» Il fallait porter remède à un tel état de choses, et nous

n'avons eu, pour atteindre ce but, qu'à transporter dans la loi nouvelle les dispositions de l'art. 13, de la loi du 3 mai 1841. Dans le cas d'expropriation pour cause d'utilité publique, les tuteurs et représentants d'incapables peuvent consentir à l'expropriation et accepter l'indemnité, en remplissant certaines formalités; ils pourront également fournir une adhésion valable à l'association, en entourant cette adhésion de garanties nécessaires pour sauvegarder des intérêts qui ne peuvent se défendre par eux-mêmes. »

Le rapport indique pourquoi le texte du projet a reçu quelques modifications.

« L'article 4 a subi un retranchement et une addition.

« 1º Les mots : L'adhésion à une association syndicale, ont remplacé les mots : L'adhésion à la formation d'une association syndicale. Le motif de ce changement est de reconnaître explicitement aux dissidents la faculté de devenir plus tard associés adhérents; il n'y a pas de forclusion.

» 2º La commission a pensé qu'il convenait d'attribuer au tribunal de la situation des biens, compétence pour accorder l'autorisation de devenir membre de l'association aux personnes pour lesquelles elle est nécessaire ; d'une part, ce tribunal connaît mieux qu'aucun autre l'opération projetée ; d'autre part, il y aura moins de perte de temps que si l'on devait s'adresser aux juges du domicile des parties. Ces dispositions nouvelles permettront aux diverses associations de se former plus facilement et de fonctionner plus utilement. »

La circulaire ministérielle, du 12 août 1865, n'ajoute rien à ces explications, quand elle dit :

« L'article 4 fait disparaître une autre difficulté que rencontre la constitution volontaire des associations, en donnant aux représentants des incapables le pouvoir d'adhérer, en leur nom, à une association syndicale. Cette disposition est empruntée à l'article 13 de la loi du 3 mai 1841, sur l'expropriation pour cause d'utilité publique. Toutefois, la nouvelle rédaction attribue, d'une manière expresse, au tribunal de la situation des biens, compétence pour accorder aux représentants des incapables, l'autorisation de donner leur adhésion. Il a paru que ce tribunal était mieux à même que le tribunal du domicile des parties d'apprécier l'utilité de l'opération projetée, et qu'ainsi la décision serait à la fois plus prompte et plus éclairée. »

125. Au Sénat, l'article 4 a été l'un de ceux dont les dispositions ont été attaquées par M. Le Roy de Saint-Arnaud, qui y a vu des facilités portant atteinte aux bases du droit de propriété, mais dont l'argumentation a été réfutée par M. Boinvilliers, rapporteur, qui a fait remarquer que le consentement donné par les incapables ne pouvait pas être la source d'inconvénients méritant d'arrêter l'attention du législateur, puisqu'il devait être validé par l'autorisation de la justice.

126. Si la disposition de notre article est empruntée aux paragraphes 1 et 3 de l'art. 13 de la loi du 3 mai 1841, il y a lieu d'observer qu'elle a laissé de côté les paragraphes 4 et 5 de cet art. 15, portant :

« Les préfets pourront, dans le même cas, aliéner les biens des départements, s'ils y sont autorisés par une délibération du Conseil général ; les maires ou administrateurs pourront aliéner les biens des communes ou établissements publics, s'ils y sont autorisés par délibération du Conseil municipal ou du Conseil d'administration, approuvée par le préfet en Conseil de préfecture.

« Le ministre des finances peut consentir à l'aliénation des biens de l'Etat... »

Est-ce à dire que les facilités données pour les consentements par la voie administrative, en matière d'aliénation, ne seraient pas suffisants pour l'adhésion à une association syndicale? Nous ne saurions avoir à ce sujet une autre opinion que celle formulée en ces termes, par M. Duvergier,

Lois, décrets, etc., 1865, p. 297, note 1 : « Il me semble que les formes et les conditions qui ont paru suffisantes pour permettre aux administrateurs (ministre, préfet ou maire) d'aliéner, doivent, à plus forte raison, être considérées comme donnant toutes les garanties désirables, lorsqu'il s'agit d'un acte d'administration fort important sans doute, et qui peut avoir des conséquences très graves, mais qui n'est pas cependant un acte d'aliénation des terrains, en raison desquels l'association est formée. »

127. Dans le commentaire de la loi sur les associations syndicales, par M. BIOCHE, *Journal de procédure*, 1866, p. 225, art. 8652, on lit une note 14, ainsi conçue : « Il faut entendre par *et autres incapables* : l'Etat, les départements, les établissements publics. Il n'y aurait aucune raison, du reste, après ce qui vient d'être dit de l'origine de la loi, de distinguer pour cette catégorie d'incapables. »

Si notre honorable confrère a voulu exprimer par cette note la pensée que l'adhésion de l'Etat, des départements, des communes et des établissements publics pourrait être donnée, pour l'application de la loi de 1865, comme elle peut l'être et dans la forme où elle l'est pour les aliénations en matière d'expropriation pour cause d'utilité publique, nous n'avons rien à objecter, et c'est bien là notre sentiment. Nous ferons seulement remarquer que les mots : *et autres incapables,* de notre article, ne font pas plus allusion aux personnes morales qu'ils ne s'y réfèrent dans l'art. 13, de la loi de 1841. Si le sens qu'il leur attribue était exact, il faudrait en conclure que, pour les personnes morales aussi bien que pour les particuliers incapables, une autorisation judiciaire serait indispensable, ce qu'on ne saurait raisonnablement soutenir, les règles de la tutelle administrative n'ayant rien de commun avec celles qui protègent les intérêts des mineurs, des interdits, etc. L'Etat, les départements, les communes, les établissements publics continueront d'être *administrativement* habilités à donner

leur assentiment, tandis que les particuliers incapables le
seront *judiciairement*. Cela peut si peu souffrir de difficulté,
que nous n'hésitons pas à interpréter ainsi l'opinion de
M. BIOCHE, bien que sa note 14 puisse prêter à l'équivoque.

128. Les incapables devront donc se pourvoir auprès
du tribunal de la situation des biens à engager dans l'association syndicale, et cela par voie de simple requête,
suivie d'une ordonnance du président, prescrivant la communication au procureur impérial et désignant un rapporteur, pour être statué sur le tout en chambre du conseil et
non à l'audience.

129. Dans notre *Commentaire du tarif*, t. II, p. 356 et
357, n⁰ˢ 3615 à 3621, nous avons expliqué qu'en matière
d'expropriation pour cause d'utilité publique et malgré les
immunités inhérentes à la loi du 3 mai 1841, la requête
devait être présentée par un avoué ; que les frais, exonérés
du coût du timbre et de l'enregistrement, formalités qui
sont données gratis, par suite des dispositions de l'art. 58 de
cette loi, et réduits par la combinaison des tarifs de 1807
et de 1833, étaient, suivant la classe des tribunaux :

Pour l'avoué.. .	7 fr. 50	6 fr. 75	5 fr. 50
Pour le greffier (minute)......	0 fr. 30	0 fr. 30	0 fr. 30
Expédition (4 rôles).	1 fr. 60	1 fr. 60	1 fr. 60
Totaux...	9 fr. 40	8 fr. 65	7 fr. 40

Nous avons ajouté que ces frais étaient à la charge des
expropriants et non des incapables.

Mais, avec la loi du 21 juin 1865, nous retombons sous
l'empire du droit commun ; les attributions du fisc repren-
nent leur autorité et les droits de greffe ne sont plus déterminés par un tarif spécialement favorable. D'un autre côté,
c'est aux incapables à supporter, en principe, les frais
qu'emportent leurs adhésions, à moins qu'il ne convienne

à l'association syndicale de les prendre à sa charge, ce qui, dans certains cas, pourrait être suffisamment justifié. Les calculs qui précèdent devront donc être modifiés ainsi qu'il suit :

Pour l'avoué (art. 78, § 11, du tarif de 1807, ou bien art. 9, § 1, du tarif du 10 octobre 1841), suivant les classes..........	7 fr. 50	6 fr. 75	5 fr. 50
Timbre de la requête	1 fr. »	1 fr. »	1 fr. »
Timbre et mention au répertoire du greffe........	0 fr. 30	0 fr. 30	0 fr. 30
Enregistrement..	5 fr. 50	5 fr. 50	5 fr. 50
Timbre de l'expédition (4 rôles)...	3 fr. »	3 fr. »	3 fr. »
Droit de greffe..	2 fr. 75	2 fr. 75	2 fr. 75
Totaux....	20 fr. 05	19 fr. 30	18 fr. 05

Le timbre de la requête sert pour la minute du jugement, et l'expédition comprend : 1º la copie de la requête ; 2º la copie de l'ordonnance de soit communiqué ; 3º la copie des conclusions du ministère public ; 4º la copie du jugement d'autorisation. Les droits d'enregistrement et de greffe, figurant dans les calculs ci-dessus, sont augmentés du décime permanent. Jusqu'à la suppression du demi-décime temporaire il faut ajouter à chacun des trois totaux 0 fr. 38 c., montant de ces demi-décimes.

On voit que ces frais n'ont rien d'excessif, et ne sont pas de nature à empêcher les adhésions des incapables.

130. Le titre Ier de la loi s'est occupé des dispositions communes aux associations syndicales, soit libres, soit autorisées ; le titre II est consacré exclusivement aux syndicats libres.

TITRE II.

DES ASSOCIATIONS SYNDICALES LIBRES.

ARTICLE 5.

Les associations syndicales libres se forment sans l'intervention de l'administration.

Le consentement unanime des associés doit être constaté par écrit.

L'acte d'association spécifie le but de l'entreprise; il règle le mode d'administration de la société et fixe les limites du mandat confié aux administrateurs ou syndics; il détermine les voies et moyens nécessaires pour subvenir à la dépense, ainsi que le mode de recouvrement des cotisations.

131. L'exposé des motifs n'ajoute aucune explication à ce texte; il se borne à dire que « le consentement écrit des intéressés suffit pour constituer une association syndicale libre, » ce qu'exprime avec plus d'énergie notre article, en exigeant la constatation par écrit, qui exclut tous les inconvénients des arrangements verbaux.

Le rapport fait remarquer que « l'art. 5, spécialement relatif aux associations libres, n'a été modifié que par l'addition du mot *unanime*, pour le consentement exigé des intéressés. L'unanimité est, en effet, le caractère essentiel des associations libres. »

La circulaire ministérielle est plus explicite, quoique très laconique. On y lit : « Ces associations se forment, en vertu de l'art. 5 de la loi, par le consentement unanime des intéressés. Ce consentement doit être constaté par écrit, c'est-à-dire par acte notarié ou par un simple acte sous seing privé, spécifiant le but et les conditions de l'association. »

132. Quand tous les intéressés sont d'accord, capables et savent signer, ou que, s'il y a des incapables, ils ont été autorisés dans la forme prévue par l'art. 4, rien n'empêche de constituer l'association au moyen d'un acte sous seing-privé. Mais, pour peu que les intéressés soient nombreux, cette forme ne sera pas usitée, d'abord parce qu'elle ne serait pas économique, ensuite parce qu'elle ne présenterait pas les garanties inhérentes aux actes notariés.

La forme privée ne serait pas économique, car l'acte d'association devrait être fait en autant d'originaux qu'il y aurait de parties contractantes (art. 1525 du Code Napoléon et art. 59 du Code de commerce). Un tel acte, à raison des clauses qu'il doit nécessairement contenir, exigerait l'emploi d'au moins deux feuilles de papier, au timbre de 1 fr., soit 2 fr. de timbre par exemplaire, ce qui, pour une moyenne de 100 contractants, représenterait déjà une dépense de 200 fr.

Le droit d'enregistrement, au minimum de 5 fr. 50, est le même dans tous les cas. On peut donc affirmer, qu'en général, les intéressés auront recours au ministère des notaires, sollicités qu'ils y seront par toute espèce de considérations (Voy. *infrà*, n° 139).

133. Que l'acte soit authentique ou sous seing-privé, si des incapables y figurent, les autorisations judiciaires qui les habilitent devront y être visées.

134. Notre article, complété d'ailleurs par le texte de l'art. 8 ci-après, résume avec un grand bonheur d'expressions le véritable caractère des associations syndicales libres. Elles se forment sans l'intervention de l'administration et par le seul consentement des intéressés, constaté par écrit. Elles n'ont donc aucun caractère officiel, et elles ne peuvent prétendre à aucun des avantages spéciaux réservés aux associations autorisées ; elles esteront en justice par leurs syndics ; elles pourront acquérir, vendre, échanger, transiger, emprunter et hypothéquer, suivant le droit commun, comme de simples particuliers ; mais elles n'exerceront aucun des droits appartenant à l'autorité publique (Voy. *suprà*, n° 110). C'est ce que la circulaire ministérielle fait remarquer avec insistance, en ces termes :

« Les associations syndicales libres, formées par application des art. 5, 6 et 7, jouissent du bénéfice des art. 3 et 4, qui leur confèrent sans doute des droits importants, mais elles n'en conservent pas moins leur caractère de société privée. Ainsi, soit pour le recouvrement des cotisations, soit pour le jugement des contestations relatives à la répartition et à la perception des taxes, soit pour l'acquisition de terrains ou l'établissement de servitudes, elles restent placées sous le régime du droit commun, et ne disposent d'aucun des moyens d'action que peut conférer l'intervention de l'autorité publique. »

On ne saurait être plus précis. Il demeure donc bien établi que les travaux des syndicats libres ne sont pas des travaux publics, mais de simples travaux privés (Voy. *suprà*, nº 82) ; que ces syndicats ne peuvent pas invoquer la législation administrative pour des occupations de terrains, pour des dommages, pour les contestations qui naissent entre eux et les entrepreneurs de leurs travaux (Voy. *suprà*, nº 87) ; qu'ils n'ont pas qualité pour mettre en mouvement la loi sur l'expropriation pour cause d'utilité publique ; qu'en un mot rien ne les différencie des simples particuliers, et que, s'ils veulent prétendre à la compétence administrative et aux avantages des art. 15, 16, 17, 18 et 19 de notre loi, ils doivent se faire convertir en syndicats autorisés (Voy. art. 8).

Nous avons entendu exprimer l'opinion que les associations libres ayant le droit de faire les mêmes travaux que les associations autorisées, pourraient solliciter et obtenir les mêmes décrets du Pouvoir exécutif, pour arriver à l'expropriation. Cette opinion repose évidemment sur une appréciation erronée du caractère et des droits des syndicats libres. Ces associations sont, il est vrai, des personnes morales, investies de l'entière capacité civile, mais elles ne constituent ni des établissements publics, ni même des établissements d'utilité publique ; ce sont de simples particuliers, comme les autres sociétés civiles ou comme les sociétés commerciales, et jamais on n'a pu prétendre qu'un particulier fût apte à se servir de l'expropriation pour cause d'utilité publique, afin d'exécuter des travaux présentant l'utilité publique la moins contestable.

Sans doute, l'Etat peut concéder à de simples particuliers l'exécution de travaux d'un intérêt général, et parmi les nombreux exemples de pareilles concessions, il nous suffira de citer l'arrêt du conseil d'Etat, du 8 avril 1865 (*suprà*, n°s 82 et 86), qui vise un décret du 7 juillet 1856, portant concession à M. Granier de Cassagnac, d'un canal d'irrigation, de la plaine de *Plaisance* (Gers). Or, il est bien certain qu'une telle concession pourra être faite à une association syndicale libre, considérée comme un particulier, présentant des garanties suffisantes ; mais l'association agira alors, comme tous les concessionnaires, en qualité de subrogée aux droits et aux obligations de l'administration pour les travaux de l'Etat, déclarés d'utilité publique (Voy. *suprà*, n° 71). Elle devra appliquer purement et simplement la loi du 3 mai 1841, sans pouvoir utiliser les formes simplifiées de la loi du 21 mai 1856 (Voy. *infrà*, art. 18), ce privilége étant réservé aux associations *autorisées*.

Ce que nous avons voulu dire et ce que nous maintenons, c'est qu'en dehors de la situation spéciale dérivant d'une concession faite par l'autorité publique, les associations syndicales libres sont des particuliers et rien de plus.

135. Nous avons aussi entendu exprimer des appréhensions au sujet de l'*unanimité* de consentement exigée par notre article. Le consentement unanime de tous les intéressés sera toujours chose fort difficile à obtenir, dit-on. Il est tant d'esprits chagrins qui se refusent même à ce qui est dans leur intérêt. Que l'esprit d'association, malgré ses avantages bien connus, soit encore peu répandu, nous le concédons, mais ce n'est pas une raison pour en faire un grief au législateur, auquel on doit être reconnaissant d'avoir ainsi facilité l'application d'un principe fécond. D'un autre côté, la loi n'a pas exigé le consentement unanime de *tous les intéressés*; dans bien des cas, c'eût été impossible, mais seulement des associés, ce qui n'est pas la même chose. Tous les associés adhérents seront des intéressés, mais il ne s'ensuit pas que l'association ne puisse rien produire, parce que tous les intéressés n'en feront pas partie. L'initiative, prise par la majorité ou même par les plus éclairés, pourra d'abord exercer une salutaire influence autour d'eux et provoquer des adhésions qui seront reçues tant qu'il restera des intéressés en dehors de l'association. Dès que le syndicat sera constitué, il aura à rechercher si les moyens du droit commun lui offrent assez de ressources pour atteindre son but. Dans ce cas, il n'aura rien à réclamer à l'administration, si ce n'est les autorisations auxquelles serait soumis, dans les mêmes hypothèses, un simple particulier. Si non, il provoquera de l'administration soit sa conversion en syndicat autorisé, soit la déclaration d'utilité publique du projet à exécuter dont il se portera concessionnaire. Au surplus, en admettant même que le syndicat ne veuille se mouvoir que dans le cercle que lui trace la loi de 1865, l'obstacle à ses travaux pourra très bien ne pas provenir des intéressés qui n'auront pas consenti à l'association. Ceux-ci ont refusé de s'associer sans être hostiles à l'entreprise, et rien ne prouve qu'ils ne consentiront pas, si cela est nécessaire, à céder à l'amiable des terrains dont l'occupation sera requise.

136. Il est superflu de faire observer que les syndicats libres jouiront, comme les simples particuliers, des facilités accordées pour l'irrigation ou le drainage, par les lois des 29 avril 1845, 11 juillet 1847 et 10 juin 1854.

137. Notre article indique avec précision, ce que doit prévoir et régler l'acte d'association. Les notaires, qui seront très probablement chargés de rédiger ces actes (Voy. *supra*, n° 132), trouveront d'utiles enseignements

dans les règlements d'administration publique, qui régis-
saient les associations antérieures à 1865. Sauf quelques
modifications, portant sur les priviléges administratifs, les
dispositions de ces règlements pourront être reproduites
dans les actes d'associations libres. La loi n'impose, d'ailleurs, aucune formule sacramentelle, les associés stipu-
leront ce qui leur conviendra ; il leur appartient de déterminer l'étendue des pouvoirs délégués aux syndics, et les
moyens de surveillance et de contrôle exercés sur le
receveur.

Si nous étions appelé à signer comme associé un acte de
cette nature, nous insisterions pour obtenir les garanties
suivantes :

1° Les syndics seraient choisis par l'assemblée générale
des associés, nommés pour trois ans, et renouvelés par
tiers tous les ans ;

2° Le projet d'ensemble des travaux avec les divers
plans, profils, etc.

Les emprunts, les procès et les transactions.

La répartition de la dépense,

Les budgets et les comptes,

Seraient soumis à l'assemblée générale et approuvés par
elle ;

3° Le trésorier, receveur ou caissier serait choisi par
l'assemblée générale, sur la proposition des syndics ; cette
assemblée déterminerait les remises et le montant de son
cautionnement.

En un mot, dans les cas importants, le syndicat serait
l'agent d'exécution et l'assemblée générale le corps délibérant ; il y aurait analogie avec l'administration communale, le syndicat représentant le maire et les adjoints,
l'assemblée générale se rapprochant d'un conseil municipal ;

4° Les assemblées générales seraient convoquées deux
fois par an, dix jours au moins à l'avance, tant par la voie

du principal journal du département que par des lettres individuelles remises à domicile.

138. Le *Mémorial des Percepteurs*, année 1865, p. 227 et suiv., notes 2 et 3, après avoir constaté que les associés choisissent le receveur, dont la gestion n'est soumise qu'aux formes et aux conditions qu'ils prescrivent, ajoute :

« Ici se présente une question délicate, que l'administration aura besoin de résoudre. Dans l'état de choses actuel, on sait que les associations syndicales, telles qu'elles étaient constituées, avaient le droit de choisir leur receveur, ainsi qu'elles avisaient; mais que, lorsqu'elles confiaient leur gestion financière aux percepteurs, elles étaient par cela même soumises aux règles de la comptabilité municipale (Instr. gén., art. 636 et 637).

» Pourrait-il en être encore de même ? Les sociétés libres auront-elles le droit de choisir le percepteur pour comptable et de profiter des garanties que ce choix leur assure, dans le régime actuel, autrement qu'en passant à l'état de sociétés autorisées?

Plus loin, les honorables rédacteurs de cette publication, inclinent à penser que les associations autorisées auront *nécessairement* pour receveurs des percepteurs, et que la liberté du choix n'existera que pour les syndicats libres.

« La direction générale de la comptabilité publique fera connaître, sans doute, disent-ils, par de prochaines instructions, le système que l'administration est disposée à adopter...

» Il est à désirer qu'elle s'explique sur un point important, en ce qui concerne les sociétés libres qui n'ont pas le droit de dresser des rôles exécutoires, puisque ce mode est réservé aux sociétés autorisées : c'est celui du mode de poursuites. Si, comme nous en avions exprimé plus haut l'opinion, elles demeurent dans le droit commun, le recouvrement pourra n'être pas sans quelques difficultés. »

Les préoccupations que dénotent les passages que nous

venons de reproduire, ne nous paraissent justifiées sous aucun rapport.

Sans anticiper sur ce que nous avons à dire sur l'art. 15 de la loi, retenons ici qu'il a été formellement reconnu dans la discussion de l'art. 24, au sein du Corps législatif, que les syndicats autorisés auraient, comme avant la loi les syndicats administrativement constitués, le droit de prendre pour caissier le percepteur des contributions directes ou un receveur nommé par eux. Là ne peut donc pas être la raison de décider. Elle se trouve, selon nous, dans les dispositions de la loi de 1865, sur les associations libres et dans les règlements administratifs, résumés par le n° 656 de l'instruction générale des finances.

D'après ces règlements, le fait seul du choix d'un percepteur par une association syndicale, assujettissait ce comptable à l'observation des règles sur la comptabilité des communes et des établissements de bienfaisance. Mais, est-il besoin de le faire remarquer, ce résultat n'était produit qu'autant qu'il s'agissait d'un syndicat constitué par l'autorité administrative. L'administration n'ayant rien à voir dans la comptabilité des syndicats libres (il y en avait 254 avant la loi de 1865 : Voy. *suprà*, n° 22), ne pouvait pas avoir la prétention de soumettre le receveur de ces associations, fût-il un percepteur, aux prescriptions du n° 656 de l'Instruction générale. La loi nouvelle ne change donc rien aux situations antérieures sur ce point ; seulement, elle précise le caractère des associations libres qui sont indépendantes du régime administratif.

La direction générale de la comptabilité publique pourrait certainement, en restant dans le cercle de ses attributions, interdire, d'une manière absolue, aux percepteurs, d'accepter la gestion financière des associations syndicales libres ; mais, en l'absence d'une telle prohibition, elle serait sans droit ni qualité, pour dénaturer la comptabilité syndicale libre et l'ériger en comptabilité syndicale autorisée. L'acte d'association est seul à consulter en pareil cas, et il ne viendra jamais à la pensée de l'administration de substituer aux règles posées par l'acte social libre, d'autres règles comme celles d'une nature purement administrative qu'on lit dans le n° 656. Il serait exorbitant que, par cela seul qu'elle choisirait pour caissier un percepteur, une association libre vît ses fonds placés au trésor, le jugement de ses comptes déféré au conseil de préfecture ou à la Cour des comptes, et le mode de recouvrement, fixé par ses statuts, remplacé par un autre.

Il serait non moins exorbitant que la même autorité administrative improvisât un mode de poursuites autre que le droit commun. Mais la compétence judiciaire n'est pas, que nous sachions, dans la sphère d'attributions de la direction générale de la comptabilité publique, et il nous répugne naturellement d'admettre que les instructions et les décisions de cette direction générale puissent exercer la moindre influence sur cette compétence qui ne peut être fixée que par la loi.

Il n'y a donc pas lieu de s'arrêter aux idées émises, aux vœux exprimés par le *Mémorial des percepteurs*. Aujourd'hui, il n'y a plus que deux situations : les associations syndicales libres, les autres associations syndicales, antérieures ou postérieures à la loi de 1865. Les receveurs des premières sont régis par l'acte social, sans rien emprunter aux règlements administratifs ; la comptabilité des secondes est assimilée à la comptabilité communale (Voy. *infrà*, art. 16, § 2).

139. La compétence, à raison de la matière, étant d'ordre public et ne pouvant être modifiée par les convenances et les conventions des parties, on peut se demander à quelle autorité judiciaire, juge de paix ou tribunal de première instance, les syndicats libres auront à s'adresser pour contraindre au paiement des cotisations ?

Ici encore surgit, pour ainsi dire, l'évidence de l'utilité

d'un acte authentique. Si la contribution syndicale résulte d'un acte sous seing-privé, il faudra, pour venir à bout de la résistance d'un associé de mauvaise humeur ou de mauvaise foi : 1° obtenir un jugement ayant force exécutoire; 2° poursuivre l'exécution du jugement obtenu, ce qui, dans beaucoup de cas, entraînera des frais hors de proportion avec la somme due. En procédant par acte notarié, on supprime la première cause de dépense; on exécute en vertu du titre paré, et les incidents judiciaires de cette exécution rentrent évidemment dans la compétence du tribunal de première instance. Il n'y a donc, dans l'hypothèse d'un acte notarié, aucune question à résoudre.

Mais, supposons que le syndicat n'existe qu'en vertu d'un acte sous seing-privé. Quel tribunal faudra-t-il saisir?

Les syndicats sont, en principe, des associations territoriales dans lesquelles les associés sont tenus, non pas pour leur personne, mais bien plutôt à cause de leurs propriétés. Le véritable caractère du contrat syndical nous paraît avoir été mis assez nettement en relief dans une partie de la discussion, ouverte sur l'art. 17 de la loi.

M. Mège a dit : « ..... La qualité de propriétaire et la qualité d'associé doivent toujours se trouver réunies sur la même tête. Les associations syndicales, en effet, ont pour but principal de sauvegarder les intérêts agricoles; elles ont souvent un double résultat, d'abord d'imposer à certains héritages une charge pour l'utilité et l'usage d'autres héritages, c'est-à-dire une servitude conventionnelle ; ensuite d'établir, à l'encontre des associés, des obligations purement personnelles, le paiement de cotisations, de taxes.

» Eh bien, je demande ce qu'il arrivera lorsqu'un des associés perdra sa qualité de propriétaire, soit par suite d'une vente volontaire, soit par suite d'une vente forcée, d'une adjudication.

» Supposons qu'un associé, et je parle ici des associations

librement contractées, qui impliquent l'adhésion unanime des intéressés, supposons qu'un associé vende sa propriété, qu'il n'indique pas dans le contrat, soit les obligations que sa qualité de membre d'une association syndicale a fait naître pour lui, soit les servitudes imposées à la propriété vendue ; qu'arrivera-t-il dans ces circonstances? les obligations qui pesaient sur l'associé vendeur passeront-elles, de plein droit, sur l'acquéreur? ce dernier sera-t-il un successeur ou simple ayant-cause, n'étant pas soumis aux obligations personnelles de son vendeur?

» Il y a là, Messieurs, dans ma pensée, une question excessivement grave, excessivement délicate ; et les observations que je présente s'appliquent non seulement aux ventes faites librement, mais encore aux adjudications publiques, aux adjudications forcées ; elles s'appliquent aux associations librement contractées, elles s'appliquent également aux associations autorisées.

» Je sais que l'on peut me répondre d'une manière générale que l'acquéreur est l'ayant-cause du vendeur.

» Je n'admets pas cette objection qui a cependant une certaine force et une certaine valeur; mais la question qu'elle soulève a été l'objet de tant de discussions diverses, qu'il faudrait, pour éviter dans l'avenir les difficultés et les procès, tout prévoir dans le projet de loi. J'aurais donc mieux aimé dans le projet un article qui aurait dit que, pour les associations libres et autorisées, pour toutes celles qui ont été publiées, les obligations qui incombaient à la société primitive, pèseraient, d'une manière directe et formelle, sur le nouvel acquéreur, même en l'absence de toute stipulation.

» Voilà l'observation que je voulais présenter, telle qu'elle m'est venue à l'esprit ; je ne sais si elle a une valeur réelle, mais il me semble qu'il y a un certain intérêt à la résoudre (Marques d'assentiment !)

» M. le comte DUBOIS, *commissaire du gouvernement.* —

Je ne suis pas en mesure de répondre aux observations de l'honorable préopinant. Je ne crois pas que la loi puisse prévoir tous les cas, toutes les difficultés qui pourraient s'élever entre un tiers et un propriétaire engagé dans une association syndicale, et qui, depuis son engagement, aura cédé sa propriété ; je crois que l'obligation est plutôt réelle que personnelle. Ce sont les propriétés qui sont engagées dans l'association ; cette nature de société forme des communautés territoriales ; c'est donc la propriété qui, en raison des avantages qu'elle doit retirer, est redevable des taxes qui sont assimilées aux contributions ; je ne crois pas que la loi doive intervenir dans tous les cas qui peuvent se présenter dans les conventions entre les propriétaires ou leurs ayants-cause. »

Cette appréciation de l'organe du gouvernement nous paraît exacte ; l'obligation est réelle, et à ce titre elle devrait passer à l'acquéreur, sans qu'il fût besoin d'une stipulation expresse. Nous pensons que, pour éviter autant que possible des difficultés, il convient que l'acte d'association soit très explicite. Nous recommandons, en conséquence :

1° D'insérer dans cet acte un tableau de toutes les parcelles comprises dans l'association, en rappelant la contenance exacte, les numéros de la matrice cadastrale et la quote part (centièmes, millièmes, etc.) contributive dans la dépense totale ;

2° D'y préciser que l'obligation contractée est inhérente à la terre engagée et la suivra en quelques mains qu'elle passe, comme une servitude réelle ;

3° D'attacher au refus du paiement des cotisations une somme équivalente au décuple de la taxe, à titre de dommages-intérêts, due par le fait seul du refus et afin de le rendre peu probable.

Avec ces précautions, les chances de procès seront singulièrement réduites ; mais pourra-t-on dire que la compétence appartiendra au tribunal de première instance, à l'exclusion du juge de paix, parce que, pour si minime que soit le chiffre de la cotisation réclamée, elle est empreinte d'un caractère de réalité qui exclut la compétence du tribunal de paix, telle que l'a définie la loi du 25 mai 1838 ?

Nous ne le pensons pas. L'action dirigée par le syndicat n'est qu'une action personnelle tendant au paiement d'une cotisation à raison des terres engagées dans l'association. Lorsqu'elle est intentée contre le signataire de l'acte d'association ou ses héritiers, qu'elle soit considérée comme pure personnelle ou comme action mobilière réelle, le juge de paix ne cesse pas d'être compétent aux termes de la loi de 1838.

La question peut présenter plus de difficultés à l'égard d'un tiers-détenteur, mais ici encore le juge de paix serait compétent pour connaître de l'action en paiement, à moins que le tiers-détenteur ne soutînt que, dans le silence de son titre, il ne saurait être tenu de l'engagement pris par son vendeur, car alors il s'agirait de statuer sur un cas de servitude, et la contestation prendait un caractère de réalité qui devrait la faire déférer aux tribunaux de première instance.

Ainsi donc, en principe, le juge de paix est compétent pour statuer, en dernier ressort si la demande n'excède pas 100 fr., et à charge d'appel jusqu'à 200 fr. Si la cotisation dépasse ce dernier chiffre, il faut s'adresser au tribunal de première instance.

140. Cette question n'a d'ailleurs d'intérêt que pour les associations libres, car les associations autorisées recouvrant les taxes comme en matière de contributions directes et avec les mêmes priviléges, le nouvel acquéreur est tenu des taxes syndicales comme il l'est de l'impôt (Voy. *infrà,* sous l'art. 15).

Article 6.

Un extrait de l'acte d'association devra, dans le délai d'un mois, à partir de sa date, être publié dans un journal d'annonces légales de l'arrondissement ou, s'il n'en existe aucun, dans l'un des journaux du département. Il sera en outre transmis au préfet et inséré dans le Recueil des Actes de la préfecture.

141. L'exposé des motifs énonce simplement les conditions de publicité que doit remplir l'association libre :

« Ce sont, d'une part, l'insertion dans un journal d'annonces légales ; de l'autre, la publication dans le *Recueil des Actes administratifs* de la préfecture. »

Mais, entre les dispositions du projet de loi et la rédaction qui a prévalu, il y a des différences (Voy. *suprà*, n° 92) que le rapport fait ressortir en ces termes :

« L'article 6 a subi quelques changements de rédaction. Le projet de loi portait qu'un extrait de l'acte d'association serait inséré dans un journal d'annonces du département. Votre commission avait pensé qu'il y avait lieu de recourir à la publicité tout à la fois du journal de l'arrondissement et du journal du département. Le conseil d'Etat a admis, comme règle, le journal de l'arrondissement, et, à défaut, un journal du département (v. L. 31 mars 1833 ; art. 42, C. de comm.; art. 25, décret du 17 février 1852). Le mot inséré se trouvait appliqué, dans le projet de loi, à la reproduction de l'extrait par un journal d'annonces légales, et le mot publié à la reproduction par le Recueil des Actes de la préfecture. Votre commission a pensé que le mot publié convenait mieux à l'annonce légale, et le mot inséré au Recueil des Actes de la préfecture, par la raison que le Recueil des Actes de la préfecture n'est pas considéré par la jurisprudence comme donnant aux actes une publication légale. Ainsi, les arrêtés du préfet ne sont pas censés légalement publiés et obligatoires pour les citoyens, en matière de police, par le seul fait de leur insertion dans ce recueil. Votre commission a pensé qu'il ne fallait rien dire qui parût innover à cet état de choses. Toutefois, l'insertion dans le Recueil des Actes de la préfecture aura cette utilité, qui la justifie, de conserver dans les archives de chaque mairie l'extrait de l'acte d'association, dont le maire pourra donner connaissance à toute personne intéressée. »

Reprenons les termes de notre article.

142. Comment devra être établi l'extrait destiné à la publication et à l'insertion ?

La circulaire ministérielle du 12 août 1865 dit : « Quant à la forme de l'extrait, il suffit, pour remplir le but de la loi, d'y comprendre les clauses principales de l'acte, telles qu'elles sont énoncées dans le dernier paragraphe de l'art. 5. » Il nous semble, en effet, qu'un extrait spécifiant : le but de l'entreprise, le mode d'administration de la société, les limites du mandat confié aux syndics, les voies et moyens nécessaires pour subvenir à la dépense, ainsi que le mode de recouvrement des cotisations, contiendra tout ce que les tiers peuvent avoir intérêt à connaître et remplira le but de la loi.

Cet extrait sera fait suivant les prescriptions de l'art. 44 du Code de commerce ; ainsi, il sera signé, pour les actes publics, par les notaires-rédacteurs, et pour les actes sous seing-privé, par tous les associés.

143. On sait que l'article 25 du décret du 17 février 1852, sur la presse, en organisant la désignation par les préfets des journaux où doivent être insérées les annonces judiciaires, a donné lieu, dans l'application, à des difficultés qui divisent le conseil d'Etat et la Cour de cassation. Nous n'avons pas à nous en occuper ici, puisque la loi de 1865 s'est expliquée de manière à prévenir toute équivoque, mais nous rappellerons que la question a été traitée, avec détails, dans les *Lois de la procédure civile*, Carré et Chauveau Adolphe, 4ᵉ édit., quest. 2354 *bis*, et dans le *Journal de Droit administratif*, t. VIII, p. 175, art. 281, et p. 526, art. 291 ; t. IX, p. 321, et t. XI, p. 184, art. 15. Nous avons toujours pensé que l'autorité administrative est investie, à cet égard, d'un pouvoir qui ne peut pas être discuté par l'autorité judiciaire. C'est ce que le conseil d'Etat a décidé les 20 juin 1860 (Préfet de l'Yonne), 20 décembre 1860 (Préfet de l'Ardèche) , 18 avril 1861 (Prieur) et 26 mai 1864 (Préfet de la Haute-Vienne).

C'est sous l'influence de ces difficultés que le texte de notre article a subi, par les soins de la commission et avec l'adhésion du conseil d'Etat, une modification qui donne la préférence au journal de l'arrondissement sur celui du département, mais qui, en fait, ne change rien à l'état actuel des choses, puisque l'insertion ne sera régulière dans un journal d'arrondissement, qu'autant que le préfet l'aura désigné pour les annonces légales.

144. La publication dans le journal est prescrite dans le délai d'un mois, à partir de la date de l'acte. Ce délai n'est pas franc. Le jour du départ ne compte pas, mais celui de l'échéance est compris dans le mois. Il suffit que la publication ait lieu dans le mois, pour que tous les actes de la vie civile, faits entre la date de l'acte et celle de sa publication, soient irréprochables ; la publication postérieure a alors un effet rétroactif. Lorsque, au contraire, cette publication n'est faite qu'après le mois, l'association syndicale se trouve, jusqu'à l'accomplissement de cette formalité, frappée de l'incapacité édictée par l'art. 7.

145. Il sera justifié de l'insertion de la manière prescrite par l'art. 42 du Code de commerce, c'est-à-dire par un exemplaire du journal, certifié par l'imprimeur, légalisé par le maire et enregistré au droit de 2 fr. 20 c., décime compris.

La publication sera payée au prix du tarif fixé par l'arrêté préfectoral qui désigne le journal.

146. L'insertion dans le *Recueil des Actes administratifs* n'est pas destinée à produire un effet légal ; aucun délai n'est fixé pour elle ; aucune sanction n'est attachée par l'art. 7 à son omission, et le rapport comme la circulaire ministérielle, sus-énoncés, font connaître qu'elle a surtout pour but de conserver dans les Archives de chaque mairie les clauses essentielles de l'acte d'association et qu'elle doit être gratuite. Nous ne voulons certainement pas contester l'utilité que cette insertion peut avoir en quelques cas, mais il nous sera permis de dire que, dans la plupart des situations, elle n'ajoutera rien à la publicité réelle, sérieuse, donnée par le journal. En admettant que les archives communales présentent la série complète des numéros du *Recueil des Actes administratifs*, que ces numéros puissent, en général, être consultés avec facilité par les intéressés, nous n'apercevons pas très bien quel profit pourraient retirer de ces insertions les maires et les habitants de communes parfaitement étrangères à l'entreprise, laquelle, le plus souvent, concerne des localités appartenant à d'autres cantons et à d'autres arrondissements : les associations territoriales présentent essentiellement un intérêt local en dehors de la zone duquel la publicité ne produit pas, il est vrai, d'inconvénients, mais elle reste aussi à peu près sans avantages. A notre avis, la publicité par la voie du Recueil de la préfecture serait plus utilement remplacée par l'obligation du dépôt d'une copie de l'acte d'association au secrétariat de la préfecture, des sous-préfectures et de chacune des mairies, sur le territoire desquelles l'entreprise s'étend, ainsi qu'au greffe de la justice de paix du canton.

ARTICLE 7.

A défaut de publication dans un journal d'annonces légales, l'association ne jouira pas du bénéfice de l'article 3. L'omission de cette formalité ne peut être opposée aux tiers par les associés.

147. Voici comment s'exprime l'exposé des motifs : « L'omission de la première de ces formalités (la publication) prive le syndicat du bénéfice de l'art. 3, qui est assurément le privilége essentiel des associations syndicales d'après la nouvelle loi. Mais, dans aucun cas, comme nul ne peut exciper de sa propre faute, le syndicat ne pourra opposer aux tiers cette omission. »

« L'article 7, dit le rapport, n'a subi aucun changement. Il est en harmonie avec les explications que nous venons de donner sur l'article 6, puisqu'il n'attache de sanction qu'au défaut de publication dans le journal d'annonces légales, et qu'il n'en attache aucune à l'insertion dans le Recueil des Actes de la préfecture. Il est, du reste, entendu que cette insertion, faite dans un recueil qui appartient à l'administration, qui pourrait être omise impunément, devrait être gratuite. »

La circulaire ministérielle n'ajoute rien à ces explications, quand elle dit que la publication est prescrite dans l'intérêt des tiers. C'est le rappel du principe posé dans l'art. 42 du Code de commerce. L'association non publiée ne pourra donc pas ester en justice, acquérir, vendre, échanger, emprunter, hypothéquer, transiger par ses syndics ; mais, si elle a figuré dans une instance ou dans un contrat, comme partie, par ses administrateurs, aucun de ses membres ne pourra invoquer cette nullité contre les tiers, adversaires de la société dans le procès, ou contractants dans les actes.

ARTICLE 8.

Les associations syndicales libres peuvent être converties en associations autorisées par arrêté préfectoral, en vertu d'une délibération prise par l'assemblée générale, conformément à l'article 12 ci-après, sauf les dispositions contraires qui pourraient résulter de l'acte d'association.

Elles jouissent, dès lors, des avantages accordés à ces associations par les articles 15, 16, 17, 18 et 19.

148. Ici l'exposé des motifs est muet, et la rédaction primitive était évidemment défectueuse (Voy. *supra*, n° 92). Mais, en revanche, le rapport est, on ne peut plus clair.

« L'article 8 du projet de loi portait que les associations syndicales libres peuvent, sur leur demande, être converties en associations syndicales autorisées. Votre commission a pensé que ces mots : Sur leur demande, laissaient de l'incertitude sur les conditions dans lesquelles elle devrait se produire. Etait-ce par les syndics, était-ce par l'assemblée générale? Et, dans ce cas, serait-ce à l'unanimité ou autrement? Il a paru tout naturel que l'association autorisée dût se former dans les conditions les plus faciles pour ces sortes d'associations. L'article 12, qui détermine les conditions de la formation des associations autorisées, a donc été déclaré la règle commune aux associations libres ou à tous intéressés qui poursuivent le même but. Mais la loi, en traçant cette règle, a dû tenir compte en même temps des contrats qui lient déjà les parties. Si une association libre avait fait des stipulations particulières au sujet de sa transformation éventuelle en association autorisée, ces stipulations devraient être respectées, puisqu'elles seraient la loi des parties; c'est ce que votre commission a proposé de réserver expressément. Ainsi, une association libre qui se formera pour l'un des cas comptés aux n°s 6, 7, 8 de la loi pourra toujours, par des stipulations unanimement acceptées, prévenir l'application de l'article 12.

» L'amendement de la commission, modifié dans la rédaction seulement, a été adopté par le conseil d'Etat. »

La circulaire ministérielle confirme ces déclarations, en précisant que l'art. 12 de la loi, qui détermine la majorité nécessaire pour la constitution d'une association autorisée, sera applicable à la transformation d'une association libre en association autorisée, sous la réserve de l'application des clauses spéciales qu'une association libre aurait pu stipuler en vue de cette transformation. « Il convient de remarquer, toutefois, que cette réserve ne peut s'appliquer qu'aux syndicats pour lesquels la loi exige l'assentiment unanime des intéressés et non à ceux qui peuvent être constitués dans les conditions prévues par le titre III. »

149. Pour l'application de notre article, il faut distinguer entre les associations régies par la loi de la *majorité* et celles qui sont régies par la loi de l'*unanimité*. Si le législateur a compris que, bien souvent, les associations libres, formées par l'initiative individuelle, seraient un acheminement vers les associations autorisées, il n'a pas voulu, il n'a pas dû, il n'a pas pu admettre que, dans les matières où la majorité a le droit d'imposer la règlementation officielle à la minorité, celle-ci pût, par cela seul que les intéressés avaient d'abord adopté la règlementation volontaire, empêcher la transformation. Ainsi donc, quelles que soient les stipulations prohibitives de l'acte d'association libre, alors même qu'il y serait dit que les parties s'interdisent, de la manière la plus formelle, à peine de cent mille francs de dommages-intérêts, à la charge de chacun des dissidents, de provoquer une transformation en société autorisée, cette transformation sera possible, et aucuns dommages-intérêts ne seront encourus, si, dans les cas où la majorité fait loi, cette majorité se prononce pour la forme officielle, parce qu'en votant en ce sens, les associés se conforment à la loi, et que la stipulation pénale de dommages-intérêts étant contraire à la loi doit être réputée non écrite (art. 6 du Code Napoléon).

Il y a donc lieu de prévoir diverses hypothèses :

1. Quel que soit le but de l'association libre, il n'a été fait aucune stipulation particulière, aucune clause, aucune réserve en prévision de la transformation en association autorisée. La majorité exigée par l'art. 12 de la loi se prononce en assemblée générale, pour cette conversion ; la mesure délibérée par l'assemblée générale est prise par le préfet ; elle est obligatoire pour tous les associés, qui passent ainsi de la catégorie des associations libres dans celle des associations autorisées.

II. L'association libre a été formée dans un but d'irrigation et de colmatage, de drainage, d'amélioration agricole
ou de chemins d'exploitation (nos 6, 7 et 8 de l'art. 1er de
la loi); ici, l'association ne pouvait pas être imposée; elle
était purement volontaire; l'acte stipule une majorité plus
élevée que celle de l'art. 12 pour la transformation; il
défend même, d'une manière absolue, toute transformation.
Ces clauses font la loi des parties; la majorité ne peut rien
contre la teneur de l'acte. La conversion ne sera possible
que dans les conditions qui y sont prévues.

III. L'association libre a pour objet l'un des travaux
spécifiés par les nos 1, 2, 3, 4 et 5 de l'art. 1er de la loi,
auxquels renvoie l'art. 9. Ici la majorité reprend ses droits;
aucune des clauses de l'acte ne peut faire obstacle à la conversion, votée conformément aux dispositions de l'art. 12.
Ce résultat est essentiellement logique, car toute autre
solution équivaudrait à la négation de l'influence décisive
de la majorité, dans les cas prévus par l'art. 9.

150. Il est superflu de faire observer que l'arrêté préfectoral qui opère la transformation détermine le règlement, en respectant autant que possible les statuts adoptés
par l'association libre.

151. Nous avons entendu élever des doutes contre
l'opinion que nous venons d'exprimer au sujet de la conversion des associations libres en associations autorisées,
en vertu de l'application de l'influence de la majorité. Il
paraissait exorbitant qu'une association libre, qui avait
contracté des engagements, cessât d'exister par cela seul
que la majorité se serait prononcée en faveur de l'autorisation. On disait : Oui, certainement, l'association autorisée pourra être constituée par un arrêté préfectoral, mais
elle ne portera aucune atteinte à l'association libre qui continuera de fonctionner malgré la conversion prononcée, et
cela parce que l'acte social, contenant l'engagement

unanime des intéressés, ne peut pas être infirmé par le dissentiment d'une partie d'entre eux.

Peut-être n'avons-nous pas bien compris la portée de l'objection, mais il nous semble qu'elle est plus spécieuse que solide. La conversion d'une association libre en association autorisée, peut être envisagée sous deux aspects : par rapport aux associés, par rapport aux tiers. Quant aux premiers, quels griefs leur sont causés et de quoi peuvent-ils se plaindre ? Ce que le préfet pouvait faire avant toute entente entre les intéressés, il le fait après que l'association libre a été créée, et on ne pourrait contester la légalité de la mesure régulièrement exécutée qu'en prétendant qu'il dépend de la volonté d'une minorité de paralyser la volonté de la majorité, dans les cas prévus par l'art. 9 de la loi, c'est-à-dire qu'en soutenant une thèse manifestement en contradiction avec la loi elle-même.

Quant aux tiers, ils sont encore, s'il est possible, bien plus désintéressés, puisque l'association autorisée héritera de toutes les obligations contractées par l'association libre, et qu'ils trouveront dans la nouvelle organisation des garanties supérieures à celles que leur présentait l'ancienne.

TITRE III.

DES ASSOCIATIONS SYNDICALES AUTORISÉES.

ARTICLE 9.

Les propriétaires intéressés à l'exécution des travaux spécifiés dans les numéros 1, 2, 3, 4, 5 de l'article 1er peuvent être réunis, par arrêté préfectoral, en association syndicale autorisée, soit sur la demande d'un ou de plusieurs d'entre eux, soit sur l'initiative du préfet.

152. D'après l'article 9 du projet de loi, combiné avec les art. 12 et 14 (Voy. *suprà*, n° 92), les associations syndicales pouvaient être constituées d'office dans les cas prévus par les n°s 1 et 2 de l'art. 1er, c'est-à-dire en matière de travaux défensifs et de travaux de curage, par le préfet, quand la majorité déterminée par l'art. 12 était obtenue, sinon par un décret impérial. L'association par décret, essentiellement *forcée*, a disparu, sur la demande de la commission du Corps législatif, et il n'est plus resté que l'association *autorisée* par arrêté préfectoral, suivant la loi des majorités, non plus restreinte aux deux premières dispositions de l'art. 1er, mais étendue aux n°s 1, 2, 3, 4 et 5 de cet article, embrassant par conséquent les endiguements, les curages, le dessèchement des marais, l'exploitation des marais salants , l'assainissement des terres humides et insalubres.

153. L'exposé des motifs, conçu dans l'ordre d'idées si profondément modifié par la commission législative, disait :

« Le préfet, aux termes du décret du 25 mars 1852, sur la décentralisation, ne pouvait constituer l'association syndicale qu'avec le consentement unanime des propriétaires (Voy. *suprà*, n°s 31 et 44) ; à défaut de cette unanimité, un décret était indispensable. La nouvelle loi attribue de plus grands pouvoirs au préfet, et lui permet de vaincre des résistances contraires aux intérêts du plus grand nombre, alors toutefois qu'il s'agit de travaux obligatoires, c'est-à-dire d'un intérêt de conservation et de défense.

» En ce qui concerne les travaux qui ont pour objet unique l'amélioration des propriétés et qui sont énoncés dans les quatre derniers paragraphes de l'art. 1er (il s'agissait 3° des terres humides et insalubres, 4° de l'irrigation et du colmatage, 5° du drainage, 6° des chemins d'exploitation, etc.), les syndicats peuvent également être constitués par arrêté du préfet, mais alors ils ne doivent comprendre que les propriétaires adhérents. »

154. Le rapport justifie en ces termes, les changements introduits dans la loi :

« L'article 9 a subi un changement de rédaction par suite de la suppression de l'art. 14, dont il n'était que le corollaire : puisqu'il ne devait pas y avoir d'associations forcées, l'article qui les comprenait devait être modifié. Mais il reste dans cet article un point important : il énonce ceux des travaux spécifiés en l'art. 1er, qui peuvent devenir l'objet d'une association autorisée dans les conditions de l'art. 12, c'est-à-dire suivant la loi des majorités : ce sont les travaux compris dans les cinq premiers numéros de l'art. 1er. Or, quelles sont les raisons qui divisent en deux catégories les numéros de l'art. 1er, relativement à l'association autorisée.

» Il est évident que ces raisons sont tirées de la nature de chaque objet soumis à l'association.

» Les endiguements, le desséchement des marais, régis par la loi de 1807 ; le curage, régi par la loi du 14 floréal an XI, devaient évidemment subir la loi des majorités ; d'une part, parce qu'il s'agit d'un intérêt public incontestable ; d'autre part, parce que la condition des intéressés sera meilleure sous le régime de l'association autorisée que sous celui des mesures de haute administration.

» Quant aux numéros 4 et 5, il importe que les marais salants ne restent pas inexploités, même en partie, à cause de la résistance d'un petit nombre d'intéressés, qui laisseraient volontiers faire par d'autres des travaux dont ils profiteraient.

» Et quant aux terres humides et insalubres, dès que l'insalubrité existe, il n'y a plus à exiger l'unanimité des propriétaires pour la faire cesser. A cet égard, la même règle devait être suivie que pour les marais.

» Relativement aux trois derniers numéros de l'art. 1er, qui ne sont pas compris dans l'art. 9, les irrigations seules ont soulevé quelques objections dans le sein de la commission. On s'est demandé si l'irrigation, ce moyen si puissant de fertilisation, si nécessaire dans certaines contrées, ne devait pas être soumise à la loi des majorités ; on a dit qu'un travail d'ensemble pouvait seul, en certains cas, assurer le meilleur emploi des eaux. Mais il a été répondu qu'il s'agissait d'un intérêt d'amélioration et non d'un intérêt public ; qu'il pouvait y avoir des propriétés, même riveraines de cours d'eau, auxquelles l'irrigation ne conviendrait pas, soit par leur nature, soit par le choix du propriétaire ; qu'au surplus, les pouvoirs conférés soit à l'administration pour les règlements généraux, soit aux tribunaux relativement aux intérêts particuliers, et le nombre des associations déjà existantes rendraient d'autant moins nécessaire de faire passer les irrigations dans l'article 9. MM. les commissaires du gouvernement ont été du même avis. La commission l'a adopté. Quant au colmatage, au drainage, aux chemins d'exploitation et autres travaux agricoles non spécifiés, ils ont été laissés sans objection en dehors de la catégorie des articles 9 et 12 de la loi. .

155. La circulaire ministérielle ajoute :

« Le titre III, relatif aux associations syndicales autorisées, règle, par l'art. 9, un point important : il détermine ceux des travaux énoncés en l'art. 1er qui peuvent, sur la demande d'une majorité déterminée par l'art. 12 ci-après, devenir l'objet d'une association autorisée, et décide, par voie de conséquence, que les autres travaux ne peuvent être entrepris qu'avec le consentement unanime des intéressés.

» Les travaux soumis à la loi des majorités sont ceux qui font l'objet des nos 1, 2, 3, 4 et 5 de l'art. 1er.

» En ce qui touche les endiguements et les curages, compris sous les nos 1 et 2, la loi du 16 septembre 1807 et celle du 14 floréal an XI consacraient à l'avance le droit des majorités, puisque ces lois donnent à l'autorité publique un droit absolu de coercition. Mais pour les dessèchements comme pour les ouvrages destinés à l'exploitation des marais salants, ainsi que pour l'assainissement des terres humides et insalubres, la loi pose une règle nouvelle ; car les travaux de ce genre ne pouvaient jusqu'ici être entrepris que par l'unanimité des intéressés. Les motifs de cette disposition sont tirés de la nature même de ces ouvrages. Il est évident, en effet, que le dessèchement des marais, l'assainissement des terres humides et insalubres, le bon entretien des marais salants, présentent un caractère incontestable d'intérêt public, et l'on ne saurait admettre que des entreprises aussi utiles fussent entravées par la résistance ou par l'inertie d'un petit nombre d'intéressés. Aussi est-ce avec raison que la loi a donné à la majorité le droit de vaincre ces obstacles.

» Quant aux travaux énoncés aux paragraphes 6, 7 et 8 de l'art. 1er, c'est-à-dire l'irrigation et le colmatage, le drainage, les chemins d'exploitation et autres améliorations agricoles, ils ne présentent pas, comme ceux qui figurent aux paragraphes précédents , ce caractère de solidarité absolue qui ne permet pas de détacher de l'opération une portion quelconque des terrains compris dans un périmètre déterminé. Ces travaux peuvent, au contraire, en vertu de la législation spéciale sur l'écoulement des eaux d'irrigation et de drainage, être entrepris sur un certain nombre de parcelles non contiguës. Dès lors, rien ne s'oppose à ce que les propriétaires consentants se réunissent spontanément en association libre, sauf à réclamer ultérieurement, s'ils le jugent convenable, leur conversion en association autorisée. »

156. Dans la discussion, MM. le baron DE BUSSIERRE et JOSSÈAU ont insisté, le premier, pour que les irrigations et le colmatage (no 6 de l'art. 1er), le second, pour que le drainage (no 7 de l'art. 1er) fussent ajoutés à la nomenclature des travaux, objets des associations *autorisées*. MM. GUILLAUMIN, SEGRIS et LAMBRECHT ont maintenu, comme pleinement justifiée, la distinction établie par la commission, d'accord avec MM. les commissaires du gouvernement, entre les travaux de nécessité et les travaux d'amélioration, et notre article a été voté sans changement.

157. Ainsi que nous l'avons déjà fait remarquer *suprà*, n° 149, la loi de 1865 laisse sous le régime purement volontaire les associations d'irrigation et de colmatage, de drainage, pour les chemins d'exploitation et autres améliorations agricoles. Elle n'a, sous ce rapport, apporté aucune modification aux règles préexistantes (voy. *suprà*, n°ˢ 65 et 64), et c'est parce qu'il les avait méconnues qu'un arrêté préfectoral a été déclaré sans valeur par le conseil d'Etat, conformément à une jurisprudence constante, sur le motif qu'aucune disposition législative n'autorise les préfets à constituer des associations d'irrigation sans le consentement des intéressés ; 2 mai 1866 (Rigaud).

158. Quand il s'agit, au contraire, de l'un des objets qui rentrent dans la matière des associations *autorisées*, le préfet est investi d'un droit d'initiative qu'il peut exercer d'*office*, sauf à s'arrêter si les conditions de majorité prévues par l'art. 12 ne se réalisent pas, et sous la réserve aussi de l'application de l'art. 26, s'il y a lieu.

Art. 10.

Le préfet soumet à une enquête administrative, dont les formes seront déterminées par un règlement d'administration publique, les plans, avant-projets et devis des travaux, ainsi que le projet d'association.

Le plan indique le périmètre des terrains intéressés et est accompagné de l'état des propriétaires de chaque parcelle.

Le projet d'association spécifie le but de l'entreprise et détermine les voies et moyens nécessaires pour subvenir à la dépense.

159. Le projet de loi (voy. *suprà*, n° 92) était beaucoup moins explicite que le texte voté, et il confiait, en outre, aux ingénieurs des ponts et chaussées, le soin de dresser les plans, avant-projets et devis des travaux. Le rapport fait connaître que la commission avait proposé une nouvelle rédaction qui, après avoir été modifiée par le conseil d'Etat, est passée dans la loi.

« Le conseil d'Etat a modifié le premier paragraphe de l'article, en substituant à l'enquête administrative (déterminée par les ordonnances en vigueur) une enquête administrative dont les formes seront déterminées par un règlement d'administration publique.

» La commission n'a pas vu d'inconvénients à ce changement, qui se résoudra sans doute en une simplification de formalités.

» Le conseil d'Etat a supprimé tout à la fois et les mots : dressés par les ingénieurs des ponts et chaussées, qui se trouvaient limitatifs dans le projet de loi, et les mots : ou par tous autres hommes de l'art, ajoutés par la commission.

» L'article ne dit donc plus maintenant par qui les plans seront dressés. La commission n'a vu dans cette nouvelle rédaction aucune exclusion, et elle y a adhéré. Du reste, votre commission n'entendait pas déposséder le corps des ingénieurs des attributions qu'il tient de lois spéciales, et encore moins de la confiance à laquelle il a droit. Mais il peut se rencontrer nombre d'affaires dont le faible intérêt, exempt de difficultés, n'exigerait pas l'intervention d'un corps savant, et que des hommes de l'art, placés plus près des intéressés, pourraient traiter d'une manière satisfaisante. La liberté du choix avait paru une réserve utile. »

160. Au sein du Corps législatif, M. Bethmont a provoqué une explication confirmant le sens de la loi, qui admet tout homme de l'art à faire les plans, projets et devis.

La circulaire ministérielle du 12 août 1865 s'exprime ainsi :

« Quant à la rédaction des avant-projets qui doivent être soumis à l'enquête, il y sera procédé, soit par les soins d'un ou de plusieurs intéressés, que vous autoriserez par un arrêté à poursuivre leurs études sur les terrains appartenant aux tiers, soit par votre propre initiative.

» Toute latitude vous est laissée, ainsi qu'aux intéressés, pour le choix des agents auxquels ce travail sera confié. Dans le cas où l'on croirait devoir recourir aux ingénieurs des ponts et chaussées, le concours de ces fonctionnaires serait soumis aux règles spéciales qui ont été arrêtées à cet effet par l'administration et auxquelles il n'est apporté aucune modification. »

161. Notre article offre une grande importance, parce qu'il fixe le point de départ et la première condition de régularité de la procédure administrative à suivre pour la constitution des syndicats autorisés. Les intéressés ou le préfet prennent l'initiative des études qu'ils confient à qui bon leur semble. Le plus souvent ces études seront confiées aux ingénieurs des ponts et chaussées, surtout quand l'administration agira d'office. Dans ce dernier cas, il y a lieu d'appliquer les dispositions suivantes du décret du 10 mai 1854.

« Art. 2. Les ingénieurs et les agents sous leurs ordres » ont droit à l'allocation de frais de voyage et de séjour à » la charge des intéressés, sans honoraires ni vacations, » lorsque leur déplacement a pour objet :

« 1º La rédaction d'avant-projets ou rapports préparés » sur la demande des intéressés, pour constater l'utilité » de travaux d'endiguement, de curage, de dessèchement, » d'irrigation, ou autres ouvrages analogues, à l'égard des-» quels l'intervention des ingénieurs a été régulièrement » autorisée pour le compte de communes ou d'associations » territoriales ;

» La rédaction d'office des mêmes avant-projets, quand » ils sont suivis d'exécution, après avoir été adoptés par » les intéressés, ou quand les travaux sont ordonnés par

» l'administration, dans les cas où les règlements par-
» ticuliers lui en auraient réservé le droit ;

» La vérification, s'il y a lieu, des projets de même nature
» présentés par les particuliers, les communes ou les
» associations territoriales ;

» 2° Le contrôle des travaux, lorsque l'exécution n'est
» pas confiée à un ingénieur, ainsi qu'il est prévu à l'art. 4,
» et lorsque ce contrôle est expressément réservé ou pres-
» crit par les règlements spéciaux qui autorisent les tra-
» vaux ou les associations ;

» 3° Le contrôle en cours d'exécution et la réception,
» après achèvement des ouvrages exécutés par voie de
» concession, de péage, tels que rectification de routes,
» ponts, canaux, ou autres travaux concédés, lorsque
» l'obligation de payer les frais de cette nature a été
» stipulée au cahier des charges de la concession ;

» 4° L'instruction de demandes relatives à l'établisse-
» ment d'usines hydrauliques, d'étangs, de barrages ou de
» prises d'eau d'irrigation, ou à la modification de règle-
» ments déjà existants ;

» La réglementation, s'il y a lieu, des mêmes établisse-
» ments lorsqu'ils existent déjà, sans être pourvus d'au-
» torisation régulière ;

» Le récolement des travaux prescrits par les règlements ;

» La vérification, postérieurement au récolement, des
» points d'eau et ouvrages régulateurs des usines hydrau-
» liques, étangs, barrages et prises d'eau d'irrigation,
» lorsque cette vérification a lieu sur la demande d'un
» intéressé ;

» Art. 5. Les frais de voyage dus aux ingénieurs ou aux
» agents sous leurs ordres sont calculés d'après le nombre
» de kilomètres parcourus, tant à l'allée qu'au retour, à
» partir de leur résidence, et à raison de

» 50 centimes par kilomètre pour les ingénieurs en chef ;

» 30 centimes pour les ingénieurs ordinaires ;

» 20 centimes pour les conducteurs ou piqueurs ;

» Ce tarif est réduit de moitié pour tous les trajets effec-
» tués en chemin de fer ;

» Les frais de séjour sont réglés, par jour,

» Pour les ingénieurs en chef, à 12 fr. ;

» Pour les ingénieurs ordinaires, à 10 fr. ;

» Pour les conducteurs ou employés secondaires, à 5 fr. ;

» Lorsque les ingénieurs se sont occupés dans une même
» tournée de plusieurs affaires donnant lieu à l'allocation
» de frais de voyage, le montant total de ces frais est
» calculé d'après la distance effectivement parcourue, et
» réparti entre les intéressés proportionnellement aux frais
» qu'a exigés l'instruction isolée de chaque affaire.

» Il est procédé de la même manière pour les frais de
» séjour.

» Il n'est pas alloué de frais pour les déplacements qui
» n'excèdent pas les limites de la commune où résident les
» ingénieurs.

» Art. 4. Les ingénieurs des ponts et chaussées et les
» agents placés sous leurs ordres ont droit à l'allocation
« d'honoraires à la charge des intéressés, sans frais de
» voyage et de séjour ni vacations, lorsqu'ils prennent
» part, sur la demande des communes ou des associations
» territoriales, et avec l'autorisation de l'administration, à
» des travaux à l'égard desquels leur intervention n'est
» pas rendue obligatoire par les lois et règlements généraux,
» notamment, lorsqu'ils sont chargés de la rédaction des
» projets définitifs et de l'exécution des travaux d'endigue-
» ment, de curage, de dessèchement, d'irrigation ou autres
» ouvrages analogues qui s'exécutent aux frais de ces
» communes ou associations territoriales, avec ou sans
» subvention du gouvernement.

» Ces honoraires sont calculés d'après le chiffre de la
» dépense effectuée sous leur direction, déduction faite de
» la part contributive du trésor public, et à raison de

» quatre pour cent sur les premiers 40,000 francs, et de
» un pour cent pour le surplus. Ils sont partagés entre les
» ingénieurs et les agents dans la proportion qui sera
» déterminée par un arrêté ministériel.

» Les salaires des surveillants spéciaux sont imputés
séparément sur les fonds des travaux.

» Il n'est pas dû d'honoraires sur les fonds fournis par
» des tiers, pour concourir à des travaux d'intérêt général
» à la charge de l'Etat.

» Dans les cas où les ingénieurs et agents des ponts et
» chaussées qui ont pris part à la rédaction des projets
» définitifs ne sont pas chargés de l'exécution des travaux,
» ils reçoivent seulement la moitié des honoraires stipulés
» ci-dessus.

» Art. 5. Dans tous les cas prévus par les art. 1, 2, 4,
» les frais d'opération et d'épreuve sont supportés par les
» intéressés. »

162. Quand les études sont terminées, le dossier à
soumettre à l'enquête doit être établi et comprendre notamment un plan indiquant le périmètre des terrains intéressés, un état des propriétaires de chaque parcelle et le
projet d'association qui spécifie le but de l'entreprise et
détermine les voies et moyens nécessaires pour subvenir
à la dépense.

163. Le règlement d'administration publique prévu
par notre article est intervenu le 17 novembre 1865; il a
été notifié aux préfets par une circulaire ministérielle du
29 du même mois.

Voici le texte du décret :

« Art. 1er. Lorsqu'il y a lieu d'ouvrir une enquête sur
» une entreprise d'amélioration agricole et sur un projet
» d'association par application de l'art. 10 de la loi du 21 juin
» 1865 sur les associations syndicales, le préfet prend un
» arrêté pour prescrire cette enquête.

» Art. 2. Le projet d'association détermine :

» 1° Le minimum d'étendue de terrain ou d'intérêt qui
» donne droit à chaque propriétaire de faire partie de l'as-
» semblée générale des intéressés ;

» 2° Le maximum de voix à attribuer à un même pro-
» priétaire ou à chaque usinier, et le maximum de voix attri-
» bué aux usiniers réunis ;

» 3° Les bases de la répartition des dépenses de l'entre-
» prise ;

» 4° Le nombre des syndics à nommer, leur répartition,
» s'il y a lieu, entre diverses catégories d'intéressés, et la
» durée de leurs fonctions.

» Art. 3. Le projet d'association, les plans et devis des
» travaux étudiés d'office par les ordres du préfet ou sur
» l'initiative des intéressés, sont déposés à la mairie de la
» commune sur le territoire de laquelle les travaux doivent
» être exécutés. Si les travaux s'étendent sur plusieurs
» communes, le préfet désigne celle de ces communes où
» les pièces doivent être déposées.

» Art. 4. Aussitôt après la réception de l'arrêté préfec-
» toral qui ordonne l'ouverture de l'enquête, avis du dépôt
» des pièces est donné à son de trompe ou de caisse, et une
» affiche contenant les énonciations prescrites par la loi est
» apposée à la porte de la mairie et dans un lieu apparent,
» près ou sur les portes de l'église.

» Art. 5. Indépendamment de ces publications, notifica-
» tion du dépôt des pièces est faite par voie administrative à
» chacun des propriétaires dont les terrains sont compris
» dans le périmètre intéressé aux travaux ; il est gardé ori-
» ginal de cette notification. En cas d'absence, la notification
» prescrite est faite aux représentants des propriétaires ou
» à leurs fermiers et métayers, et, à défaut de représentants
» ou fermiers, elle est laissée à la mairie.

» L'acte de notification invite les propriétaires à déclarer,
» dans les délais et dans les formes ci-après déterminés,
» s'ils consentent à concourir à l'entreprise.

» Ces notifications doivent être faites, au plus tard, dans
» les cinq jours qui suivent l'ouverture des enquêtes.

» Art. 6. Pendant vingt jours, à partir de l'ouverture
» de l'enquête, il est déposé dans chacune des mairies inté-
» ressées un registre destiné à recevoir les observations,
» soit des propriétaires compris dans le périmètre, soit de
» tous autres intéressés.

» Art. 7. Le préfet désigne dans l'arrêté qui ordonne
» l'enquête un commissaire choisi parmi les notables pro-
» priétaires, agriculteurs ou industriels, parmi les membres
» du conseil général ou parmi les juges de paix des cantons
» traversés par les travaux. Ledit commissaire ne doit avoir
» aucun intérêt personnel à l'opération projetée.

« Art. 8. A l'expiration de l'enquête, dont les formalités
» sont certifiées par les maires de chaque commune, le com-
» missaire recevra pendant trois jours consécutifs, à la
» mairie de la commune désignée par le préfet, et aux heures
» indiquées par lui, les déclarations des intéressés sur l'uti-
» lité des travaux projetés.

» Après avoir clos et signé le registre de ces déclara-
» tions, le commissaire les transmettra immédiatement au
» préfet, avec son avis motivé et avec les autres pièces de
» l'instruction qui auront servi de base à l'enquête. »

Les prescriptions de ce décret vont nous servir à préciser
l'importance des formalités dont notre article exige l'accomplissement.

164. Le plan à soumettre à l'enquête doit-il être parcellaire, afin que, complété par l'état indicatif des propriétaires, il fasse clairement connaître l'étendue et les limites
de la zone intéressée? La loi et le décret complémentaire
ne l'exigent pas. On ne saurait donc réclamer, à peine de
nullité, l'accomplissement de cette formalité. Nous pen-
cherions toutefois vers l'affirmative. Il peut arriver que des
parcelles ne soient qu'en partie comprises dans cette zone,
et il est extrêmement important qu'aucune incertitude

ne soit possible, afin d'éviter des contestations ultérieures. Sans doute, l'état joint au plan indique les contenances parcellaires engagées dans le projet. Mais cette indication serait, à nos yeux, bien plus précise si elle se référait aux numéros des parcelles du plan. On connaîtrait alors très clairement les limites du périmètre de l'association, et cette détermination exacte est d'autant plus essentielle que la jurisprudence du conseil d'Etat est formelle à cet égard ; il nous suffira de citer quelques-unes de ses décisions.

Lorsque la circonscription d'un syndicat a été restreinte par l'acte qui l'établit au territoire d'une commune, on ne peut, sans excès de pouvoir, comprendre dans le périmètre de l'association des propriétés situées hors de cette commune ; il faudrait pour cela réviser l'acte constitutif ; 26 juillet 1854 (AUBERT C. SYND. DE SAINT-JULIEN DE PEYROLAS) ; 8 février 1864 (DIGUE DE LA BAUDISSIÈRE). Les propriétés situées au-dessus du niveau des plus hautes eaux d'une rivière et qui sont néanmoins exposées à l'action des crues de cette rivière, *soit par l'infiltration, soit par le refoulement*, peuvent être comprises dans le périmètre de contribution aux dépenses occasionnées par les travaux d'assainissement, selon leur degré d'intérêt, mais elles ne peuvent supporter aucune partie des dépenses relatives à l'endiguement contre les débordements ; 5 août 1858 (CHARMEIL).

Le propriétaire d'une usine alimentée par des eaux provenant en partie d'un canal compris dans un syndicat doit concourir comme intéressé aux dépenses de l'association ; 12 janvier 1860 (DE LOUET).

Plus les opérations des hommes de l'art pour la fixation du périmètre des terrains à comprendre dans l'association seront exactes et plus l'enquête atteindra le but que s'est proposé le législateur.

165. Notre article veut que le projet d'association, qui doit accompagner le projet de travaux, spécifie le *but de l'entreprise* et détermine les *voies et moyens* nécessaires pour subvenir à la dépense. Mais cela ne suffit pas; l'art. 2 du décret du 19 novembre 1865, rappelant des dispositions insérées dans les art. 20 et 21 de la loi, énumère quatre conditions que doit encore remplir l'acte d'association. Nous renvoyons à ces art. 20 et 21 les explications qui s'y réfèrent pour ne retenir ici que ce qui est relatif à la détermination des *bases de la répartition* des dépenses entre les intéressés.

Qu'on nous permette néanmoins une réflexion. Puisqu'il s'agit de créer une association autorisée, conformément aux dispositions de la loi de 1865, nous ne comprenons pas très bien pourquoi on a cru devoir préciser, soit dans l'art. 10 de cette loi, soit dans l'art. 2 du décret, des indications qui ont sans doute leur utilité, mais qui sont loin de constituer à elles seules l'acte d'association. Il est indispensable que cet acte soit intégralement soumis à la formalité de l'enquête, et si les textes précités en indiquent des parties essentielles, il ne suffirait certainement pas de se borner à ces parties et de négliger le surplus.

166. Sous la réserve des développements que comportera le commentaire des articles suivants, bornons-nous à insister ici sur trois points principaux :

1° Le but de l'entreprise ;

2° Les voies et moyens de subvenir à la dépense ;

3° Les bases de la répartition des dépenses de l'entreprise.

167. I. Le but de l'entreprise est facile à définir (Voy. des exemples, *suprà*, n°s 55 et 71). Ainsi, l'acte d'association dispose :

« Les travaux de curage, d'endiguement, de redressement et d'élargissement de la rivière de....., depuis....., jusqu'à...., et de ses bras de décharge, seront exécutés par les propriétaires intéressés, réunis en association syndicale. »

Ou bien :

« La rivière de....., depuis....., jusqu'à....., ses dérivations, ses bras de décharge, les fossés d'assainissement ouverts dans un intérêt général, qui dépendent de cette rivière et les affluents ci-après désignés....., compris dans le périmètre déterminé par le plan annexé au présent règlement, sont soumis aux dispositions suivantes :

« Le curage à vieux fonds et vieux bords, le faucardement des cours d'eau et fossés, ci-dessus désignés, seront exécutés par les propriétaires intéressés, réunis en association syndicale. »

Ce dernier paragraphe peut, d'après les circonstances, être ainsi rédigé :

« Le curage à vieux fonds et vieux bords, et le faucardement des cours d'eau et fossés ci-dessus désignés, ainsi que les travaux d'approfondissement, d'élargissement et de rectifications partielles figurés dans les plans et profils ci-dessus visés, lesquels resteront annexés au présent règlement, seront exécutés par les propriétaires intéressés, réunis en association syndicale. »

168. II. Les voies et moyens pour subvenir à la dépense.

Le syndicat dresse le tableau de la répartition de la dépense entre les divers intéressés, d'après les bases fixées par l'acte d'association et conformément aux décisions que le conseil de préfecture a pu être appelé à rendre à ce sujet. Le budget indique les ressources et les dépenses prévues pour l'année suivante. Il est déposé pendant quinze jours à la mairie de chaque commune, afin que les propriétaires puissent présenter leurs observations. Le syndicat est ensuite appelé à exprimer son opinion sur les résultats de l'enquête, et le préfet statue après avoir pris l'avis des ingénieurs. La somme à payer par les intéressés fait l'objet de rôles de répartition, qui sont recouvrés dans la forme et avec les voies de recours usitées en matière de contributions directes.

169. III. Les bases de la répartition de la dépense de l'entreprise.

Avant la nouvelle loi, on distinguait les syndicats chargés de l'exécution de travaux défensifs (art. 33 et 34, L. du 16 septembre 1807) et les autres syndicats.

On lisait ce qui suit dans les règlements constitutifs des premiers :

« Le syndicat est spécialement chargé de faire dresser un plan parcellaire, appuyé d'un rapport indiquant, avec des teintes diverses, le périmètre et la classification des terrains à comprendre dans l'association , en y comprenant la désignation et la valeur des autres intérêts qui y seront engagés. »

Ce plan et ce rapport, établis par l'expert désigné par le syndicat et par les ingénieurs, étaient soumis à une enquête d'un mois, et arrêtés après l'observation des formalités prescrites par les art. 10, 11 et 12 de la loi du 16 septembre 1807.

Puis, les ingénieurs et les experts procédaient à la détermination de la part proportionnelle contributive dans la dépense assignée à chacune des classes fixées. Et leur rapport était soumis à une nouvelle enquête d'un mois (art. 13 et 14 de la loi précitée).

D'après le règlement syndical, une commission spéciale était appelée à statuer sur les réclamations relatives à la fixation du périmètre des terrains qui devaient profiter des travaux et au classement des propriétés comprises dans ce périmètre ; elle déterminait les bases de la répartition des dépenses entre les intéressés, sauf recours de ses décisions au conseil d'Etat.

Dans les syndicats de simple curage, etc., il était dit que les dépenses seraient supportées par les propriétaires de barrages et par les propriétaires de terrains intéressés, de manière que la quotité de la contribution de chaque imposé fût toujours relative au degré d'intérêt qu'il aurait aux travaux à effectuer; qu'à cet effet, il serait dressé dans chaque commune, et par les soins du syndicat, un état général des terrains intéressés au curage, ainsi que des usines et autres ouvrages qui retiennent le cours des eaux; que cet état, fixant la part contributive de chaque intéressé, serait déposé pendant une quinzaine à la mairie de chaque commune respective où ce dépôt serait annoncé par affiches et publications, et chaque intéressé admis à présenter des observations; que dans la huitaine de la clôture des enquêtes, le syndicat serait appelé à exprimer son avis sur les observations qui auraient pu être faites, et que l'état rectifié, s'il y avait lieu, serait soumis à l'approbation du préfet, pour servir de base aux rôles de répartition, sauf recours des intéressés devant le conseil de préfecture, et, en appel, devant le conseil d'Etat.

Si les mots : *bases de la répartition des dépenses* ont, dans le décret du 17 novembre 1865, le même sens, la même signification que dans les règlements sur l'organisation des syndicats antérieurs à la loi nouvelle, il faut en conclure qu'il ne suffira pas d'indiquer dans le projet d'association que chaque intéressé contribuera à la dépense dans la proportion de son intérêt aux travaux, mais qu'il faudra indiquer les bases de cette contribution, c'est-à-dire la division de la zone intéressée en classes et la proportion contributive de chaque hectare de terrain, suivant la classe dans laquelle il aura été rangé ; qu'en d'autres termes, cette détermination, qui jusqu'à présent avait été la consé-quence de l'organisation syndicale, devra désormais pré-céder cette organisation.

Nous croyons que, dans la pratique, les projets d'asso-ciation se borneront à rappeler la règle d'équité posée par les lois de l'an XI et de 1807, à savoir que la dépense sera répartie entre les intéressés, de manière à ce que la con-tribution de chaque imposé soit toujours relative au degré d'intérêt qu'il aura aux travaux, sauf à laisser l'application de cette règle à l'association syndicale.

170. Nous ne verrions cependant aucune difficulté, et, selon nous, ce serait un progrès, à procéder avec plus de rapidité et de précision. Nous voudrions que le plan à soumettre à l'enquête fût parcellaire, et qu'il indiquât non seulement le périmètre des terrains à comprendre dans l'association, mais aussi et par des teintes différentes, les zones correspondant aux diverses proportions d'intérêt des parcelles, et que le projet d'association fixât la quotité d'intérêt attribuée à chaque classe, de telle sorte que l'enquête interpellât les intéressés à la fois sur l'existence de l'intérêt et sur sa proportionnalité. Ce n'est qu'alors qu'on pourrait dire avec juste raison que le projet contient l'indication des bases de la répartition des dépenses.

Il y aurait à cela d'autant moins d'inconvénient qu'on n'est plus aujourd'hui, en matière d'association syndicale, lié par les prescriptions minutieuses de la loi du 16 septembre 1807, et que chaque intéressé conserve toujours, à l'occasion des taxes annuelles, le droit de faire juger par le conseil de préfecture et par le conseil d'Etat, si le montant de la taxe correspond exactement au degré de son intérêt aux travaux (art. 16 et 17 de la loi).

171. Nous pensons aussi que, sans entrer dans des détails aussi précis, la loi recevrait une satisfaction suffisante, alors même que le plan ne serait pas parcellaire et ne ferait pas ressortir la classification des terrains, si le projet d'association, après avoir rappelé le principe de la participation à la dépense dans la mesure de l'intérêt, se bornait à déclarer qu'il serait fait application de ce principe, en divisant les terres en classes, dans chacune desquelles l'hectare supporterait la dépense dans une proportion déterminée.

172. L'enquête réglée par le décret du 17 novembre 1865 ressemble beaucoup à celle que l'ordonnance du 28 août 1855 a prescrite pour les travaux d'utilité communale. Elle est complétée cependant par une formalité nouvelle, qui mérite d'appeler l'attention, et au sujet de laquelle la circulaire ministérielle du 29 novembre 1865, porte ce qui suit :

« Cependant, en raison de l'intérêt direct des propriétaires qui sont appelés à faire partie des syndicats projetés, et des conditions de majorités qui, d'après la loi, doivent être réunies, pour constituer ces associations, il convenait de compléter, par une disposition spéciale, le mode de publication. L'avis du dépôt des pièces à la mairie, donné à son de trompe ou de caisse, n'eût pas été suffisant. Il était essentiel d'adresser cet avis à chaque intéressé, et de le mettre en demeure de faire connaître s'il donne son adhésion à l'entreprise. »

Tel est, en effet, l'objet de l'art. 5 du décret dont il s'agit.

173. La circulaire ajoute : « Je n'ai pas besoin d'insister sur ces dispositions. Souvent, par indifférence, un certain nombre de propriétaires absents des lieux, ou même présents dans la localité, négligent de fournir leurs observations ou leur adhésion à un projet soumis à l'enquête, et, plus tard, font entendre des réclamations. La notification qui sera faite à chacun d'eux individuellement, en même temps qu'elle offre une garantie sérieuse, rendra inadmissible toute réclamation postérieure à l'enquête. »

Cette dernière conséquence nous paraît impossible à admettre. Que l'adhésion explicitement formulée soit jusqu'à un certain point un obstacle à des réclamations ultérieures, cela se comprend, mais que le silence gardé implique une fin de non recevoir, cela se conçoit d'autant moins que l'art. 17 de la loi a pris le soin de fixer la limite d'une déchéance, qui n'a rien de commun avec les formalités de l'enquête, et qui ne frappe que longtemps après, en disant : « Nul propriétaire, compris dans l'association, ne pourra, après le délai de quatre mois, à partir de la notification du premier rôle des taxes, contester sa qualité d'associé ou la validité de l'association. » Nous considérons ce passage de la circulaire comme une inadvertance échappée à son rédacteur.

174. Quant à l'exécution de l'art. 5 du décret, elle ne comportera aucune difficulté s'il est adressé à chacun des maires des communes intéressées des formules d'avertissement suffisamment explicites et conçues, par exemple, comme la suivante :

« L'an......., le....... Nous......., avons notifié à M......., propriétaire de terrains compris dans le périmètre intéressé aux travaux de.......

» Que les plans et devis des dits travaux, ensemble l'état des propriétaires intéressés et le projet d'association syndicale à former entre eux pour l'exécution de ces travaux, a été déposé, le......., à la mairie de......., où il restera pendant vingt jours, jusqu'au....... ;

» Qu'un registre destiné à recevoir les observations des intéressés, est aussi déposé à la dite mairie ainsi qu'à celles de......;

» Qu'à l'expiration de l'enquête, M......., commissaire délégué, recevra, pendant trois jours consécutifs, à la mairie de......., de....... heures à ...... heures, les déclarations des intéressés sur l'utilité des travaux projetés ;

» Qu'enfin ledit M....... est invité à déclarer, dans les formes et les délais ci-dessus indiqués, s'il consent à concourir à la dite entreprise.

» Et nous avons remis copie de la présente notification à M......., en son domicile à....... (*ou bien* en son domaine de......., à.... ..), en parlant à.......

» *Si le propriétaire n'a dans la commune ni représentant, ni fermier, ni métayer, on met :* à M....... qui n'a dans la commune ni domicile, ni représentant, ni fermier, ni métayer, à la mairie de......., en parlant à....... »

175. L'irrégularité de l'enquête, soit pour cause d'inobservation de l'art. 5 du décret, soit pour toute autre cause essentielle, motiverait le recours indiqué dans l'art. 13 de la loi.

ARTICLE 11.

Après l'enquête, les propriétaires qui sont présumés devoir profiter des travaux sont convoqués en assemblée générale par le préfet, qui en nomme le président, sans être tenu de le choisir parmi les membres de l'assemblée.

Un procès-verbal constate la présence des intéressés et le résultat de la délibération. Il est signé par les membres présents et mentionne l'adhésion de ceux qui ne savent pas signer.

L'acte contenant le consentement par écrit de ceux qui l'ont envoyé en cette forme est mentionné dans ce procès-verbal et y reste annexé.

Le procès-verbal est transmis au préfet.

176. « L'article 11, dit le rapport, a subi, d'accord avec le conseil d'Etat, quelques modifications qui consistent : 1° en ce qu'il y est ajouté que le préfet nomme le président de l'assemblée générale, sans être tenu de le choisir parmi les membres de l'assemblée ; 2° en ce qu'il est dit que le procès-verbal mentionne l'adhésion de ceux qui ne savent pas signer, au lieu de dire qui ne savent pas écrire ; 3° en ce qu'il est dit que l'acte contenant le consentement par écrit de ceux qui l'ont envoyé en cette forme est mentionné dans le procès-verbal et y reste annexé, au lieu de dire que le procès-verbal mentionne le consentement de ceux qui l'ont envoyé par écrit.

» Ces simples modifications s'expliquent et se justifient d'elles-mêmes. »

177. Au sein du Corps législatif, le pouvoir attribué au préfet pour le choix du président de l'assemblée préparatoire a été contesté. Certains membres auraient voulu que le président fût choisi par l'assemblée générale, mais la Chambre s'est ralliée à l'opinion, ainsi exprimée par M. Louvet :

« Cette assemblée a une grande importance. Il s'agit

pour elle de savoir si l'on forcera la minorité à suivre la loi
de la majorité. Il y a là naturellement des intérêts en présence. Eh bien, croyez-vous qu'il ne soit pas très important de savoir que le président soit impartial, dégagé
complètement de tout intérêt?

» Bien souvent le préfet se dira, en présence de deux
intérêts rivaux : « Si je prends dans la majorité, on dira
que j'écrase la minorité ; si je prends dans la minorité, on
me reprochera d'aller contre l'intérêt général. »

» Vous voyez donc que bien souvent, le plus souvent
même, le meilleur choix à faire sera de prendre un président en dehors des intéressés, afin de donner à l'assemblée
le caractère de justice et d'impartialité qui lui convient.
(C'est vrai ! c'est très juste ! Aux voix !) »

La circulaire ministérielle, s'expliquant sur la latitude
laissée au préfet, porte :

« Cette disposition vous permet, lorsque des intérêts
contraires se trouvent en présence, de désigner comme
président une personne désintéressée dans la question, qui,
en éclairant les esprits sur l'utilité de l'entreprise projetée,
et en dirigeant les délibérations avec une entière impartialité, pourra exercer une heureuse influence sur le
résultat de cette réunion préparatoire. »

178. Le préfet peut lui-même présider l'assemblée.

179. Dans la discussion à laquelle notre article a donné
lieu, un membre du Corps législatif a paru croire que le
préfet aurait le choix des propriétaires qu'il considérerait
comme présumés devoir profiter des travaux. Une telle
opinion reposerait sur une erreur manifeste. Le préfet est
tenu de convoquer tous les propriétaires portés dans l'état
dont parle l'art. 10 (voy. n° 162), c'est-à-dire tous ceux
qui possèdent des parcelles dans la zone intéressée.

180. Pour ne pas manquer leur but, les convocations
à l'assemblée générale nous paraissent devoir être faites :
1° par invitation collective, placardée et insérée dans le

journal (voy. art. 6, *suprà*, n° 141) ; 2° par lettres individuelles, dont la rédaction peut faire ressortir la haute
utilité de l'association projetée.

181. La rédaction du procès-verbal est sans difficultés ;
il suffit de rappeler que, pour les adhésions des incapables,
il devra viser les autorisations spéciales (voy. *suprà*, art. 4
et n° 133) et énumérer leurs dates.

ARTICLE 12.

Si la majorité des intéressés, représentant au moins les deux tiers
de la superficie des terrains, ou les deux tiers des intéressés, représentant plus de la moitié de la superficie, ont donné leur adhésion, le
préfet autorise, s'il y a lieu, l'association.

Un extrait de l'acte d'association et l'arrêté du préfet, en cas d'autorisation, et, en cas de refus, l'arrêté du préfet, sont affichés dans
les communes de la situation des lieux et insérés dans le Recueil des
Actes de la préfecture.

182. L'exposé des motifs apprécie la première disposition de notre article, dans un passage rapporté *suprà*,
n° 153.

On lit dans le rapport : « L'article 12 contient une disposition importante ; il consacre la loi des majorités, en
combinant toutefois les intérêts avec le nombre. Vous avez
vu, par l'édit de 1599, que ce n'était pas tout-à-fait une
innovation législative, et que ce principe s'était présenté
tout naturellement dès que les intérêts privés, mis en face
de l'intérêt public, s'étaient trouvés divisés entre eux. Du
reste, votre commission n'avait pas besoin de ce précédent
pour se rallier à la proposition du gouvernement. Dès que
l'association est reconnue comme un moyen utile d'exécution et d'entretien de certains travaux, les bienfaits qu'on
peut en attendre ne sauraient dépendre d'une minorité
capricieuse ou inintelligente. Si on objectait qu'à son égard
l'association devient forcée, nous trouverions la garantie la
plus sérieuse des avantages de l'association dans l'appréciation de la masse des intérêts. Et une disposition, sur

laquelle nous aurons à nous expliquer plus tard, rend témoignage de la sollicitude avec laquelle seront ménagées, autant que possible, les inquiétudes des dissidents (art. 14).

» Le principe étant admis, l'article a été sans difficulté, amendé en deux points : 1° la majorité a été substituée par le conseil d'Etat lui-même à la moitié des intéressés, ce qui était plus conforme aux principes ; 2° le projet de la loi se bornait à dire qu'un extrait de l'acte d'association et de l'arrêté approbatif du préfet serait affiché dans les communes de la situation des lieux, et inséré dans le Recueil des Actes de la préfecture. La commission avait proposé de modifier le dernier paragraphe de l'article en ces termes :

« Un extrait de l'acte d'association et de l'arrêté du
» préfet, soit qu'il accorde, soit qu'il refuse l'autorisation,
» est affiché dans les communes de la situation des lieux
» et inséré dans le Recueil des Actes de la préfecture. »

» Le conseil d'Etat a modifié la rédaction de l'amendement et la commission y a adhéré. »

Cet article n'a donné lieu à aucune discussion devant le Corps législatif. La circulaire ministérielle se borne à le signaler comme contenant l'une des dispositions les plus importantes de la loi.

183. Les pièces soumises à l'enquête faisant connaître et le nombre des propriétaires intéressés et la superficie de la zone à comprendre dans l'association avec la part revenant à chaque propriétaire, il est extrêmement facile d'arriver à la constatation des conditions de majorité prescrites par la loi.

184. Nous ne voulons pas prétendre qu'en exigeant plus que la majorité en nombre et en superficie le législateur n'ait pas adopté une sage limite dans l'intérêt de la minorité, mais il nous sera permis d'exprimer l'appréhension que les conditions de notre article ne soient rarement remplies.

Les opinions extrêmes soit en faveur, soit contre l'association, seront sans doute représentées dans l'assemblée générale, mais les indifférents, ceux qui laissent faire, auxquels toute initiative répugne, seront, pendant longtemps encore, en majorité, et ceux-là s'abstiendront. Aussi, croyons-nous que l'association, par la voie qu'indique l'art. 12, sera l'exception, et que l'exécution d'après l'art. 26 de la loi sera la règle.

185. Pour la rédaction de l'extrait à afficher et insérer, voy. ce que nous avons dit *suprà*, n°s 142 et suiv.

186. Le délai d'un mois accordé soit pour le recours autorisé par l'art. 13, soit pour le délaissement prévu par l'art. 14, courant, dans chaque commune, à partir de la date de l'affiche, la circulaire ministérielle fait remarquer qu'il convient que cette affiche soit, autant que possible, apposée le même jour dans toutes les communes, et qu'en tout cas, l'accomplissement de cette formalité soit certifié par le maire de chaque commune.

Article 13.

Les propriétaires intéressés et les tiers peuvent déférer cet arrêté au ministre des travaux publics dans le délai d'un mois à partir de l'affiche.

Le recours est déposé à la préfecture et transmis, avec le dossier, au ministre, dans le délai de quinze jours.

Il est statué par un décret rendu en conseil d'Etat.

187. Après avoir fixé les conditions par l'accomplissement desquelles la majorité imposerait sa volonté à la minorité, la loi s'est immédiatement occupée du soin de réserver à celle-ci les moyens d'échapper à une pression arbitraire ou, si la charge résultant de l'association est trop disproportionnée, de s'en exonérer par le délaissement. C'est ce que prévoient les art. 13 et 14.

On lit dans le rapport :

« L'article 13 qui ouvre un recours contre l'arrêté du

préfet, dans le cas d'autorisation accordée ou refusée, est une juste garantie que la commission a proposé d'étendre en ouvrant ce recours, non pas seulement comme le faisait le projet de loi aux propriétaires dissidents, mais, d'une manière plus générale, à tout propriétaire intéressé ; la loi, comme le faisait le projet, l'accorde également aux tiers, c'est-à-dire à quiconque, ne se trouvant pas compris dans l'association, pourrait néanmoins être exposé, par exemple, à une expropriation ou à une servitude trop dommageable. La commission a proposé d'étendre de huit jours à quinze jours le délai fixé pour la transmission du dossier au ministre. Il a paru convenable de fixer un délai qui, par cela même qu'il ne sera pas trop court, devra être plus exactement observé. D'ailleurs, le dossier doit être accompagné d'observations faites avec maturité. Cet amendement a été adopté par le conseil d'Etat.

» Le projet portait que le ministre des travaux publics statuerait sur les réclamations après avoir pris l'avis de la section des travaux publics au conseil d'Etat. Cette disposition exceptionnelle a été supprimée, et remplacée conformément aux règles administratives ordinaires. Il y a ainsi régularité et harmonie dans les diverses parties de la loi. »

La circulaire ministérielle fait remarquer que le recours est ouvert à tous les propriétaires intéressés, dissidents ou non, et même aux tiers qui, ne se trouvant pas compris dans l'association, se croiraient lésés par l'opération projetée.

188. La disposition de notre article, qui détermine les formes de ce recours spécial, a été diversement appréciée. Les uns ont critiqué cette locution : il est statué par un *décret rendu en conseil d'Etat* ; on a dit que c'était là une locution empruntée au langage administratif de 1807 ; qu'aujourd'hui le conseil d'Etat ne fait plus de décrets, qu'il donne des avis et que le décret émane de l'Empereur; que du moment où il s'agit d'un recours, ce qui implique la voie contentieuse, il fallait déclarer qu'il serait statué sur le recours par le conseil d'Etat, en audience publique, après plaidoiries. D'autres ont assuré qu'il s'agissait ici d'un recours spécial dont l'exercice est renfermé dans un délai très bref, afin de ne pas laisser longtemps en suspens la constitution de l'association; que ce recours ne ferait pas obstacle à celui qui pourrait être formé devant le conseil d'Etat, statuant au contentieux, pour excès de pouvoir, violation de formes ou de la loi, et qui appartiendrait à toute personne ayant à obtenir le redressement d'un grief.

Nous pensons qu'en effet, le recours spécifié par notre article s'écarte du recours contentieux ordinaire; il s'en éloigne par les formes, par les délais, par la nature de la décision et par la manière dont cette décision sera rendue.

Rappelons d'abord que les décrets constitutifs des associations syndicales devaient être soumis à l'examen du conseil d'Etat, en assemblée générale (voy. *suprà*, n° 30), et qu'en outre, ils n'étaient susceptibles de recours contentieux que pour cause d'incompétence, d'excès de pouvoir ou pour violation des formes prescrites par les lois et règlements (voy. n° 34). Notons ensuite que l'art. 12 de la loi de 1865 a transféré au préfet le droit de statuer sur la constitution syndicale, lequel, auparavant, était presque toujours dans les attributions du conseil d'Etat. Remarquons que l'art. 17 laisse aux intéressés une latitude suffisante pour contester contentieusement la qualité d'associé ou la validité de l'association, au point de vue de son intérêt privé, et suivons enfin la loi dans son élaboration pour bien saisir son intention, sa volonté.

D'après le projet, le ministre décidait après avoir pris l'avis de la section des travaux publics au conseil d'Etat. D'après l'article 13, le conseil d'Etat est substitué au ministre.

— Il est appelé à examiner si le préfet a pris une mesure de bonne administration en autorisant ou en refusant d'autoriser l'association syndicale, si sa décision ne lèse pas un intérêt supérieur à celui qu'elle a voulu protéger, si, en un mot, l'Empereur, en son conseil d'Etat, *administrant* et *ne jugeant pas*, se fût ou non prononcé dans le même sens que le préfet, eu égard aux situations qu'il fallait apprécier.

Ainsi, à notre avis, le recours n'est assujetti à aucune autre formalité que le timbre du papier sur lequel il doit être écrit. Il est déposé à la préfecture dans le mois, à partir du jour de l'affiche, et sans que ce jour compte dans le délai qui est franc. Le mois se calculera de quantième à quantième et, par suite, le délai sera plus ou moins long. Quinze jours sont accordés au préfet pour régulariser le dossier, le compléter par l'avis des ingénieurs et ses observations personnelles, c'est-à-dire que l'instruction locale est faite d'*urgence*. Le ministre le reçoit, y joint l'avis du conseil général des ponts et chaussées et le sien propre. Puis, le conseil d'Etat statue, en assemblée générale, comme s'il avait à faire lui-même le règlement syndical, sans plaidoiries, sans publicité, sans frais. Le règlement maintenu avec ou sans modifications est désormais inattaquable, sauf le recours contentieux du droit commun avec la limitation fixée par l'art. 17 de la loi. Il nous paraîtrait difficile de concilier avec une autre opinion ce passage de la circulaire ministérielle : « Les recours déposés à la préfecture doivent, en vertu de l'art. 13, être transmis, avec le dossier, au ministre, dans le délai de quinzaine. Je vous prie, M. le préfet, de faire en sorte que ce délai ne soit pas dépassé, et que le dossier renferme toutes les pièces et tous les renseignements nécessaires pour permettre au conseil d'Etat de statuer à bref délai, sans exiger une instruction supplémentaire. » Voy. aussi *infra* n° 195, un autre passage encore plus explicite.

ARTICLE 14.

S'il s'agit des travaux spécifiés aux numéros 3, 4 et 5 de l'article 1er, les propriétaires qui n'auront pas adhéré au projet d'association pourront, dans le délai d'un mois ci-dessus déterminé, déclarer à la préfecture, qu'ils entendent délaisser, moyennant indemnité, les terrains leur appartenant et compris dans le périmètre. Il leur sera donné récépissé de la déclaration. L'indemnité à la charge de l'association sera fixée conformément à l'article 16 de la loi du 21 mai 1836.

189. Cette disposition n'existait pas dans le projet de loi. Elle y a été introduite par la commission, dont le rapport en justifie l'opportunité en ces termes :

« La commission avait proposé, par amendement, un paragraphe ainsi conçu : « S'il y a eu autorisation, les propriétaires qui auront émis, dans l'assemblée générale, un vote contraire à la formation de l'association pourront, dans le délai d'un mois ci-dessus déterminé, déclarer qu'ils préfèrent abandonner leur droit de propriété sur les terrains leur appartenant, compris dans le périmètre, moyennant indemnité. Il leur sera donné récépissé de leur déclaration. L'indemnité sera fixée conformément à l'art. 16 de la loi du 21 mai 1836. » Le conseil d'Etat a détaché le paragraphe de l'art. 13 et en a fait, avec une nouvelle rédaction, l'art. 14 nouveau de la loi. La faculté de délaissement a paru à votre commission justifiée par de puissantes considérations d'équité. Il peut se trouver dans la minorité de l'art. 12, des résistances légitimes au point de vue de l'intérêt privé, qui ne s'identifieraient pas avec l'intérêt collectif. Un propriétaire peut ne pas être en mesure de satisfaire à des dépenses actuelles qui ne doivent lui procurer que des avantages futurs et peut-être incertains ; l'association devra accepter, pour son compte, des charges et des chances présumées devoir être plus profitables pour elle que pour l'intérêt individuel. Mais c'est dans un délai assez court, un mois à compter du jour de l'affiche de l'autorisation, que le propriétaire dissident devra faire connaître sa résolution. Une incertitude trop prolongée eût entraîné de graves inconvénients.

» C'est sans hésitation que votre commission a pensé que l'art. 16 de la loi du 21 mai 1856 offrirait, dans ce cas, des garanties pleinement suffisantes pour la fixation de l'indemnité.

» Toutefois, c'est aux n°s 3, 4, 5 de l'art. 1 que cette faculté a été limitée par le conseil d'État, c'est-à-dire au dessèchement des marais, à l'exploitation des marais salants et à l'assainissement des terres humides et insalubres. Les propriétaires intéressés aux endiguements et au curage n'en profiteront pas, le conseil d'État a pensé, sans doute, que, dans ces deux cas, le délaissement peut inquiéter et entraver l'association. Quant aux n°s 6, 7, 8 de l'art. 1, le délaissement des propriétaires dissidents ne pouvait leur être applicable, puisque les associations ne peuvent, pour ces objets, se former que du consentement unanime des propriétaires. »

Le rapport continue en exposant les motifs qui ont déterminé la suppression de l'art. 14 du projet, relatif aux associations forcées, motifs que nous avons fait connaître *suprà*, n° 93.

190. Les explications contenues dans le passage du rapport qu'on vient de lire, suffisantes pour motiver la prétérition des n°s 6, 7 et 8 de l'art. 1er dans l'art. 14, laissaient à désirer en ce qui concerne les n°s 1 et 2 du même art. 1er. Pourquoi les travaux défensifs et de curage, décidés par une majorité, seraient-ils imposés à la minorité sans que celle-ci eût à titre de compensation la faculté du délaissement? La discussion au Corps législatif a permis de discerner l'esprit de la loi.

MM. Segris et Ernest Picard ont demandé que le droit de délaisser fût étendu aux associations pour travaux défensifs et pour curages. M. le comte Dubois, *commissaire du gouvernement,* a insisté pour maintenir l'économie de la loi : les arguments développés de part ou d'autre peuvent être ainsi résumés :

En faveur du délaissement, on a dit : Il n'y a pas de motifs sérieux à invoquer pour maintenir une distinction entre les cinq premiers numéros de l'art. 1er de la loi. Dans chacun des cas qu'ils prévoient, quand les travaux font l'objet d'une association syndicale, ce n'est jamais qu'un intérêt collectif privé, avec des proportions le rapprochant plus ou moins de l'intérêt public, qui vient, au nom d'une majorité, imposer des charges à une minorité qui les repousse. Ce droit, exorbitant en lui-même, a dû être tempéré par des garanties. Ces garanties sont au nombre de trois : la condition de majorité exigée par l'art. 12; le recours qui permet au conseil d'Etat d'apprécier la raison d'être de la décision préfectorale, et enfin, le délaissement. Que répondre à cette minorité , quand elle vient vous dire : « Vous prétendez améliorer ma propriété au moyen d'une association et des travaux auxquels je me refuse. Eh bien, je ne veux pas courir les chances de vos plus-values espérées, ni supporter les dépenses qui, chaque année, me seront réclamées en vertu d'un rôle et sous la forme de contributions publiques. Je vous abandonne ma propriété ; prenez-la à sa valeur actuelle et moyennant une indemnité ; je la délaisse parce que, dans tous les cas, les frais nécessaires pour l'exécution de ces travaux dépassent mes forces et me placent dans des conditions auxquelles je ne pourrais pas faire face..... Ou les travaux donneront en réalité, comme le prétend la majorité, une plus-value à ma propriété ; eh bien, qu'on la prenne à sa valeur actuelle, et qu'on ne m'impose pas une plus-value douteuse en regard de laquelle se placent des charges certaines. Ou bien, ils ne doivent apporter aucune amélioration à ma propriété, et je viens vous demander de quel droit vous voulez m'imposer une pareille charge et me soumettre à des conditions que je ne puis supporter... Quand je défends mes droits, j'en suis juge, nul ne peut me contraindre à des actes que je ne peux pas accepter et que je ne veux pas faire ; *etiamsi omnes, ego non*. Tous veulent faire certains actes, je ne le veux pas, moi, je les juges inutiles ; ils seraient au-dessus de mes forces et j'y résiste ; vous ne pouvez pas m'y contraindre. Vous le pouvez dans l'intérêt public ; mais ici, il ne s'agit pas d'intérêt public, il s'agit de travaux intéressants, je le reconnais, mais ce ne sont pas des travaux d'un intérêt public, et dont l'Etat doive avoir la sauvegarde et la direction.

L'organe du gouvernement a répondu :

« Nous n'étendons pas la mesure du délaissement au cas du curage et de l'endiguement des cours d'eau, parce que le curage et l'endiguement des cours d'eau, c'est-à-dire la préservation de la propriété privée contre le débordement et la stagnation des eaux, est une obligation imposée par la loi existante aux propriétaires. C'est une servitude légale. Il faut que les cours d'eau soient curés, il faut que les digues soient élevées, pour que les récoltes ne soient pas perdues, pour qu'il n'y ait pas de stagnation d'eau ni de miasmes délétères. Voilà la législation. Nous sommes restés au point de vue de cette législation, et alors nous n'avons pas compris que les propriétaires auxquels incombe cette servitude de curage ou de préservation contre les inondations puissent invoquer le droit d'expropriation ou de délaissement à leur profit, parce qu'ils ne voudraient pas contribuer à une dépense obligatoire établie par la législation existante.

» Ce n'est pas au nom d'un intérêt privé que peut se former une association pour des travaux de curage et d'endiguement : c'est au nom de l'intérêt public, dans un intérêt collectif, dans l'intérêt de la salubrité, aussi bien que dans l'intérêt du domaine rural et des récoltes, c'est parce qu'il y a cet intérêt public que nous n'admettons pas qu'un propriétaire puisse échapper à cette servitude, en disant : Je délègue le soin de ma propriété à mon voisin. »

191. Cette dernière opinion a prévalu, et nous croyons que c'est avec raison. Il y a, selon nous, un abîme entre les associations de curage ou d'endiguement et les autres associations. Si, pour quelques-unes de ces dernières, l'intérêt est plutôt privé que public, assurément il n'en est pas de même pour les premières. L'intérêt public est pour ainsi dire leur essence, et du moment où ce caractère est constant (voy. *suprà*, n° 82), qu'importe que les travaux s'exécutent directement par les soins de l'Etat ou par ceux d'une association ! C'est là, comme l'a très bien dit M. le comte Dubois, un procédé d'exécution, mais qui ne dénature, en aucune façon, l'intérêt engagé dans l'entreprise.

C'est aussi ce qu'exprime M. Duvergier (*Lois, décrets,* etc., 1865, p. 503), en ces termes : « Qu'il me soit permis de faire remarquer qu'en principe, M. Segris pouvait avoir raison, lorsqu'il disait : Oui, je suis obligé par la loi au curage. Que l'autorité publique me contraigne à exécuter mon obligation, elle en a le droit ; mais si une association s'est formée, si j'y ai été compris, malgré moi, je ne peux être forcé à supporter ma part des charges comme associé, ou du moins j'ai, pour me soustraire à ces charges, la ressource du délaissement.

» Il faut convenir que, presque toujours, il y a avantage pour les propriétaires intéressés à se réunir en association libre ou autorisée, pour exécuter le curage. Si chacun curait en droit soi et à ses frais, le curage serait moins bien exécuté et coûterait davantage à chacun. Les associés ne peuvent donc avoir un intérêt sérieux à se soustraire aux obligations de l'association, puisqu'ils retomberaient sous les obligations plus onéreuses imposées par la loi. Si, pour qu'ils puissent échapper aux unes et aux autres, on leur accordait la faculté du délaissement, il y aurait une véritable injustice, que la loi n'a pas dû autoriser. »

192. M. Chauveau Adolphe, dans son *Essai sur le régime des eaux*, p. 45, s'était énergiquement élevé contre le système qui a prévalu et en faveur de l'extension du délaissement. « Une raison philosophique, dit cet auteur, s'offre tout d'abord à l'esprit et ne permet pas d'hésiter... On conçoit que l'impôt, exigé uniquement dans des vues d'intérêt général, frappe toute la propriété mobilière et immobilière du contribuable. Mais qu'on pût arriver à une ruine complète du propriétaire, sous le prétexte unique de lui faire du bien, ce serait d'une iniquité révoltante. S'il est convenable, s'il est raisonnable qu'en certains cas la loi permette de forcer un propriétaire à améliorer sa propriété par des travaux utiles, il faut au moins que ce propriétaire ait la faculté de délaisser et de rester dans la position où il se trouve, ni plus, ni moins riche. »

M. Chauveau cite, ensuite, à titre d'exemples de délaissement, dans le cas où l'utilité publique est en jeu, la loi du 27 avril 1838, sur l'assèchement des mines, les art. 21, 51 et 55 de la loi du 16 septembre 1807, pour le cas de dessèchement des marais, de plus-value, d'alignement ; de l'art. 54 de la même loi, il tire la conséquence que le même principe est applicable aux travaux défensifs, et il termine ainsi : « Si le délaissement n'est pas possible, l'obligation de payer est personnelle, elle peut s'étendre à toutes les propriétés et produire la ruine complète du propriétaire enserré dans les étreintes d'un bienfait d'un nouveau genre. »

193. Devant le Sénat, M. Leroy de Saint-Arnaud s'est élevé contre cette restriction du délaissement, mais les considérations qu'il a invoquées ont été réfutées par M. Boinvilliers, rapporteur.

194. Nous n'avons pas ici à refaire la loi, mais à expliquer ses dispositions. Or, aucun doute ne peut exister sur l'interprétation de l'art. 14, et il nous sera bien permis d'ajouter que l'opinion maintenue par le conseil d'État peut paraître moins généreuse au premier abord, mais qu'elle est au fond tout aussi équitable et beaucoup plus juridique.

En fait, la faculté de délaisser n'a pas été admise par la loi du 16 septembre 1807, pour les travaux défensifs, et par la loi du 14 floréal an XI, pour les travaux de curage, parce qu'on a considéré que l'intérêt d'un seul ne pouvait l'emporter sur l'intérêt de tous. En ces matières, l'intérêt n'a jamais une proportion nationale, mais il a certainement un caractère local et, dans ces limites, il est, par rapport à chacun des intéressés, tout aussi respectable que s'il était plus élevé. L'amélioration est bien le but poursuivi, mais elle est surtout la conséquence des travaux de protection, de préservation. Lorsque la majorité de l'art. 12 a reconnu l'utilité de l'entreprise, donner à la minorité la faculté de déserter la défense qu'il s'agit d'organiser, c'est tout simplement sacrifier l'intérêt collectif à l'intérêt privé. Prétendre que la majorité condamne ainsi la minorité à la ruine, c'est au moins une exagération singulière et qui ne peut être invoquée que parce qu'on perd de vue que, dans les organisations syndicales, chacun est engagé dans la mesure de son intérêt particulier, qu'il y a solidarité entre tous les associés et que la ruine ne peut frapper l'un d'eux, par suite des dépenses syndicales, sans frapper aussi sur les autres. Or, comment admettre que des syndics nommés par l'assemblée générale s'engagent de gaîté de cœur dans une voie qui doit conduire à la ruine tous les intéressés, car, enfin, on ne saurait établir en thèse que les travaux des syndicats seront nécessairement malheureux, et que tel d'entre les intéressés aura, sans sa faute, à en souffrir proportionnellement plus que tel autre. Une charge annuelle, additionnée au montant de l'impôt peut être lourde pour un propriétaire; mais de là à la ruine, il y a loin, et c'est supposer aussi que le préfet, chargé de surveiller les actes des associations syndicales et de rendre exécutoires, s'il y a lieu, les rôles de taxes (art. 15), ne surveillera pas et laissera les dépenses suivre leur cours, quelque chiffre qu'elles atteignent. Nous comprenons qu'on ait appliqué le droit de délaisser à certains syndicats où l'intérêt d'amélioration joue le principal rôle, mais nous approuvons aussi qu'on ne l'ait pas étendu aux syndicats si étroitement liés à l'intérêt public qu'à défaut de leur action, l'administration soit autorisée à lui substituer la sienne propre (art. 26).

195. La circulaire ministérielle du 12 août 1865 contient, au sujet du délaissement, des passages qu'il convient de reproduire :

« Cette faculté (de délaisser) ne pouvait évidemment s'appliquer aux travaux d'endiguement et de curage auxquels les lois de 1807 et de l'an XI ont attribué un caractère obligatoire.

» Dans le cas où il se produirait à la fois un recours contre l'arrêté constitutif de l'association et une déclaration de délaissement, il est évident que cette dernière demande ne pourra recevoir de suite que lorsque l'association aura été définitivement constituée par décret délibéré en conseil d'Etat (voy. *suprà*, n° 188), et que, dans le cas de rejet, elle devra être considérée comme non avenue.

» Il est juste que l'indemnité due soit réglée et payée avant l'exécution des travaux projetés et, par conséquent, avant que les terrains délaissés aient acquis, par le fait de ces travaux, une plus-value à laquelle le propriétaire ne saurait avoir droit.

» Les terrains ainsi délaissés et payés sur les fonds de l'association deviennent nécessairement une propriété indivise entre tous les intéressés, et doivent être administrés par les soins et pour le compte de l'association. Mais il est désirable que cette situation provisoire se prolonge le moins de temps possible, et que la propriété délaissée soit revendue au profit de la société, à charge par l'acquéreur d'adhérer à l'acte d'association. »

196. Sur le point de départ et sur l'échéance du délai d'un mois, pendant lequel peut être manifestée la volonté de délaisser (Voy. ce qui a été dit *suprà*, n° 188).

197. Quant à la déclaration de délaissement, elle doit se faire à la préfecture. Mais, comment doit-elle être faite ?

Si le déclarant est capable et sait signer, rien n'empêche de produire la déclaration par écrit sur papier au timbre de 0 fr. 50 c., et nous conseillons au déclarant de faire légaliser la signature de sa déclaration par le maire de sa commune, dont la signature sera aussi légalisée par le sous-préfet de l'arrondissement pour les communes n'appartenant pas à l'arrondissement où se trouve le chef-lieu du département.

Si le déclarant, capable, ne sait pas signer, il pourrait, à notre avis, faire constater sa déclaration, soit par un acte notarié dont l'expédition serait remise à la préfecture, soit par un acte dressé par le maire dans la forme administrative, soit encore par un acte dressé par le secrétaire général de la préfecture, soit, enfin, par l'intermédiaire d'un mandataire sachant signer, dont la déclaration écrite serait appuyée de la procuration notariée qui y demeurerait annexée.

La délivrance du récépissé ne comporte aucune difficulté.

198. Si le déclarant est un incapable, comment la déclaration devra-t-elle être établie?

Devant le Corps législatif, M. Millet, député, a dit :

« Comment s'exercera la faculté du délaissement lorsqu'il s'agira de propriétaires n'ayant pas la libre disposition de leurs biens, lorsque ces propriétaires seront des mineurs, des interdits, des femmes dotales, des absents, en un mot, des incapables à l'égard desquels il a été pourvu, pour le cas de l'adhésion, par l'art. 4 du projet de loi? Il me semble que pour compléter l'art. 14 et assurer à tous les intéressés une faculté dont la justice est incontestable, il faudrait énoncer dans cet article, que les représentants légaux de tous incapables pourront, dans leur intérêt, et au cas de non adhésion, exercer la faculté de délaissement. après l'autorisation du tribunal, donnée dans les formes que l'art. 4 a prescrites. »

M. Sénéca a répondu :

« Lorsqu'il s'agit d'adhérer seulement à une association, on a abrégé certaines formalités qui offrent cependant des garanties suffisantes. Dans l'art. 14 on a mis l'art. 16 de la loi du 21 mai 1836. Si cet article ne suffit pas, le délaissement est une aliénation, et l'on restera à cet égard dans le droit commun. »

Il ressort de cette réponse que le droit commun est seul applicable. Dès lors, comme l'indique avec raison, M. Duvergier *loc. cit.*, il faudra procéder suivant les règles générales pour le cas d'aliénation. Ainsi, le délaissement devra être autorisé par une délibération du conseil de famille homologuée par le tribunal. Conf. M. Bioche, *Journ. de Procédure*, 1866, art. 8632, p. 229, note 52. Et MM. les rédacteurs du *Mémorial des Percepteurs*, 1865, p. 254, à la note, ont recommandé avec à propos aux receveurs de syndicats appelés à payer des indemnités de délaissement concernant des propriétés d'incapables, d'avoir à s'assurer que les dispositions du droit commun pour l'aliénation des biens des incapables ont été observées.

199. Le renvoi au droit commun par le législateur est-il susceptible de critiques fondées ? M. Duvergier et le *Mémorial des Percepteurs* semblent regretter que les facilités de la loi de 1841 n'aient pas été admises dans le cas actuel comme elles l'ont été dans celui prévu par l'art. 4. Il nous paraît qu'il n'y a pas analogie entre les situations. L'emprunt fait à la loi du 3 mai 1841 par l'art. 4 de notre loi (voy. *supra*, n° 124), pour le cas d'adhésion à une association syndicale n'implique pas l'aliénation qui est la conséquence du délaissement. Dans l'expropriation pour cause d'utilité publique, des nécessités d'un ordre supérieur rendent, en toute hypothèse, l'aliénation indispensable ; la loi a eu raison de faciliter les moyens, soit de consentir à cette aliénation, soit d'accepter le prix offert. Mais ici, c'est la convenance même de l'aliénation qui est en question. Le représentant de l'incapable est mis en demeure, par l'affiche, d'apprécier s'il y a lieu ou non au délaissement. Son appréciation peut être erronée, avoir plutôt pour mobile de créer des embarras à l'association naissante que d'éviter pour l'incapable une cause de dommage ; les formalités tutélaires du droit commun doivent être observées, et puisque l'initiative du vendeur provoque la vente, on n'aperçoit pas pourquoi on lui ferait des faveurs exceptionnelles.

200. Sans doute, l'accomplissement des formalités à remplir ne permettra pas au représentant de l'incapable de faire, dans le délai d'un mois, une déclaration appuyée de toutes les pièces justificatives, mais il pourra toujours produire la déclaration dans ce délai, sous la réserve de la compléter, dès que ces formalités auront été accomplies, et il n'y sera donné suite qu'après cet accomplissement et lorsque le délaissement aura été reconnu régulier.

201. On pourrait se demander si le délaissement étant considéré comme équivalant, en réalité, à l'expropriation pour cause d'utilité publique, il n'y a pas lieu d'appliquer les immunités de timbre et d'enregistrement, tant à la déclaration de délaissement qu'aux formalités à remplir pour la validité de ce délaissement, lorsqu'il concerne des incapables. Nous pensons qu'il faut distinguer : le délaissement ne présente vis-à-vis du déclarant qu'un intérêt individuel qui s'exerce par l'initiative du propriétaire, sans qu'il y soit contraint au moins absolument. D'une part, le délaissement est fait en dehors de toute déclaration d'utilité publique, alors que l'association est à son origine et n'a dû encore entreprendre aucuns travaux (voy. *suprà*, n° 195); la propriété à délaisser n'a été comprise dans aucun plan, dans aucun acte de l'autorité compétente comme devant servir pour des travaux d'utilité publique. D'autre part, l'organe du gouvernement a fait connaître, dans la discussion au Corps législatif, que « ce qui a déterminé le conseil d'Etat à adopter cette disposition nouvelle (la faculté de délaisser), c'est que la commission du Corps législatif introduisait dans l'art. 1er de la loi, dans la nomenclature des objets auxquels peuvent s'appliquer les associations syndicales, le dessèchement des marais. » Eh bien! la loi du 16 septembre prévoit deux cas de délaissement en matière de plus-value réclamée au propriétaire : celui où cette plus-value lui est demandée par l'Etat ou un concessionnaire à suite de travaux de dessèchement d'un marais; celui où la plus-value est demandée par suite de l'exécution de travaux publics par l'Etat, les départements ou les communes. Les art. 21 et 31 ne prononcent pas l'exemption du timbre, mais ils réduisent le droit proportionnel de mutation à un droit fixe de 1 fr.

M. Dalloz, *Rép.*, v° *Enregistrement*, n° 3347, après avoir mentionné ces dispositions spéciales, ajoute : « Nombre d'instructions générales ont porté à la connaissance des employés de l'administration que les mutations de propriété résultant de dessèchements de marais ou autres travaux publics, opérés en vertu de la loi du 16 septembre 1807, ne donnent ouverture qu'au droit fixe de 1 fr. (Instr., 29 juin 1808, n° 586, § 23 ; 5 décembre 1809, n° 456; 12 fév. 1840, n° 464). » Il eût été opportun, ce nous semble, que la loi de 1865 fût, à cet égard, aussi explicite que celle de 1807. Elle a gardé le silence. Faut-il en conclure que des positions analogues, presque identiques, seront régies par des règles différentes? Nous voudrions que la même faveur s'appliquât à tous les cas de délaissement, prévus par la loi nouvelle, et nous espérons que la jurisprudence se prononcera dans ce sens.

202. Dans cette prévision, la procédure à suivre pour faire habiliter les incapables à délaisser serait assujettie aux formes et aux frais du droit commun.

203. La déclaration de délaissement, exigée pour mettre en mouvement la procédure spéciale empruntée à l'expropriation pour cause d'utilité publique, sera reçue et faite sur papier timbré, sauf à la faire enregistrer au droit fixe de 1 fr. avant de la produire au tribunal qui doit désigner le jury.

204. Ce droit d'enregistrement sera supporté par l'association syndicale en vertu du principe posé par l'art. 1593 du Code Napoléon.

205. Les autres frais, antérieurs à la déclaration de délaissement, ne sauraient être mis à la charge de l'association syndicale qui ne provoque pas le délaissement et qui a le droit d'exiger qu'il soit régulièrement formulé, avant que commence pour elle l'obligation de payer le prix de l'objet délaissé.

206. Notre article ajoute que l'indemnité à la charge de l'association sera fixée conformément à l'art. 16 de la loi du 21 mai 1836. Au Corps législatif, M. LAMBRECHT a réclamé contre l'extension de la loi spéciale aux chemins vicinaux et demandé que, notamment dans le cas prévu par l'art. 18 de la loi de 1865, on s'en tînt à la loi du 5 mai 1841. M. PAGÉZY a répondu que la loi de 1836 offrait toutes les garanties désirables et qu'elle remplaçait avantageusement les dispositions de la loi du 16 septembre 1807 (art. 21, 24 et 46), qui confiaient à une commission administrative la fixation des indemnités dues à des propriétaires dépossédés. Nous examinerons sous l'art. 18, avec les développements qu'elles méritent, les questions qui se rattachent à l'exécution de la loi de 1836 en matière syndicale.

207. Il est essentiel de noter qu'à l'égard de l'association syndicale, le délaissement constitue une véritable expropriation, puisqu'il entraîne pour elle l'obligation d'acquérir et de payer le prix, qu'ainsi, les dispositions de l'art. 58 de la loi du 3 mai 1841 sont applicables à la procédure spéciale tendant à la fixation de l'indemnité.

208. Faut-il induire de la disposition finale de notre article que le montant de l'indemnité due au délaissant devra *toujours* être réglé par le jury?

Cette conséquence nous paraîtrait excessive. L'indemnité sera réglée de gré à gré ou par le jury : de gré à gré, si les parties s'accordent; par le jury, si tout accord est impossible.

L'incapacité du délaissant ne suffira pas pour rendre indispensable l'intervention du jury; car si, après la déclaration, sous réserve de régularisation ultérieure, faite par le représentant de l'incapable, le syndicat et ce dernier tombent d'accord sur le montant de l'indemnité, rien n'empêchera le conseil de famille et le tribunal d'accepter les arrangements proposés et reconnus équitables.

209. A défaut d'accord sur le montant de l'indemnité, le syndicat ou le délaissant, si le premier reste inactif, provoque le jugement qui donne acte du délaissement, désigne le président du jury, les quatre jurés et les trois jurés supplémentaires. Ce jugement est publié, affiché, inséré et transcrit au bureau des hypothèques. La purge des hypothèques s'effectue suivant le mode rapide et économique tracé par la loi du 3 mai 1841 (art. 17).

Quant aux autres formalités, on suit la procédure usitée en matière d'expropriation de terrains pour chemins vicinaux.

210. Les traités amiables qui interviennent avant le jugement portant désignation du jury sont-ils, pour la purge, soumis aux règles du droit commun, ou bien peuvent-ils profiter des facilités résultant de l'art. 19 de la loi du 3 mai 1841 ?

La dernière solution serait désirable au point de vue des intérêts de l'association syndicale ; elle s'impose même en quelque sorte, puisque le syndicat est contraint d'acheter et que les créanciers n'ont aucun dommage à subir, s'ils veillent à la conservation de leurs droits, en exigeant, *s'il y a lieu*, que l'indemnité soit fixée par le jury, conformément à la disposition finale de l'art. 17 de la loi précitée.

Sans méconnaître la force de ces motifs, il est permis de constater qu'il y a une notable différence entre le cas d'expropriation et celui qui nous occupe. Dans le premier, l'attention des intéressés est pour ainsi dire surabondamment mise en éveil par des publications officielles ; dans le second, le délaissement prend naissance dans le secret des délibérations du propriétaire intéressé, et sa manifestation ne devient publique que par l'unique mesure que prescrit le § 1er de l'art. 15 de la loi de 1841. Les surprises, à peu près impossibles dans l'expropriation où, ne l'oublions pas d'ailleurs, l'intérêt public, hautement proclamé, commande certaines restrictions aux intérêts privés, pourront être fréquentes dans le délaissement qui n'a d'autre mobile que l'intérêt du délaissant. Les immeubles expropriés sont affranchis du droit de surenchère parce qu'il n'est pas possible qu'ils passent en d'autres mains qu'en celles de l'expropriant ; la même nécessité n'existe pas pour les immeubles délaissés, il serait profitable au syndicat d'être affranchi des charges de l'acquisition et de faire passer la propriété sur la tête d'un tiers qui consentirait à faire partie de l'association. On pourrait multiplier les arguments, nous croyons avoir dit assez pour justifier nos appréhensions et exprimer le regret qu'en introduisant le délaissement dans la loi le législateur l'ait abandonné à lui-même, sans l'entourer des précautions que réclamait la protection des droits des tiers.

ARTICLE 15.

Les taxes ou cotisations sont recouvrées sur les rôles dressés par le syndicat chargé de l'administration de l'association, approuvés, s'il y a lieu, et rendus exécutoires par le préfet.

Le recouvrement est fait comme en matière de contributions directes.

211. L'exposé des motifs fait remarquer que les associations autorisées « jouissent seules du privilége qui leur est accordé par les lois spéciales (an XI et 1807 *suprà*, nos 12, 15 et 154), et par la disposition insérée annuellement dans la loi des finances, de faire recouvrer les taxes nécessaires à l'exécution ou à l'entretien des ouvrages, comme en matière de contributions directes. Les rôles de recouvrement sont dressés par les soins du syndicat et rendus exécutoires par le préfet, qui a pour mission de vérifier si le montant des taxes est en rapport avec les facultés des contribuables en ayant égard aux bénéfices qui doivent résulter des travaux de l'association. » (Voy. *suprà*, nos 89 et 119).

Le rapport met en parallèle les textes de notre article et de l'art. 26 de la loi du 16 septembre 1807, et ajoute que l'art. 15 de la loi de 1865 simplifie les formalités relatives aux taxes et s'éloigne de la loi de 1807; que la nouvelle disposition rentre dans les termes de la loi du 14 floréal an XI, et qu'elle n'a donné lieu à aucune observation.

La circulaire ministérielle dit que la loi de l'an XI se trouve ainsi généralisée pour toutes les opérations énoncées à l'article premier de la loi de 1865.

212. L'exécution de l'art. 15 sera assurée dans les règlements constitutifs d'associations syndicales au moyen de dispositions qui nous paraissent devoir être les mêmes que celles contenues dans les règlements d'administration publique antérieurs à la loi et qui étaient ainsi conçues :

213. « Le recouvrement des taxes est fait, soit par un percepteur des contributions directes de l'une des communes de la situation des lieux, soit par un receveur spécial choisi par le syndicat et nommé par le préfet (1).

214. » Le receveur spécial prête le serment voulu par la loi (2).

215. » Le percepteur ou receveur est tenu de fournir un cautionnement proportionné au montant des rôles (3). Il reçoit une remise dont la quotité proposée par le syndicat est déterminée par le ministre des finances, si le recouvrement des taxes est confié à un percepteur des contributions directes, et par le préfet, si le syndicat a choisi un receveur spécial (4).

(1) L'association syndicale a pleine latitude pour le choix du comptable qu'elle investit de sa confiance. A l'occasion de l'art. 24 et sur la demande de M Bethmont, M. le commissaire du gouvernement a dit : « Il est bien entendu que les associations syndicales ont le droit de prendre le percepteur ou un receveur particulier. C'est la règle constante. » Voy. *suprà*, nᵒ 138.

(2) La formule du serment est celle-ci : « Je jure obéissance à la Constitution et fidélité à l'Empereur. Je jure, en outre, de remplir mes fonctions avec exactitude et probité. »

(3) Le chiffre du cautionnement est déterminé d'après les bases adoptées par les lois des 8 août 1847 et 8 juin 1864, art. 25, pour les receveurs des communes et des établissements de bienfaisance, en prenant pour base le montant des recettes ordinaires du dernier exercice expiré, savoir :

10 fr. p. 100 sur les premiers 100,000 fr.

6 fr. p. 100 sur les 400,000 f. suivants.

5 fr. p. 100 sur toute somme excédant les premiers 500,000 fr. Voy. à ce sujet les explications contenues dans une circulaire de M. le ministre de l'intérieur, en date du 27 juin 1864 (*Bull. int.*, 1864, p. 210).

(4) Le décret du 13 avril 1861, sur la décentralisation, art. 3, § 2, donne aux préfets le droit de statuer, sans l'autorisation du ministre des finances, sur le règlement, dans le cas où il n'est pas dérogé au tarif municipal, des remises allouées aux percepteurs ou receveurs des associations syndicales. Le tarif municipal, fixé par les ordonnances royales des

216. » Le percepteur ou le receveur dresse les rôles sur les documents fournis par le syndicat (1).

17 avril et 23 mai 1839, alloue des remises calculées sur les recettes et les dépenses ordinaires et extraordinaires, savoir :

Sur les premiers 5,000 fr... 2 p. 100 sur les recettes et autant sur les dépenses.

Sur les 25,000 fr. suivants.	1,50	p. 100	id.	id.
Sur les 70,000 fr. id....	0,75	p. 100	id.	id.
Sur les 100,000 fr. suivants jusqu'à un million.	0,33	p. 100	id.	id.
Au-dessus de un million...	0,12	p. 100	id.	id.

Ce tarif était appliqué, par analogie, aux receveurs spéciaux choisis en dehors des percepteurs. Aujourd'hui que la comptabilité syndicale est assimilée à la comptabilité communale, il n'y a pas de motifs pour s'en écarter.

L'expérience nous a appris que les associations syndicales seront toujours bien inspirées de prendre leur comptable parmi les percepteurs familiarisés avec l'observation des règles de la comptabilité communale et présentant des garanties exceptionnelles, par suite de la surveillance et de la responsabilité des receveurs des finances. Voy. ce qui a été dit à ce sujet dans le *Journal du Droit administratif*, 1866, p. 185, art. 73, n° 843 et p. 448, art. 77, n° 854.

(1) On a vu *suprà*, n° 169, comment il était procédé avant la loi de 1865, pour la fixation du périmètre de l'association, la division des terrains en différentes classes, le classement des propriétés en raison de leur intérêt aux travaux et la part contributive proportionnelle par hectare dans la dépense. La loi nouvelle exclut la complication des formalités de la loi du 16 septembre 1807. Le dossier soumis à l'enquête qui précède la constitution de l'association syndicale, détermine le périmètre des terrains compris dans l'association ; le projet d'association également soumis à l'enquête fait connaître les bases générales de la répartition de la dépense. L'assemblée générale, convoquée pour délibérer sur la constitution syndicale, peut demander qu'il soit apporté aux conditions prévues telles modifications qui lui paraissent utiles. Lorsque le syndicat a été constitué, il fait dresser un plan parcellaire, appuyé d'un rapport, indiquant, avec des teintes diverses, le périmètre et la classification des terrains. Le rapport indique la quote-part contributive afférente à l'hectare de terrain, suivant la classe à laquelle il appartient. Ces pièces sont soumises à une enquête dont les formes sont déterminées par le règlement constitutif du syndicat et qui nous paraîtraient bien suffisantes si elles étaient conformes aux prescriptions des art. 3, 4, 6 du décret du 17 novembre 1865 (*suprà*, n° 163), complétées par cette disposition : « Les maires certifieront ces publications et mentionneront dans un procès-verbal qu'ils ouvriront à cet effet les déclarations et réclamations qui leur auront été faites verbalement

217. » Ces rôles, après avoir été affichés à la porte de la mairie de la situation des lieux pendant un délai de huit jours, sont visés par le directeur du syndicat et rendus exécutoires par le préfet (1).

218. » Le recouvrement des rôles est fait comme en matière de contributions directes.

ou par écrit, en ayant soin d'indiquer les numéros des parcelles des récla-mants. »

Après que le conseil de préfecture (art. 16) aura statué sur les réclamations relatives au périmètre et au classement, s'il y en a, ou que l'association aura fait droit aux réclamations reconnues fondées, le plan parcellaire et le rapport présentant le calcul de la répartition de la dépense serviront de base aux rôles, sous la réserve du droit des associés de se pourvoir en décharge ou réduction contre les taxes annuelles.

Aujourd'hui donc, les syndicats héritent, pour les travaux défensifs, des attributions non contentieuses que la loi de 1807 avait déférées aux commissions spéciales. Il n'y a plus, sous ce rapport, de différence à établir entre les endiguements et les curages, et on pourrait appliquer aux premiers la solution suivante, contenue dans un arrêt du conseil d'Etat, du 12 juillet 1864 (Desgrottes) :

Lorsqu'il n'existe aucun règlement ou usage ancien fixant les bases de la répartition des dépenses d'entretien et de curage d'un cours d'eau non navigable le syndicat d'une association constituée par ordonnance royale pour assurer cet entretien et ce curage, syndicat que cette ordonnance charge de fixer les cotisations et de préparer les rôles, est compétent pour faire la répartition et régler la taxe de chaque contribuable, conformément à l'art. 2 de la loi du 14 floréal an XI, de manière que la quotité de la taxe soit corrélative au degré d'intérêt dans les travaux. On ne peut pas prétendre que, dans le cas d'absence de règlement et d'usage ancien, les bases de la répartition des dépenses doivent, comme dans le cas de difficultés sur l'application des règlements ou l'exécution du mode consacré par l'usage, être fixées par un règlement d'administration publique. Un propriétaire est seulement recevable à contester devant le conseil de préfecture, à l'occasion des taxes qui lui ont été imposées, la légalité des bases fixées par le syndicat et à soutenir que le syndicat ne s'est pas conformé à la disposition de l'art. 2 de la loi, d'après laquelle la quotité de la taxe doit être corrélative au degré d'intérêt dans les travaux.

(1) C'est au préfet seul qu'il appartient, faute par un syndicat de dresser les rôles de répartition des dépenses, de faire procéder à la confection de ces rôles ; le conseil de préfecture excéderait ses pouvoirs si, à l'occasion d'une difficulté pendante devant lui, il désignait des experts pour dresser, au besoin, les rôles dont il s'agit : 21 avril 1848 (Massonnet c. Riban).

219. » Les poursuites nécessaires pour ce recouvrement sont faites à la requête du directeur, et à la diligence du percepteur ou receveur (1). L'état des contraintes, signé du directeur, est soumis au visa du sous-préfet ou du préfet. L'exécution en est confiée aux porteurs de contraintes ordinaires de l'arrondissement, si le recouvrement des taxes est confié à un percepteur des contributions directes, ou, dans le cas contraire, à des porteurs de contrainte spéciaux dûment commissionnés.

220. » Le percepteur ou receveur est responsable du défaut de paiement des taxes dans les délais fixés par les rôles, à moins qu'il ne justifie de poursuites faites contre les contribuables en retard (2). »

221. Dans toute organisation syndicale, il y a deux points essentiels qu'il ne faut jamais perdre de vue : la bonne exécution des travaux, la création régulière des

(1) A l'appui de ce que nous avons dit *suprà*, nº 139, sur le caractère réel de l'obligation qui incombe à chaque associé pour le paiement des taxes, nous pouvons citer un jugement du tribunal civil de Saint-Marcellin, en date du 27 juillet 1858 (*Journ. des arrêts de la cour de Grenoble*), 1858, p. 279), qui a décidé que les dépenses pour la construction des digues sont une charge réelle des immeubles protégés ; que le tiers-acquéreur est obligé, comme détenteur de l'immeuble soumis à cette charge, de payer les contributions arréragées pour les années qui ont précédé la vente, sauf son recours contre son vendeur, suivant les stipulations du contrat ; que les poursuites doivent être dirigées contre l'ancien propriétaire, figurant au rôle, et non contre le tiers-détenteur ; qu'ainsi est valable la saisie brandon pratiquée sur les fruits de l'immeuble soumis à la contribution, quoiqu'elle n'ait pas été dirigée contre le nouveau propriétaire.

(2) D'après les règlements, les receveurs sont responsables des taxes, lorsqu'ils ne se sont pas conformés aux prescriptions de notre article, et cette responsabilité leur incombe d'une manière absolue, dans le cas prévu par l'art. 18 du règlement sur les poursuites, ainsi conçu :

« Les percepteurs qui ont laissé passer trois années, à compter du jour où les rôles leur ont été remis, sans faire de poursuites contre un contribuable, ou qui, après avoir commencé des poursuites les ont abandonnées pendant trois ans, sont déchus de leurs droits contre les redevables. Passé ce délai, toutes poursuites leur sont interdites. »

Cette disposition est basée sur la loi du 3 frimaire an VII, art. 149 et 150, et sur l'arrêté du 26 thermidor an VIII, art. 17.

ressources destinées à payer les travaux. Les syndics ne sauraient apporter trop d'attention dans le choix d'agents capables chargés des opérations techniques et sur la moralité desquels on puisse absolument compter. Toutes les fois qu'une entreprise est confiée à une direction collective, on est à peu près certain qu'il y aura de fausses manœuvres et des mécomptes, si l'association n'est pas représentée dans l'exécution avec une énergique unité.

Répartir la dépense de manière que chaque intéressé soit appelé à fournir une part contributive exactement proportionnée au degré de son intérêt, n'est pas une tâche facile ; elle exige tous les soins d'hommes actifs, intelligents et dévoués.

Il y a de précieux enseignements à puiser, sous ce rapport, dans la jurisprudence du conseil d'Etat.

222. Et d'abord, un principe tutélaire domine la matière. C'est que le rappel à l'égalité proportionnelle peut toujours être exercé par le propriétaire qui prétend que la taxe qui lui est imposée excède la limite de son intérêt aux travaux ; alors même que le règlement constitutif du syndicat autoriserait provisoirement une répartition ayant pour base une autre règle de proportion ; 10 mai 1851 (D'INGUIMBERT). Voy. *suprà*, nº 34.

223. Une seule exception à ce principe doit être admise : c'est l'autorité de la chose jugée, qui empêche de mettre incessamment en question ce qui a été une première fois irrévocablement résolu ; 26 juillet 1855 (FABRIQUE DE L'ÉGLISE MÉTROP. DE TOURS) ; mais nous verrons sous l'art. 16, qu'il ne peut y avoir chose jugée qu'autant que les conditions de l'art. 1351 du Code Napoléon se rencontrent dans l'espèce, et que si un propriétaire dont le terrain a été rangé par le conseil de préfecture et au besoin par le conseil d'Etat dans une classe déterminée, est en mesure d'établir plus tard qu'un changement des lieux doit lui faire assigner une autre classe, rien ne l'empêchera de saisir à nouveau le conseil de préfecture et d'obtenir justice si ses allégations sont reconnues fondées.

En un mot, les tribunaux administratifs sont d'une manière permanente à la disposition des intéressés, qui peuvent, tous les ans, provoquer leurs décisions pour faire consacrer leur participation proportionnelle à la dépense.

Il convient, par conséquent, que les documents servant de base aux rôles soient très exactement établis et tenus au courant des modifications survenues dans l'état des lieux, qui sont de nature à changer chez tel ou tel intéressé les éléments de sa part contributive.

224. Si les syndics n'ont pas été nommés dans les conditions fixées par le règlement syndical, les rôles qu'ils émettent ne sont pas réguliers, et décharge doit être accordée, pour ce motif, aux réclamants qui la demandent : 27 janvier 1865 (SYNDICAT DU CANAL CRILLON); mais alors la nullité provient uniquement d'un vice de forme, et les syndics nommés dans les conditions du règlement peuvent émettre de nouveaux rôles pour faire payer les sommes dont décharge a été obtenue; Conseil de préfecture de Vaucluse, 2 février 1866 (*Ibid.*). Décision analogue dans un cas où les rôles portaient des sommes applicables à des dépenses de curage, d'endiguement, de redressement et d'élargissement, sans distinguer la part revenant aux travaux de curage régulièrement exécutés, tandis que les autres dépenses avaient été faites hors des conditions légales. Le conseil d'État, vu l'impossibilité de distinguer, a prononcé la décharge pour le tout, « sauf au syndicat à poursuivre, s'il le juge convenable, le paiement des dépenses spéciales au curage par un nouveau rôle, contre lequel les requérants conserveront le droit de réclamer : » 8 mars 1866 (SIMONNET).

225. Mais l'irrégularité provenant de l'inexécution d'une ordonnance règlementaire d'un syndicat de curage qui prescrit la publication de la liste annuelle des intéressés avant la confection du rôle, n'est pas de nature à entraîner l'irrégularité de l'arrêté qui a rendu les rôles exécutoires, alors que ces rôles ont été régulièrement publiés et que chacun des intéressés a reçu un avertissement indiquant la cote pour laquelle il était porté au rôle ; 22 mai 1865 (DELAAGE).

226. Lorsque l'ordonnance constitutive d'une association syndicale porte que les dépenses à la charge des propriétaires seront remboursées par annuités, le syndicat ne peut pas changer ce mode de remboursement et réclamer annuellement des taxes supérieures au montant de ces annuités ; 23 juin 1853 (HAIRAULT).

227. Quand, par suite d'arrangements antérieurs, un syndicat doit tenir compte à un intéressé d'avances faites par lui ou sur auteur, le reliquat de ces avances peut être imputé sur le montant de la taxe à laquelle il est assujetti ; 1er décembre 1852 (GILLE).

228. Si, parmi les intéressés à des travaux défensifs il en est qui aient fait exécuter par eux ou leurs auteurs des travaux profitant à l'association, il est juste que celle-ci leur en tienne compte ; à défaut d'entente, le conseil de préfecture, qui remplace aujourd'hui les commissions spéciales, déciderait si ces ouvrages sont dans le périmètre de l'association et jusqu'à quel point elle en profite : 6 mai 1850 (GARIEL) ; 13 mars 1856 (HUBERT).

229. Quand il s'agit de travaux défensifs, la loi de 1807 prescrivait des formalités dont l'inobservation entraînait de fréquents arrêts prononçant décharge de taxes. Les opérations des commissions spéciales avaient inspiré à M. CHAUVEAU ADOLPHE des critiques assez vives (*Journal du droit administratif*, t. IX, 1861, p. 199, art. 500). Il n'est pas sans utilité, bien qu'il ne puisse plus être question de commissions spéciales (voy. *supra*, nos 169 et 216), de rappeler comment le conseil d'Etat entendait l'accomplisse-

ment des formalités prescrites pour la fixation du périmètre, le classement des terres et leur estimation.

Il fallait que l'expert du syndicat procédât avec le concours des ingénieurs et qu'on observât les formalités prescrites par les art. 2, 7, 8, 9, 10, 11, 12, 13 et 14 de la loi
de 1807; 7 juillet 1853 (DE LAMURE); 27 novembre 1858
(ARCHAMBAUD); 5 mai 1859 (SYNDICAT DE BELLEPERCHE); 24
mai 1859 (PONT DE POUZIN); 29 décembre 1859 (Cᵉ DU CHEMIN
DE FER DE PARIS A LYON); 23 février 1861 (DUBUC); 8 février
1864 (DIGUES DE LA BAUDISSIÈRE). Le mode de procéder par
l'expert du syndicat avec le concours des ingénieurs devait
être suivi non seulement pour le classement des terrains
en vue de la contribution aux dépenses jusqu'à ce que les
digues fussent arrivées à l'état d'entretien, mais encore
pour le second classement fait après que les digues étaient
parvenues à cet état d'entretien (art. 10 et 18 de la loi de
1807) ; 22 mai 1862 (MEYNIEU) ; 28 avril 1864 (ANGORIN). —
Il y avait nullité lorsque, au lieu de procéder comme il
vient d'être dit, la commission avait concouru par elle-
même aux travaux de l'expertise ; 27 novembre 1856
(ARCHAMBAUD) et 2 décembre 1858 (DE LAMURE); ou lorsqu'elle avait établi plus de dix classes, maximum réglé
par l'art. 9 de la loi du 29 décembre 1859. (CHEMIN DE FER
DE PARIS A LYON).

230. En matière de dessèchement, il fallait deux exper-
tises, l'une avant, l'autre après l'opération pour déterminer
la plus-value ; en matière de travaux défensifs, la seconde
expertise n'avait pas été jugée indispensable, et l'on avait
reconnu aux commissions spéciales le droit de prendre pour
base de la taxe à imposer aux intéressés les avantages que
les terrains devaient retirer des travaux dans l'avenir ;
28 janvier 1857 (RAVANAS); 18 août 1857 (DE FLORANS).

231. On ne considère comme intéressées que les parcelles comprises dans le périmètre de l'association, quel que
soit d'ailleurs le degré d'intérêt de celles qui restent en

dehors ; ces dernières sont à l'abri de toute taxe syndicale, jusqu'à ce qu'une organisation nouvelle ait étendu jusqu'à elles les limites du périmètre : 10 août 1850 (SYNDICAT DE LA DURANCE) ; 21 décembre 1850 (ASS. DES VIDANGES D'ARLES) ; 26 juillet 1851 (PEUT) ; 5 janvier 1854 (PASSELAIS). Voy. *suprà*, nº 164.

232. Mais dans l'intérieur du périmètre, la présomption d'intérêt existe, et elle ne disparaît qu'autant que, sur les réclamations des propriétaires, l'instruction fait ressortir soit qu'ils n'ont pas d'intérêt, soit que cet intérêt existe dans une proportion moindre que celle qui a servi de base à l'inscription au rôle des taxes. Voy. les arrêts précités des 21 décembre 1850 et 5 janvier 1854. Ainsi, une association de dessèchement dont les canaux sont compris dans le périmètre d'une association pour travaux défensifs doit contribuer aux dépenses de ces travaux, en raison du dommage qui serait causé par les inondations à ses canaux, si les travaux de défense n'existaient pas, et non à raison de la plus-value que ses canaux procurent aux terrains desséchés, compris dans le périmètre de l'association pour travaux défensifs ; 6 décembre 1860 (VIDANGES D'ARLES). Le périmètre de l'association, comprenant des terrains bas et marécageux et des terres d'une qualité supérieure qui n'ont à souffrir qu'accidentellement de l'excès de l'humidité et des inondations, un propriétaire de terres de cette dernière classe est fondé à soutenir que son imposition n'est pas en rapport avec son intérêt aux travaux ; 12 juillet 1866 (DESGROTTES).

233. Mais c'est à bon droit que l'inscription au rôle doit être maintenue, alors même que les réclamants prétendent que des travaux d'endiguement qui, d'après l'ordonnance constitutive de l'association, devaient s'étendre jusqu'à un certain point, auraient été arrêtés indéfiniment à un autre point en amont des propriétés des demandeurs, et qu'en cet état l'endiguement ne les protége pas , lorsqu'il

est établi que l'ordonnance n'a été modifiée par aucun acte
de l'autorité compétente ; que l'interruption des travaux provient de causes momentanées indépendantes de la volonté
des syndics ; que les ressources nécessaires pour l'achèvement des travaux, conformément à l'ordonnance, paraissent
assurées, et que le syndicat poursuit la reprise des ouvrages ;
5 décembre 1865 (SYND. DES DIGUES DE GUYERS-VIF).

234. Le conseil de préfecture des Hautes-Alpes a
décidé, le 27 mai 1858 (CHAUVET), qu'une usine construite
après l'exécution des travaux de digues ne doit pas contribuer au paiement de ces travaux, ni aux frais des procès
auxquels ils ont donné lieu, même à l'époque où elle était
déjà construite. Il en serait autrement dans le cas où l'usine
bénéficierait, comme établissement hydraulique, d'une
situation due aux travaux du syndicat. (Voy. *suprà*,
n⁰ˢ 66 et 164).

235. Les routes et les chemins sont soumis aux taxes
syndicales. Il en est de même de toute autre partie du
domaine public. La loi du 3 frimaire an VII, art. 103, ne
dispense les routes que de la contribution foncière ; 11 mai
1854 (DÉP. DU GARD C. SYND. DES DIGUES DE BEAUCAIRE). Mais
ils ne doivent être imposés que d'après les bases admises
pour les autres classes de terrains, et sans qu'il puisse être
spécialement tenu compte, en ce qui les concerne, du dommage général qui résulterait pour le public de l'interception
des communications. (*Ibid.*)

236. Pour déterminer les bases d'après lesquelles doit
être établie la cotisation d'un concessionnaire de chemin
de fer dans la contribution imposée à une association syndicale pour travaux défensifs, il faut apprécier la valeur
des terrains occupés par le chemin de fer dans le périmètre
de l'association et le degré d'intérêt qu'a le concessionnaire
à l'exécution et à la conservation des travaux ; 23 juin 1854
(SYND. DE PICQUE-PIERRE).

Toutes les décisions qui précèdent, à l'exception de celles

relatives à la coopération des ingénieurs et des experts et aux diverses enquêtes prescrites par la loi de 1807, sont applicables dans les cas prévus par la loi de 1865.

237. On sait qu'en matière de curage un syndicat ne peut pas comprendre des fossés de simple intérêt privé dans les opérations et astreindre à raison de ces opérations les propriétaires au paiement de taxes. Voy. *suprà*, n° 47, et 19 janvier 1859 (ADAM).

238. Des difficultés se sont élevées sur le point de savoir si, dans une contrée où les frais de curage sont, en vertu des anciens règlements, à la charge des riverains, ceux-ci peuvent s'en affranchir sur le motif que les parties curées sont situées dans le périmètre d'une association syndicale organisée pour le curage d'un cours d'eau principal dans lequel viennent se déverser les cours d'eau accessoires, objet de mesures particulières. Le conseil de préfecture de la Haute-Garonne a décidé, le 8 juillet 1861 (DE SOULAGE C. SYNDICAT DU TOUCH), que la charge du curage devait peser sur le syndicat. Cet arrêté a été attaqué devant le conseil d'Etat ; mais le pourvoi a pris fin par suite d'un désistement. S. Exc. M. le Ministre des travaux publics avait exprimé en ces termes un avis favorable au pourvoi :

« Le décret du 6 avril 1850 qui institue le syndicat de curage et d'endiguement du Touch, ne mentionne ni l'Eaubelle ni aucun autre affluent de ce cours d'eau ; dès lors il résulte de la jurisprudence constante du conseil d'Etat que les propriétés associées en vertu de ce décret le sont uniquement au point de vue de l'intérêt qu'elles peuvent avoir aux travaux qui s'exécutent sur le Touch. Il en est donc ainsi de la propriété de M. de Soulage, et le syndicat a pu valablement réclamer à ce propriétaire une somme de 115 fr. 08 c., sauf discussion du chiffre pour la partie de sa propriété comprise dans le périmètre du syndicat et à raison de l'intérêt que cette portion peut avoir aux travaux exécutés sur le Touch par le syndicat. Mais l'intérêt

que la propriété de M. de Soulage peut avoir aux travaux
de l'Eaubelle est distinct du premier et ne fait pas partie
des intérêts associés en vertu du décret du 6 avril 1850.
La somme de 452 fr. 91 c. imposée au sieur de Soulage,
pour le curage de l'Eaubelle, par arrêté préfectoral dont la
qualité n'est pas contestée, ne fait donc pas double emploi
avec celle de 115 fr. 08 c. qui lui est réclamée pour les
travaux du Touch, et le syndicat ne saurait être mis en
cause puisqu'il est complètement étranger aux travaux de
curage prescrits par l'arrêté préfectoral dont il s'agit. Par
ces motifs, j'estime qu'il y a lieu d'admettre le pourvoi, et
je conclus à l'annulation de l'arrêté attaqué. »

Cette opinion nous paraît fondée, et nous pensons que si
le litige eût provoqué une décision du conseil d'Etat, cette
décision en aurait consacré les principes. La doctrine qui
s'en dégage nous semble rigoureusement exacte, et nous
ne croyons pas que le même ministre ait eu l'intention de
s'en écarter dans une instruction particulière, du 29 novembre 1860, dans laquelle, répondant à la question posée en
termes généraux, il disait : « La question n'est pas susceptible d'une solution applicable à toutes les circonstances,
et on doit, pour y répondre dans chaque cas particulier, se
reporter au principe posé dans la loi du 14 floréal an XI,
en vertu duquel la contribution de chaque imposé doit être
relative au degré d'intérêt qu'il a aux travaux effectués. Le
plus souvent, d'ailleurs, le curage des affluents d'un cours
d'eau principal, dans la zône où s'étendent les inondations
de ce dernier, intéresse d'une manière spéciale ceux qui
sont compris à la fois dans la zône et riverains de l'affluent,
et, à ce double titre, ils doivent supporter une contribution
plus forte que les autres propriétaires compris dans le syndicat du cours d'eau principal. Quant à la proportion de
cet excédant, arbitrée dans chaque cas aussi équitablement
que possible, elle ne devient définitive que lorsqu'elle est
acceptée par les propriétaires imposés, ou lorsque ceux-ci

ont épuisé le droit qui leur est réservé par l'art. 4 de la loi du 24 floréal an XI de porter leurs réclamations devant les tribunaux administratifs. »

239. Les associations syndicales ont-elles, pour le recouvrement des taxes, un privilége comme celui du Trésor public pour le recouvrement de la contribution foncière ?

Cette question a été ainsi traitée dans la discussion au Corps législatif.

M. DE VOIZE a demandé qu'une disposition additionnelle à l'art. 15 fît connaître les garanties privilégiées dont les syndicats pourraient disposer soit dans l'intérêt du recouvrement des taxes, soit au profit des prêteurs dans les emprunts qu'ils pourraient contracter.

« Le pouvoir d'emprunter, a-t-il dit, implique le devoir de rembourser, et la sanction est dans le privilége qui doit être reconnu en faveur des syndicats. Le refus d'admettre ce privilége serait d'autant moins juste que les travaux d'endiguement, par exemple, ont pour but et pour effet de garantir non-seulement les produits, mais le fonds même des parcelles comprises dans le périmètre, et de sauvegarder ainsi le gage de tous les autres créanciers privilégiés ou hypothécaires. Le privilége s'exercerait d'abord sur les fruits, par préférence ou concurremment avec celui du Trésor, ensuite sur le fonds même des parcelles garanties, et par préférence à toute autre créance hypothécaire et privilégiée, sauf les frais de justice. C'est par ces diverses raisons que je croirais très-utile de fixer à cet égard la jurisprudence qui est loin d'être constante ; car si quelques tribunaux ont reconnu l'existence du privilége en faveur du syndicat contre le débiteur ou la parcelle expropriée,. d'autres tribunaux ont été d'une opinion contraire. »

M. LE COMTE DUBOIS, *commissaire du Gouvernement,* a répondu :

« Les taxes que les associations syndicales sont autorisées à percevoir soit pour les travaux d'endiguement, soit pour les travaux de curage, soit même pour des travaux d'arrosage, sont des taxes assimilées à des contributions directes ; et la loi annuelle du budget, dans le tableau D, si je ne me trompe, dit que ces taxes continuent à être perçues au profit des communautés de propriétaires. Puisqu'il y a assimilation complète entre les taxes que doivent les associations et les impôts que doivent les contribuables, la conséquence est donc que les priviléges qui s'attachent aux impôts directs s'ensuivent. Cela a, en effet, été jugé dans maintes et maintes circonstances, et il n'est pas nécessaire, à notre avis, d'ajouter à l'article 15 la disposition additionnelle que demande l'honorable préopinant. »

Cette déclaration a paru suffisante. L'article a été voté sans autre observation. M. Bioche (*Journ. de Procédure* 1866, art. 8632, p. 250, note 36) ne pense pas que cela puisse souffrir difficulté. Il en est de même de M. Maulde (*Journ. des Communes*, 1865, p. 412); et MM. les rédacteurs du *Mémorial des Percepteurs* 1865, p. 232, note 1, après avoir fait remarquer que cette opinion était d'accord avec celle qu'ils avaient exposée dans leurs *Poursuites en matière de contributions directes*, t. Ier, p. 180, ajoutent : « La question demeure donc désormais tranchée dans le sens que nous l'avions professé et par les motifs mêmes que nous avions donnés. Cette doctrine est, au surplus, celle que n'a cessé de pratiquer le ministre des finances pour toutes les taxes assimilées. »

Nous aurions mauvaise grâce à troubler ce concert d'approbations, car nous voudrions que la jurisprudence, non pas celle du ministère des finances, mais celle des tribunaux judiciaires, seuls compétents en matière de priviléges, se prononçât dans le même sens. Mais, pourquoi dissimulerions-nous nos appréhensions quand, à quelques années d'intervalle, ce qui en 1865 a paru si clair à l'organe du Gouvernement, a motivé une précaution législative que nous regrettons de ne pas rencontrer dans la loi actuelle ?

On lit, en effet, dans l'exposé des motifs de la loi du 17 juillet 1856 sur le drainage :

« C'est une question douteuse et controversée que celle de savoir si la disposition de l'art. 3 de la loi du 14 floréal an XI, déclarée applicable aux syndicats de drainage par la loi du 10 juin 1854, qui porte que les taxes d'entretien sont recouvrables comme en matière de contributions directes, doit être entendue en ce sens que les syndicats jouissent, pour le recouvrement de ces taxes, du privilége sur les récoltes accordé au Trésor pour le recouvrement de la contribution foncière par la loi du 12 novembre 1808. Il a paru convenable de trancher cette question pour la taxe d'entretien du drainage par la présente loi ; et il a semblé juste et conforme à l'intérêt même des tiers de décider que le syndicat jouirait du privilége sur les récoltes pour le recouvrement de cette taxe, puisque c'est l'entretien du drainage qui conserve les avantages procurés par le drainage lui-même et qui sont le gage des tiers. »

En conséquence, l'art. 3 de cette loi déclare l'existence, pour le recouvrement de l'annuité échue et de l'annuité courante, sur les récoltes ou revenus des terrains drainés, d'un privilége qui prend rang immédiatement après celui des contributions publiques, mais fait primer ce privilége sur le prix de la récolte par les sommes dues pour les semences ou pour les frais de la récolte de l'année. L'art. 4 attribue ce privilége au syndicat en précisant qu'il n'affecte chacun des immeubles compris dans le périmètre d'un syndicat que pour la part de cet immeuble dans la dette commune.

Pourquoi ce qui a paru si utile dans la loi de 1856 a-t-il été considéré comme surabondant dans celle de 1865 ? Sans méconnaître l'influence de la valeur de l'argument que la première de ces lois prête à la seconde, s'est-il, dans l'intervalle, dessiné une jurisprudence telle que le doute ne soit plus permis ? L'organe du Gouvernement a affirmé que

l'existence du privilége avait été reconnue dans maintes et
maintes circonstances. Nous avons vainement recherché
ces décisions. Nous n'avons trouvé qu'un seul précédent
judiciaire, un jugement du tribunal civil de Versailles, en
date du 10 mars 1857, rendu dans un sens contraire à
l'opinion exprimée par M. le comte Dubois et cité par
M. Durieu, *Poursuites en matière de contributions directes*,
t. Ier, p. 176, n° 52, qui en critique d'ailleurs la solution.

Ne serait-ce pas à l'incertitude qui peut encore régner et
que la loi aurait dû faire cesser, qu'il faut attribuer l'observation suivante faite par M. Duvergier, *Lois, décrets*, etc.,
1865, p. 504, note 1.

« Qu'il me soit permis de faire remarquer que la proposition de M. de Voize embrassait et peut-être confondait
deux choses fort distinctes, le privilége accordé à la créance
du syndicat contre chacun des membres de l'association
pour le recouvrement des taxes, et le privilége qui pourrait
être donné à des tiers pour assurer le remboursement des
prêts par eux faits au syndicat. Dans l'un et l'autre cas, on
devra se conformer aux règles du droit commun. Voyez,
d'ailleurs, la loi spéciale du 17 juillet 1856, relative au
privilége accordé aux prêteurs de fonds destinés aux travaux de drainage et aux entrepreneurs de ces travaux.
Voir aussi la loi du 12 novembre 1808 sur le recouvrement
des contributions directes. » Voy. *suprà*, n° 140.

Article 16.

Les contestations relatives à la fixation du périmètre des terrains
compris dans l'association, à la division des terrains en différentes
classes, au classement des propriétés en raison de leur intérêt aux
travaux, à la répartition et à la perception des taxes, à l'exécution
des travaux, sont jugées par le conseil de préfecture, sauf recours au
conseil d'Etat. .

Il est procédé à l'apurement des comptes de l'association, selon les
règles établies pour les comptes des receveurs municipaux.

240. L'exposé des motifs fait ressortir tout l'intérêt de ces dispositions :

« Cette disposition, qui est l'une des plus importantes du projet de loi, constitue une réforme réclamée depuis longtemps. Elle supprime, pour les travaux défensifs, la juridiction des commissions spéciales instituées par la loi du 16 septembre 1807. Déjà, en 1842, dans le projet de loi relatif aux endiguements, présenté à la Chambre des pairs, le ministre des travaux publics signalait les inconvénients des commissions spéciales et en proposait la suppression. Les commissions spéciales avaient paru, en 1807, offrir des garanties plus complètes que les conseils de préfecture pour l'arbitrage à prononcer entre les intéressés, relativement au classement des propriétés et à la répartition des dépenses. Mais, après avoir arrêté le classement et opéré cette répartition à l'origine de la constitution d'une association, les commissions spéciales cessent d'exister. Cependant, il survient souvent des modifications dans la nature et l'état des terrains ou dans les travaux de défense ou d'amélioration, et les bases fixées par les commissions spéciales peuvent cesser d'être exactes. Comment mettre la répartition des charges syndicales en rapport avec le nouvel état des choses? Il faut recourir à un nouveau décret, à une nouvelle commission spéciale, de là des complications regrettables (1). Il est presque impossible aujour-

---

(1) Telle est, en effet, la jurisprudence du conseil d'État ; et l'exposé des motifs qui a cité un arrêt du 10 mars 1864 (SYND. DE LA DURANCE), aurait pu citer aussi un arrêt du 24 janvier 1861 (CH. DE FER DE PARIS A LA MÉDITERRANÉE). Dans les deux espèces, les opérations de la commission avaient pris fin depuis plusieurs années ; cette commission n'existait plus, puisque son mandat avait été rempli lorsque, soit la substitution d'épis transversaux insubmersibles à des digues longitudinales submersibles, soit la construction d'un chemin de fer en remblai, modifiant profondément les bases de la répartition des dépenses, avaient motivé des réclamations qui ne pouvaient être soumises à une commission dont les pouvoirs étaient expirés, mais bien à l'administration supérieure à laquelle il appartenait de provoquer un nouveau décret.

d'hui de réviser les bases de la répartition, même lorsque leur inexactitude est flagrante. Il est donc bien préférable de substituer à cette juridiction exceptionnelle et temporaire des tribunaux permanents ayant pouvoir de connaître de toutes les modifications successives qu'il peut être nécessaire d'apporter aux bases de la répartition; ces tribunaux permanents sont les conseils de préfecture, déjà juges dans les questions de contribution aux travaux de curage, et chargés de statuer dans tous les cas sur la perception des taxes. »

Ces explications devaient dispenser la commission du Corps législatif de nouveaux détails, aussi le rapport se borne à faire remarquer que la commission « a proposé d'ajouter la division des terrains en différentes classes aux objets qui pourraient donner lieu à contestations. C'était reconnaître, à l'occasion de la compétence, une règle importante qui doit être souvent une des conditions fondamentales de l'association. Du reste, l'attribution au conseil de préfecture de matières manifestement administratives, la suppression des commissions établies par la loi du 16 septembre 1807, ne sont qu'un retour au droit commun. »

Notre article a été adopté sans discussion par le Corps législatif.

La circulaire ministérielle du 12 août 1865 constate que la modification contenue dans l'art. 16 était réclamée depuis longtemps; que la loi de 1807 confiait aux commissions spéciales pour les travaux défensifs ce que la loi du 14 floréal an XI avait attribué aux conseils de préfecture en matière de curage, et que « l'attribution à ce dernier tribunal de toutes les questions de ce genre, à quelque nature de travaux qu'elles s'appliquent, fera cesser une anomalie qui n'est motivée par aucune considération sérieuse et sera, en définitive, un retour au droit commun. »

241. La doctrine sera, croyons-nous, unanime pour

applaudir à cette simplification, que la disposition spéciale de l'art. 26 généralise pour les cas où l'administration agit d'office, ce qui fait dire, avec raison, par M. MAULDE (*Journ. des communes*, 1865, p. 412) : « L'art. 26 supprime d'ailleurs, pour tous les cas, ces juridictions exceptionnelles et rend tout son empire à la loi commune et à la juridiction des conseils de préfecture. » Voy. *suprà*, nº 93. Mais faut-il conclure de là qu'il y a suppression absolue des commissions spéciales établies par la loi de 1807 ou seulement suppression relative ; en d'autres termes, les commissions spéciales, qui très-certainement ont cessé d'exister comme organe de juridiction contentieuse, quand il s'agit de travaux défensifs ou de desséchement de marais, prévus par la loi de 1865, ont-elles aussi disparu comme agent administratif concourant à l'application de certaines formalités réglementaires ?

Il n'est pas besoin d'insister pour démontrer que, dans le système de la loi de 1807, le rôle des commissions spéciales n'est pas purement celui d'un tribunal appelé à juger des contestations, mais qu'il est aussi celui d'un pouvoir fixant, arrêtant, homologuant en dehors de toute contestation (art. 14, 18, 20, 26). Ce pouvoir est-il maintenu à ces commissions dépouillées de tout droit juridictionnel ?

A notre avis, les commissions spéciales disparaissent absolument, sans distinction, pour tous les cas dont s'occupe la loi de 1865 (art. 9, 16 et 26) ; et, pour qui connaît la manière dont cette institution a fonctionné, il ne peut y avoir lieu de regretter cet élément de complication. Comment, en effet, pourrait-il rester quelque chose de cette organisation où dominait sans contredit le caractère judiciaire, et qui n'avait d'autre raison d'être qu'une espèce de scrupule de la part du législateur qui avait pensé que la propriété particulière trouverait plus de garanties dans le fonctionnement de commissions composées de particuliers que dans l'appréciation des fonctionnaires publics formant les conseils de préfecture? Du moment où le tribunal cesse d'exister, les autres attributions secondaires ne sauraient justifier l'utilité des commissions qui sont très avantageusement remplacées en cela, soit par le syndicat représentant les intéressés, s'il y a association syndicale, soit par les syndics dont la loi de 1807 confie la nomination au préfet quand l'administration procèdera d'office à l'exécution des travaux défensifs ou au desséchement de marais.

Telle paraît être aussi l'opinion de l'administration supérieure exprimée dans les circonstances suivantes :

Un décret du 21 mars 1865 a réuni en association syndicale les propriétaires intéressés à la construction et à l'entretien de digues pour défendre le ramier de *Blagnac* contre les inondations de la Garonne. Une commission spéciale instituée par ce décret était appelée, suivant une formule invariable, à statuer sur les réclamations relatives au classement des propriétés comprises dans le périmètre indiqué au plan annexé et qui profitaient des travaux ; elle devait déterminer les bases de la répartition des dépenses entre les intéressés. L'expert du syndicat, de concert avec l'ingénieur de l'arrondissement, a procédé au classement des terrains, et l'enquête ouverte sur ses propositions n'a provoqué aucune observation (art. 9, 10, 11 et 12, loi de 1807). Le même expert a ensuite dressé l'état de la répartition de la dépense future des travaux entre les diverses zones comprises dans le périmètre de l'association ; le syndicat a donné son adhésion à ce travail, qui, sur la proposition des ingénieurs, a été soumis à l'enquête prescrite par l'art. 14 de la loi de 1807. Aucune observation n'ayant été faite, ce projet de répartition fut soumis en janvier 1866 à la sanction de la commission spéciale par application dudit article 14, qui porte : « Dans tous les cas, l'estimation sera soumise à ladite commission pour être jugée et homologuée par elle. » Cette commission adopta le travail de l'expert. Des doutes furent alors émis par les ingénieurs sur la légalité de cette partie de l'instruction à cause des changements apportés à la loi de 1807 par celle de 1865. S. Exc. M. le Ministre des travaux publics, consulté sur cette question, a répondu en ces termes, le 11 août 1866 :

« La loi du 21 juin 1865 n'est pas applicable, en ce qui concerne leur organisation intérieure, aux syndicats constitués avant sa promulgation ; mais il en est autrement des dispositions de la loi qui sont d'ordre public. Ces dispositions obligent tous les syndicats et leur profitent, quelle que soit l'époque à laquelle ils ont été constitués. Elles annulent ou modifient de plein droit, en ce qui leur est contraire, l'acte constitutif de ces syndicats, sans qu'il soit nécessaire de réviser cet acte expressément. La loi nouvelle renferme deux dispositions de cette nature : l'une concerne les expropriations auxquelles il y aurait lieu de procéder, l'autre concerne les commissions spéciales. Les expropriations devront être poursuivies conformément à l'article 16 de la loi du 21 mai 1836 (art. 18 de la loi du 21 juin 1865), et les commissions spéciales perdent leurs attributions judiciaires qui sont transférées au conseil de préfecture (art. 16 et 26 de la loi du 21 juin).

» La commission spéciale du syndicat de Blagnac avait donc perdu sa compétence à dater de la promulgation de la loi précitée, et elle n'avait pas à connaître des questions qui lui ont été soumises. Toutefois, je pense que la détermination des zones et la fixation de leur intérêt proportionnel n'ayant soulevé aucune opposition dans l'enquête, il y a lieu de considérer le travail de l'expert comme accepté. Mais si quelque réclamation venait à surgir, elle ne pourrait être portée que devant le Conseil de préfecture. »

242. Ces instructions mininistérielles sont précieuses à recueillir, non seulement parce qu'elles établissent que désormais, pour les travaux dont s'occupe la loi de 1865, il n'y aura plus de commissions spéciales, mais aussi parce qu'elles donnent des explications claires et précises au sujet de l'influence que la loi nouvelle doit exercer sur les associations syndicales préexistantes. Nous aurons à examiner sous l'art. 26, si l'extension de la loi de 1865 à ces dernières associations est limitée aux deux cas de suppression des commissions spéciales et du mode d'expropriation.

243. Mais, faut-il aller plus loin et décider, à l'égard des commissions spéciales, qu'elles sont remplacées par le Conseil de préfecture dans toutes les prévisions de la loi de 1807, restées étrangères à la loi de 1865, et même lorsqu'il y a lieu à l'application de la loi du 28 mai 1858, relative à l'exécution des travaux destinés à mettre les villes à l'abri des inondations (1)?

Notre opinion est favorable à l'affirmative, comme nous l'avons déjà fait connaître *suprà*, n° 58, parce qu'il est logique de penser que les considérations qui ont amené la modification pour le dessèchement des marais et les travaux défensifs conservent leur force en matière de plus-value et de travaux contre les inondations. Nous n'apercevons aucun motif plausible de laisser un reste de vie aux commissions spéciales, et ce ne peut être qu'en vertu d'un argument de texte qu'on peut décider le contraire. Nous avons cité, n° 36, un décret du 9 novembre 1865, postérieur de plusieurs mois à la loi qui nous occupe et dans lequel on lit : « La répartition de la somme laissée à la charge des propriétaires intéressés sera arrêtée par une

---

(2) A ce propos, nous devons rectifier une erreur de fait qui a provoqué *suprà*, n° 36, une note critique d'une application de cette loi. Nous avions cru que l'expert des particuliers intéressés avait été choisi par la commission spéciale, tandis qu'il l'a été en réalité par une commission syndicale organisée conformément à l'art. 7 de la loi de 1807.

commission spéciale, conformément aux titres II et X de la loi du 16 septembre 1807. » Ce décret prouve que le conseil d'Etat maintient les commissions spéciales dans l'exécution de la loi de 1858, sans doute parce que cette loi s'est approprié par son art. 5 la loi de 1807, et que cette dernière n'a été modifiée en 1865 que pour des objets autres que ceux qui ont déterminé la loi de 1858. Sans méconnaître la valeur de cet argument, nous croyons que la loi de 1858 n'aurait qu'à gagner à utiliser les prescriptions de la loi de 1807, telles que les a changées la loi de 1865, d'autant plus que si les travaux de défense des villes sont entrepris par des associations syndicales il n'y aura pas de commission spéciale, tandis qu'il y en aura si le gouvernement procède en dehors de toute association, comme si, dans les deux cas, les intéressés ne rencontreraient pas des garanties égales en proposant eux-mêmes le travail de répartition, sauf jugement des réclamations par le conseil de préfecture.

Quoi qu'il en soit, le conseil d'Etat semble conserver les commissions spéciales pour les travaux défensifs intéressant les villes (loi de 1858), et on ne voit pas, dès lors, pourquoi il ne les conserverait pas aussi en matière de plus-value (art. 50 de la loi de 1807).

244. Les conseils de préfecture étant substitués dans les associations syndicales aux commissions spéciales, on conçoit que les solutions de la jurisprudence appliquées à ces dernières présentent aujourd'hui un grand intérêt pour les premiers. Nous allons citer plusieurs décisions du conseil d'Etat parmi celles qui nous ont paru les plus importantes, qui conservent toute leur autorité pour l'application de l'art. 16 de la loi de 1865.

245. Les propriétaires vraiment soucieux de leurs intérêts doivent surveiller de très près l'accomplissement des formalités qui précèdent le classement des parcelles proportionnellement à l'avantage qu'elles sont présumées devoir retirer des travaux ; ils sont interpellés par une enquête qui leur fournit l'occasion de faire connaître leurs griefs. Mais, pendant longtemps encore, les propriétaires négligents seront en majorité, et la plupart laisseront fixer sans réclamations les limites du périmètre et des zones. Est-ce à dire que leur silence durant les formalités préparatoires entrainera pour eux déchéance ? Non, certainement, ils pourront porter leurs réclamations devant le Conseil de préfecture, mais ils ne sauraient, *de plano*, saisir le conseil d'Etat d'un recours dirigé contre une ou plusieurs décisions rendues par le Conseil de préfecture sur des réclamations auxquelles ils seraient restés étrangers ; 5 janvier 1850 (DE MATHA) ; 22 juin 1854 (BUISSON C. SYND. DE LA DIGUE DES COMBES). Il n'y a déchéance encourue sur les questions relatives à la qualité d'associé ou à la validité de l'association qu'après l'expiration du délai fixé par l'art. 17. Voy. aussi *suprà*, n° 241.

246. Toute question de propriété est du domaine exclusif de l'autorité judiciaire, et s'il s'élève entre le syndicat et un particulier la question de savoir à qui appartiennent des digues défensives déjà construites, c'est devant les tribunaux civils que doit être, au préalable, portée cette contestation. Le Conseil de préfecture ne pourrait pas trancher la difficulté ; il ne serait compétent que pour fixer la valeur de ces digues, après la solution de la question de propriété en faveur du particulier contre le syndicat ; 4 février 1858 (DE LUBIÈRES) ; car, à ce conseil seul il appartient maintenant de décider si les digues sont utiles à l'association syndicale et jusqu'à concurrence de quelle somme elle en profite ; 25 novembre 1854 (DE LUBIÈRES C. SYND. DE LA DURANCE).

247. Quand la question de propriété n'est pas agitée ; quand le syndicat se borne à prendre possession des digues, non pour en faire sa chose propre, mais pour s'en servir dans le système défensif adopté, il n'y a plus qu'à déterminer si ces digues appartiennent au périmètre de l'association et jusqu'à concurrence de quelle somme elle en profite, appréciation qui rentre dans la compétence actuelle des Conseils de préfecture à l'exclusion des tribunaux ; 6 mars 1850 (Gariel) ; 13 mars 1856 (Imbert). Voy. *supra*, n° 228.

248. S'il s'agit de statuer sur les demandes en décharge ou réduction de taxes syndicales, le Conseil de préfecture est compétent pour apprécier les moyens invoqués par les réclamants, soit qu'ils mettent en question la légalité de l'organisation syndicale, soit qu'ils portent sur tout autre point qui, considéré isolément et abstraction faite de la réclamation contre le recouvrement du rôle échapperait à la compétence du conseil de préfecture. C'est là une jurisprudence constante : voy. 18 avril 1860 (Chauveau), (Flandin), deux arrêts dans lesquels il s'agissait de savoir si un fossé présentait suffisamment le caractère d'un cours d'eau pour avoir motivé des taxes de curage ; 21 décembre 1850 (vidanges d'Arles), et 5 janvier 1854 (Passelais), dans lesquels il fallait examiner si la propriété imposée faisait ou non partie du périmètre de l'association (voy. *supra*, n°.231, et aussi 15 septembre 1848 (Esmenjaud) cité, n° 83, présentant une particularité qui ne se rencontrera jamais dans les associations autorisées, et par suite de laquelle le Conseil de préfecture dut surseoir jusqu'après la décision de l'autorité judiciaire); 12 juillet 1864 (Desgrottes); 8 mars 1866 (Simonnet), dans lesquels le réclamant a été admis à contester la légalité des bases de la répartition fixée par le syndicat et a soutenu que la taxe n'était pas proportionnée à son intérêt; 5 juillet 1865 (Lebarbier), dans lequel la décharge a été prononcée parce que le syndicat avait été constitué en vertu d'un arrêté préfectoral, alors qu'il aurait fallu un décret; 27

janvier 1865 (CANAL CRILLON), (voy. *suprà*, n° 224), dans lequel la commission syndicale n'avait pas été organisée ainsi que le prescrivait le décret constitutif de l'association.

Ce pouvoir des conseils de préfecture n'est pas spécialement applicable d'ailleurs aux taxes syndicales, il est de droit commun en matière de taxes assimilées aux contributions directes ; on en trouve un exemple dans le *Journal du Droit administratif*, t. XIV (1866), p. 650, art. 84, dans un article consacré à l'entretien des trottoirs dans les villes avec participation des riverains à la dépense. Il est tellement constant qu'on peut se demander comment il a été méconnu par un arrêté du conseil de préfecture de la Charente, en date du 29 décembre 1865 (SYND. DE L'ANTENNE), dans lequel on lit : « Considérant qu'il s'agit de taxes de curage que le réclamant prétend avoir été irrégulièrement réparties ; que le conseil de préfecture compétent pour statuer sur cette réclamation, conformément à la loi du 14 floréal an XI, serait incompétent pour statuer sur la légalité de l'institution du syndicat créé depuis longtemps (10 ans environ), et ayant déjà exécuté des travaux et recouvré des taxes sans réclamation antérieure, et que, dès lors, il n'a rien à ordonner quant à la communication des pièces relatives à la création de ce syndicat. »

249. Un premier décret rendu au contentieux avait fixé l'étendue des obligations qui incombent à un propriétaire pour le terrain compris dans le périmètre d'un syndicat. Ce décret annulant tous les rôles antérieurement émis avait formé un rôle nouveau et unique. On soutenait que dans la confection de ce nouveau rôle, le syndicat avait adopté des bases qui violaient les prescriptions de l'arrêt du conseil d'Etat, et que c'était devant ce conseil qu'on devait se pourvoir *de plano*. Le conseil a rejeté la requête en décidant qu'au contraire les demandes en décharge ou réduction des taxes déterminées par ce nouveau rôle, devaient être portées devant le conseil de préfecture : 5

juin 1858 (Gazeau c. le synd. des levées de Montjean). Le conseil d'Etat ne pouvait en connaître que sur l'appel de la décision du conseil de préfecture.

250. Une question de compétence très intéressante a été soumise au Conseil de préfecture de Vaucluse qui y a statué, le 6 juin 1865 (Trone c. synd. du canal de Cadenet), par un arrêté inséré dans le *Journal du Droit administratif*, t. XI (1863), p. 372, art. 24, nº 278. Un des arrosants compris, sur sa demande, dans un syndicat d'irrigation constitué par décret, s'était adressé au conseil de préfecture en lui demandant de déclarer : 1º que le syndicat ne se conformait pas aux obligations que lui avait imposées le décret constitutif; 2º qu'à raison de ce, il y avait lieu de dégager le réclamant de sa qualité de membre de l'association et de lui faire rembourser le montant de toutes les taxes qu'il avait payées. Le conseil de préfecture a décidé qu'il ne lui appartenait pas d'apprécier la légalité ni le caractère d'utilité ou d'opportunité des actes du syndicat qui relevait de l'autorité du gouvernement, que par suite, il n'était pas compétent pour prononcer sur la demande dont il était saisi. Dans ses observations sur cet arrêté, M. Chauveau Adolphe a exprimé l'opinion que l'autorité judiciaire n'avait pas à connaître de cette réclamation qui aurait dû être soumise au ministre, sauf recours de sa décision au conseil d'Etat. Quant à nous, il nous semble que, pour les associations créées par application de la loi de 1865, l'art. 25 pourvoit suffisamment aux exigences des situations. Nous pensons aussi que pour les associations antérieures la même règle peut et doit être suivie; mais nous estimons qu'en aucun cas les questions de cet ordre, ainsi posées, ne tombent dans le domaine du contentieux administratif. Les plaintes sur la marche des syndicats doivent être adressées aux préfets et au ministre des travaux publics qui ont pour mission principale d'*administrer*, tandis que les tribunaux administratifs ont pour mission de *juger*.

Sans doute, le réclamant pourra demander au conseil de préfecture, et, sur l'appel, au conseil d'Etat, la décharge de la taxe à laquelle il est annuellement assujetti, le motif pris de ce que l'association ne se meut pas dans le cercle que lui a tracé le décret qui l'a constituée. Si sa réclamation est reconnue fondée, décharge lui sera accordée, et dès lors, il ne pourra plus arguer de la violation d'un droit à son préjudice. Mais les taxes payées sans réclamation sont un droit acquis pour le syndicat ; il n'y a jamais lieu à restitution quand il en a été fait emploi à des travaux prévus et approuvés par l'autorité, alors même que ces travaux auraient pu être plus irréprochables. C'est le préfet, c'est le gouvernement qui sont seuls investis du droit de provoquer la dissolution ; cette mesure ne pourrait leur être imposée par les conseils de préfecture ou par le conseil d'Etat que par voie de la décharge des taxes, lorsque les demandes accueillies arriveraient à un tel degré de généralité, que l'association resterait sans ressources pour agir. Dans notre système, l'intérêt public trouve sa sauvegarde dans l'exercice du pouvoir administratif surveillant les opérations syndicales et les rendant possibles au moyen de l'exécution des rôles ; l'intérêt privé est satisfait par les recours contentieux que peut exercer chaque imposé, non pas au nom de l'intérêt général, mais dans la proportion restreinte de sa part contributive à la dépense.

251. Le conseil de préfecture, saisi d'une réclamation en matière de taxes syndicales, est seul compétent, à l'exclusion des tribunaux judiciaires, pour décider si la réclamation doit entraîner la suspension des poursuites pour l'exécution des rôles ; 9 décembre 1858 (Synd. de la Chalaronne) ; 21 décembre 1858 (Pébernard c. synd. de Belleperche). Ces derniers invoquaient en sens contraire un arrêt de la cour de Lyon de 1851 (Journal de cette cour, 1851, p. 418), et M. Dufour, t. IV, n° 224.

252. Tout propriétaire dont les terrains sont compris

dans un projet de tracé du périmètre d'une association pour travaux défensifs ou pour curage est individuellement recevable à soutenir, soit devant le conseil de préfecture, soit par voie de recours devant le conseil d'Etat, que le périmètre de l'association doit être étendu au-delà des limites projetées, car si on laisse des intéressés en dehors de l'association, la part contributive de ceux qui y sont compris se trouve portée au-delà de la proportion qui devrait leur être assignée ; 13 mars 1856 (IMBERT. C. SYND. DES VALOIRES).

253. Des propriétaires compris dans le périmètre d'une association défensive qui attaquent une décision de commission spéciale (conseil de préfecture aujourd'hui), doivent diriger leur action exclusivement contre les syndics. Les propriétaires non syndics, qui sont assignés, peuvent demander leur mise hors de cause avec dépens ; 27 novembre 1856 (ARCHAMBAUD)

254. Le syndicat d'une association pour travaux défensifs n'a pas qualité pour se pourvoir au conseil d'Etat contre une décision de commission spéciale qui a compris des propriétés dépendant de cette association dans le périmètre d'une association voisine, sans les distraire de la première association, lorsque ces propriétés n'ayant pas été comprises collectivement dans l'association voisine, et le syndicat demandeur n'ayant été assujetti à aucune taxe, la décision attaquée n'a eu ni pour but ni pour effet de distraire les terrains dont il s'agit du périmètre de la première association. Cette décision ne pouvait être attaquée que par les propriétaires de ces terrains agissant en leur nom personnel et dans leur intérêt privé, et le syndicat n'avait pas qualité pour se pourvoir ; 6 décembre 1860 (LEGIER).

255. Lorsque des propriétaires de terrains compris dans une association syndicale ont obtenu contre cette association et par défaut l'annulation d'une décision de commission spéciale, d'autres membres de l'association ne peuvent pas se pourvoir par opposition contre cette décision, sur le motif que l'ordonnance de soit communiqué qui instanciait le syndicat devant le conseil d'Etat avait été notifiée au directeur de l'association, lequel étant l'un des demandeurs en nullité, s'était trouvé par conséquent sans qualité pour recevoir la notification et l'assignation en défense sur sa propre demande, car l'arrêt ayant été rendu contre les membres de l'association demandeurs, d'une part, et l'association d'autre part, il ne pourrait appartenir qu'au syndicat de l'association de former opposition à cet arrêt ; et les oppositions individuelles de membres de l'association sont non recevables ; 5 décembre 1864 (Haignoux).

256. Tant que les rôles n'ont pas été rendus exécutoires, les réclamations dont ils sont l'objet ne sont pas recevables : 15 décembre 1855 (Ministre des travaux publics); 27 mai 1857 (Roset); Conseil de préfecture de la Haute-Garonne, 13 juin 1865 (Lapène).

257. Les demandes en décharge ou réduction de taxes syndicales assimilées aux contributions directes ne sont recevables qu'autant qu'elles sont formées dans les trois mois de la publication des rôles (art. 28, loi du 21 avril 1852); 14 avril 1864 (synd. de Lauterbourg). Il en est ainsi alors même que, pour écarter cette déchéance, les demandeurs soutiennent que leurs réclamations ne sont pas de simples demandes en décharge de taxes, mais ont pour objet d'attaquer comme irrégulière la composition du syndicat; que le syndicat n'a pu ordonner des élargissements sous prétexte de curage; et qu'enfin, l'un d'entre eux ne peut avoir aucune taxe à payer pour des travaux à exécuter pour une partie de ses terrains situés en dehors de la circonscription du syndicat ; 2 juin 1864 (Grenier et Remondet).

258. Mais, cette déchéance n'est pas applicable lorsque l'opposition au paiement des taxes est fondée sur ce que le syndicat est déchu de tout droit et de toute action faute de poursuites pendant trois années consécutives, à dater du jour où le rôle a été rendu exécutoire (art. 149 et 150, loi du 3 frimaire an VII; voy. *suprà*, n° 220); 25 juin 1855 (Hairault c. synd. de Montjean).

259. D'un autre côté, on ne saurait invoquer l'autorité de ce précédent pour prétendre qu'un syndicat dont les rôles ont été annulés par suite d'une irrégularité commise dans la composition de la commission syndicale, ne peut reprendre par un nouveau rôle des annuités de taxe dépassant la période de trois ans ; Conseil de préfecture de Vaucluse, 2 février 1866 (de Salvador c. le synd. du canal Crillon).

260. On ne saurait l'invoquer davantage lorsqu'il s'agit de régler les droits et les actions des tiers chargés de l'exécution de travaux par le syndicat ; leurs créances contre l'association ne peuvent pas être soumises à cette prescription spéciale de trois ans, qui n'est applicable qu'aux demandes en décharge ou en réduction de taxes ; 21 avril 1848 (Massonnet).

261. C'est dans le délai de trois mois que doit aussi être formé le pourvoi contre les décisions du Conseil de préfecture rendues sur les questions de périmètre et de classement des propriétés. Ainsi, après avoir payé pendant deux années de suite les taxes auxquelles il a été imposé conformément à la décision d'une commission spéciale, un propriétaire ne peut pas, plus de trois mois après le paiement, attaquer cette décision devant le conseil d'Etat ; 4 juillet 1862 (Soc. agricole de l'Eysselle). En pareil cas, il y a acquiescement comme dans celui indiqué *suprà*, n° 67. Mais il faut bien prendre garde de donner trop d'extension à la portée de ces acquiescements tacites; ils ne mettraient pas obstacle à des réclamations basées sur des modifications dans l'état des lieux qui avait motivé le classement, ni surtout à la recevabilité de demandes en décharge formées dans les trois mois de la publication du rôle, quand ce rôle est établi contrairement aux dispositions organiques du syndicat. Par exemple, un syndicat d'irrigation, autorisé par l'acte qui l'a organisé à dresser contre les propriétaires associés ou non associés, dans les limites du territoire d'une commune, des rôles de cotisation dans la forme établie en matière de contributions directes, ne peut pas, à l'égard de terrains situés sur le territoire d'une autre commune, et dont les propriétaires, ayant fait usage des eaux, ont payé, pendant un certain nombre d'années (25 ans), les cotisations qui leur ont été imposées, prétendre que ce paiement ainsi répété fait obstacle à ce qu'il soit fait droit, pour les années suivantes, aux réclamations par eux formées contre ce mode de recouvrement; 2 mai 1862 (CANAL DU PLAN D'ORGON).

262. Le délai de trois mois pour se pourvoir au conseil d'Etat contre les décisions des Conseils de préfecture, court du jour de la notification de cette décision ou du jour où le réclamant reconnaît qu'il a reçu l'expédition à lui adressée par le directeur du syndicat; 5 août 1861 (GON).

263. Il est de jurisprudence que les réclamations relatives aux rôles de taxes syndicales sont jugées sans frais par les Conseils de préfecture, comme pour les contributions directes; qu'ainsi, les réclamants qui succombent ne sont pas condamnés aux dépens; 25 juin 1849 (MARAIS DE DONGES); 16 avril 1851 (THOMASSIN DE SAINT-PAUL); 5 janvier 1854 (PASSELAIS); que les pourvois contre les arrêtés des conseils de préfecture peuvent être formés devant le conseil d'Etat par l'intermédiaire des préfets et sans frais; que le ministère d'un avocat n'est pas requis, et que les frais qu'occasionne ce ministère restent à la charge de la partie qui y a eu recours; 10 août 1850 (SYND. DE LA DURANCE); 21 décembre 1850 (VIDANGES D'ARLES); 17 avril 1856 (NOUVÈNE); 24 novembre 1859 (FOURNET-BRUNOT); 18 juillet 1860 (VOILQUINT); 25 février 1861 (DUBUC); 14 avril 1864 (SYND. DE LAUTERBOURG). Voy. M. CHAUVEAU ADOLPHE,

Code d'instruction administrative, 3ᵉ édition, t. II, p. 204, nᵒˢ 1050 et 1051.

264. Mais en sera-t-il de même des décisions rendues par les Conseils de préfecture sur les matières qui viennent de lui être attribuées, et qui appartenaient auparavant aux attributions des commissions spéciales ?

La négative est certaine, car le conseil d'Etat a toujours condamné aux dépens la partie qui succombait devant lui au sujet des recours contre une décision de commission spéciale (voy. les nombreux arrêts précités), et il a spécialement décidé : 1ᵒ qu'aucune disposition de loi n'établit, pour les recours formés contre la décision d'une commission spéciale qui a statué sur la fixation du périmètre de l'association, une exception à la règle posée par l'art. 1ᵉʳ du règlement du 22 juillet 1806, et d'après laquelle le recours des parties en matière contentieuse doit être formé par requête signée d'un avocat au conseil ; 18 juillet 1860 (VOILQUINT) ; 2ᵒ que la disposition de l'art. 58 de la loi du 18 juillet 1837 n'est pas applicable en matière syndicale. Voy. *suprà*, nᵒ 117.

Il faut donc reconnaître que les immunités dont jouissent les réclamations contre les rôles des taxes par suite de leur assimilation avec les contributions directes ne s'étendent pas aux réclamations portant sur la fixation du périmètre des terrains, sur la division en classes, sur le classement des propriétés en raison de leur intérêt aux travaux, et sur l'exécution des travaux. On ne peut pas considérer comme indiquant un changement de jurisprudence un arrêt du 25 juin 1864 (SIND. DE PICQUE-PIERRE) qui, sur un recours contre une décision de commission spéciale fixant les bases de la cotisation d'un propriétaire (classement en raison de l'intérêt aux travaux), n'a pas alloué de dépens, « attendu que le recours contre les arrêtés des Conseils de préfecture en matière de taxes assimilées est sans frais. » Dans l'espèce, il ne s'agissait ni d'un recours contre un arrêté de Conseil de préfecture, ni d'une taxe syndicale, et, par conséquent, le motif donné par l'arrêt nous paraît sans influence sur la solution, à moins qu'il ne fallût en conclure, ce que nous ne pensons pas, que ce qui est vrai pour le cas où il s'agit de fixer le périmètre de l'association, cesse de l'être quand il s'agit de déterminer la part contributive de chaque zone d'après le degré de son intérêt aux travaux (1).

265. Nous aurions désiré que l'assimilation avec les contributions directes, appliquée aux taxes par l'art. 15 de la loi de 1865, fût étendue aux contestations dont parle l'art. 16, sauf ce qui concerne l'exécution des travaux, parce qu'à nos yeux, il était aussi équitable de faciliter aux intéressés l'exercice du recours dans un cas que dans l'autre. Les fixations de périmètre et de classement des terrains ne sont d'ailleurs, pour les intéressés, qu'un moyen de préparation du rôle des taxes. Mais nous devons faire remarquer que la situation faite aux associés est aujourd'hui bien plus favorable qu'avant la loi. En effet, quand les commissions spéciales étaient en vigueur, les associés ayant à réclamer pouvaient éprouver des doutes sérieux sur le choix du moment opportun pour exposer leurs griefs et sur la juridiction à saisir. Maintenant, tout est simplifié ; dans tous les cas, c'est le Conseil de préfecture qui doit être saisi, et il n'est pas indifférent de le saisir à propos. Si les réclamants l'appellent à statuer avant toute émission du rôle des taxes, ils seront, pour les règles de la procédure, les formes du pourvoi et les frais, dans le droit commun ; s'ils attendent, au contraire, que ce rôle soit émis et si les moyens contre le périmètre, le classement ou la fixation des parts contributives ne sont invoqués qu'afin d'obtenir décharge ou réduction de la taxe dont le paiement

(1) Voyez dans le sens de notre opinion, un arrêt du 9 mai 1866 (Messié), qui a alloué des dépens dans une situation analogue.

leur est demandé, ils bénéficieront des avantages inhérents aux contestations en matière de contributions directes. Nous ne pouvons donc que leur recommander d'user de leur droit dans les délais de l'art. 17 et par voie de réclamation contre le rôle. Voy. *infrà*, n° 274.

266. C'est à tort qu'un arrêté du conseil de préfecture des Hautes-Alpes, du 26 août 1858 (Marchon), a déclaré que toute réclamation contre une cotisation syndicale doit être accompagnée de la quittance des termes échus. Il est constant que si aucune prescription du règlement syndical ne porte que les taxes soient exigibles par douzième, les demandes ne peuvent être déclarées non recevables pour défaut de production de la quittance des termes échus : 23 juin 1853 (Hairault); 4 avril 1862 (de Brunet); 1er mars 1866 (Cosmao).

267. Les cotisés qui obtiennent la décharge de leurs cotes ne sont pas recevables à réclamer les intérêts des sommes qui doivent leur être remboursées, ni des dommages-intérêts. : 12 janvier 1860 (Fisson); 23 février 1861 (Dubuc); 31 août 1863 (Lecoq); 4 mars 1865 (ville du Mans); 30 janvier 1866 (Ville du Mans).

268. Il nous paraît utile de faire remarquer que notre article 16, en empruntant à la loi du 14 floréal an XI, l'attribution de compétence au conseil de préfecture des contestations relatives à l'exécution des travaux, prête un nouvel appui à nos observations critiques sur un arrêté du Conseil de préfecture de la Haute-Garonne, *suprà*, n°s 87 et suiv.

269. L'assimilation de la comptabilité syndicale à la comptabilité communale est une excellente mesure qui donne aux intéressés les meilleures garanties. Le texte du paragraphe final de l'art. 16 aurait pu être rédigé d'une manière plus précise; mais il est certain, ainsi que le font remarquer MM. les rédacteurs du *Mémorial des Percepteurs*,

1865, p. 255, note 1, qu'il faut entendre cette disposition comme comportant virtuellement l'application à la comptabilité des syndicats de tous les principes de la comptabilité communale. S'il pouvait rester quelques doutes sur ce point, ils seraient levés par l'art. 7 du décret du 27 janvier 1866, portant : « Les comptes des trésoriers des associations syndicales sont soumis aux mêmes règles que les comptes des receveurs municipaux, » et par les instructions du ministre des finances des 50 janvier 1866 (*Bull. off. minist. intérieur*, 1866, p. 106), et 1er mars 1866 (*Ibid.*, p. 125). D'après ces dernières, les nouvelles dispositions ne sont applicables aux trésoriers des associations syndicales qu'à partir de l'exercice 1867.

Ainsi, les caissiers des associations soit antérieures, soit postérieures à la loi de 1865, seront désormais dans les mêmes conditions que les receveurs municipaux. Au-dessous de 50,000 fr., leurs comptes de gestion seront jugés par le conseil de préfecture en premier ressort, et, en dernier ressort, par la Cour des Comptes qui connaîtra seule des comptes dépassant cette somme (art. 66, loi du 18 juillet 1857).

270. Il ne peut pas entrer dans notre plan de rappeler ici les principales règles de la comptabilité communale, il nous suffira de renvoyer à ce que nous avons dit, *Journal du Droit administratif*, t. X (1862), p. 145 à 154, art. 321, et au décret du 26 janvier précité, qui a modifié certains détails, ainsi qu'à l'opinion exprimée, *ibid.*, t. XIV, p. 185, art. 75, n° 843, et p. 448, art. 77, n° 854, sur les garanties et la responsabilité résultant de la surveillance et du contrôle, tant des receveurs des finances que des trésoriers-payeurs généraux.

ARTICLE 17.

Nul propriétaire compris dans l'association ne pourra, après le délai de quatre mois, à partir de la notification du premier rôle des taxes, contester sa qualité d'associé ou la validité de l'association.

271. On lit dans le rapport : « L'art 17 est une disposition nouvelle qui a été suggérée à votre commission par les renseignements qui lui ont été communiqués sur les difficultés qu'éprouveraient les associations syndicales à obtenir des prêts de nos grands établissements de crédit, si ces établissements devaient vérifier la validité de l'acte d'association, relativement à chacune des personnes qui y auraient concouru ou qui y auraient été représentées. L'importance de ces observations a touché votre commission, et, après en avoir conféré avec MM. les commissaires du gouvernement, elle a proposé l'art. 17 (nouveau), qui a été adopté par le conseil d'Etat. Il est entendu que cette disposition ne fait nullement obstacle au recours que les parties intéressées auraient à exercer contre toute personne qui les aurait irrégulièrement engagées ou laissé engager dans une association syndicale. Ce recours, qui est le seul qui leur reste, est de droit, et il n'avait pas besoin d'être exprimé. »

Au sein du Corps législatif, MM. PICARD ET BETHMONT ont critiqué la disposition de notre article, comme trop rigoureuse pour les membres de l'association, en ce qu'elle permettait les surprises et pouvait aboutir à ce résultat qu'on fût associé sans le savoir. Le premier aurait voulu que le délai de 4 mois ne courût que du jour où le propriétaire se serait exécuté par le paiement d'une première taxe ; le second, qu'il ne partît que du moment où auraient commencé les poursuites du percepteur pour le recouvrement de la taxe. M. SÉNÉCA, *rapporteur*, et M. le comte DUBOIS, *commissaire du gouvernement*, ont défendu la rédaction proposée en insistant sur la nécessité de mettre dans un bref délai les associations syndicales en état d'offrir au crédit toutes les sécurités désirables, afin que l'exécution des travaux soit rendue possible au moyen de ressources fournies par des emprunts remboursables à l'aide des taxes annuelles; en faisant remarquer que les formalités de l'enquête et de l'assemblée générale qui précédaient toute constitution du syndicat, et par conséquent l'émission du premier rôle des taxes, excluait la possibilité des surprises en avertissant les intéressés; qu'un supplément de garantie leur était donné par la fixation à quatre mois au lieu de trois du délai des réclamations. « Nous n'avons pas voulu, a dit M. le comte Dubois, et on l'avait demandé au conseil d'Etat, que l'on s'en tînt à l'avertissement; nous avons jugé qu'un avertissement qui peut être déposé au domicile d'un propriétaire qui se trouverait absent ne présenterait pas une garantie suffisante; c'est donc avec raison que nous avons introduit dans la loi le mot *notification*, qui s'interprètera d'après le droit commun et qui donnera au propriétaire le droit d'exercer son recours... »

272. Au sujet de cette notification, voici ce qui a été dit :

« M. Segris. Quelle sera la forme de la notification ? Sera-ce la signification ordinaire faite par un officier public, par un huissier ?

» Nous n'avons que deux moyens d'acquérir cette certitude si nécessaire, que la connaissance du rôle aura été donnée à celui qui est intéressé à la forclusion : ou le récépissé du rôle qui lui a été remis, ou la signification par l'officier public.

» M. le comte Dubois, *commissaire du gouvernement*. Ou par le maire.

» M. Segris. Oui, par le maire.

» M. *le commissaire du gouvernement*. Ce que j'entends, c'est qu'il y aura une notification faite autrement que par la remise de l'avertissement ordinaire. La notification pourra être faite dans ce sens là, pour le premier rôle.

» M. Segris. Avec constatation du récépissé !

» M. *le commissaire du gouvernement*. C'est cela ; avec constatation du récépissé. »

Ces paroles, qui auraient pu être plus explicites, sont les seules qui indiquent la pensée du législateur. La circulaire ministérielle se tait sur ce point, que la doctrine a déjà interprété de diverses façons. M. Maulde, *Journal des Communes*, 1865, p. 413, dit que la notification doit être faite par un agent administratif, le maire, et doit être constatée par un récépissé. M. Emile Flourens, *Ecole des Communes*, 1866, p. 9, est d'avis qu'elle doit être faire par huissier ou par le maire, sans frais, avec constatation du récépissé. M. Bioche, *Journal de Proc.*, 1866, p. 251, n. 39, veut que la remise de l'avertissement soit constatée par un récépissé ou une signification en forme par huissier ou par le maire, en ajoutant que, dans ce dernier cas, la signification de l'officier municipal devra être appuyée d'un récépissé. MM. les rédacteurs du *Mémorial des Percepteurs*, 1865, p. 233, note 2, déclarent que le mode de notification aura besoin d'être déterminé d'une manière précise par les instructions de l'administration, car les paroles échangées au Corps législatif n'ont pas éclairé tout-à-fait la question.

A notre sens, il ne peut plus rester aucun doute sur la volonté de la loi, et puisqu'il faut une notification, il y a lieu de s'en tenir au droit commun, tel que l'a fixé la jurisprudence administrative.

La notification sera valablement constatée, soit par un acte d'huissier, soit par un procès-verbal dans la forme administrative, (maire, garde champêtre, etc.), soit par un récépissé souscrit par l'intéressé lui-même, l'un de ses parents ou domestiques, trouvé à son domicile, ou bien encore, un représentant, fermier ou métayer, comme dans le cas de l'art. 5 du décret du 17 novembre 1865 (*Supra*, n° 174).

Exiger un récépissé à l'appui d'un acte de notification authentique émanant d'un maire ou d'un autre agent administratif compétent, c'est ce que rien ne justifie, et en manifestant cette opinion, les honorables jurisconsultes que nous venons de citer n'ont pas pris garde qu'ils tombaient dans une étrange contradiction. Qu'arrivera-t-il, en effet, si l'associé qui reçoit la notification ne sait pas ou ne veut pas souscrire le récépissé ? Est-ce qu'il faudra nécessairement recourir au ministère d'un huissier ? Mais, est-ce qu'une notification constatée par un maire ou tout autre agent compétent n'a pas la même autorité qu'une notification faite par un huissier ? Et ne serait-il pas ruineux pour les associations syndicales d'être obligées d'employer un huissier, quand d'autres moyens bien plus économiques et tout aussi sûrs sont à leur disposition ?

Il faut donc reconnaître que le récépissé de l'intéressé ou de son représentant dispense de toute autre preuve de la notification ; qu'à défaut de récépissé, il suffit d'une notification dans la forme administrative, et, à ce propos, nous nous demandons pourquoi, au lieu de recourir aux maires, les syndicats ne seraient pas autorisés à se servir soit des porteurs de contraintes, soit des cantonniers-gardes-rivières, tous agents assermentés, aptes à dresser des procès-verbaux, et qui ont pour mission spéciale, les premiers, d'exercer les poursuites pour le recouvrement des rôles ; les seconds, d'assurer l'exécution des mesures de police nécessaires pour la conservation des travaux confiés aux associations syndicales.

273. La déchéance prononcée par notre article coupe court à toutes les hésitations. Lorsque les quatre mois sont expirés sans réclamation, l'acte constitutif de l'association ne peut plus être attaqué sous aucun prétexte ; l'association est irrévocable, quelque irrégulière qu'ait pu être sa formation. De même, un associé ne peut plus prétendre qu'il n'aurait pas dû être compris dans le périmètre ; il y a été compris, cela suffit pour qu'il reste associé. Mais, s'il ne peut plus contester cette qualité, il peut toujours, dans les trois mois de la publication d'un rôle, prétendre que son terrain a été mal classé et que, par suite, il supporte, dans la dépense totale, une quote part supérieure au degré de son intérêt aux travaux, et qu'il doit être rangé dans une catégorie moins intéressée. Toutes les fois qu'une modification dans l'état des lieux assigne au terrain un degré d'intérêt différent, il peut réclamer sans avoir à craindre la déchéance de l'art. 17. Et si cette modification est telle que sa propriété cesse d'avoir aucun intérêt, se trouvera-t-il forclos ? Nous ne le pensons pas. La disposition de l'art. 17 n'a pas été édictée pour ce cas spécial. On ne peut pas objecter au réclamant qu'il ne doit imputer qu'à sa négligence d'avoir encouru la forclusion, du moment où le fait qui motive sa réclamation est postérieur au délai de quatre mois, et qu'il est certain que si ce fait eût existé lors de la formation de l'association, le terrain imposé n'aurait pas été compris dans le périmètre. Le réclamant cessera alors d'être associé, par cela seul qu'il ne pourra plus lui être équitablement demandé de contribuer pour un centime à une dépense dont il ne profitera pas.

274. Tous les associés jouissent-ils, pour réclamer contre le premier rôle des taxes, du délai de quatre mois accordé par notre article, ou bien ce délai ne peut-il être utilisé que pour contester la qualité d'associé ou la validité de l'association ?

Nous sommes d'avis que l'extension à quatre mois du délai ordinaire de trois mois ne profite qu'aux réclamations basées sur les causes qui ont motivé la prorogation du délai, et que la déchéance est encourue après l'expiration des trois mois du rôle, lorsque c'est uniquement un intérêt de quotité qui est débattu sans toucher à la négation de la qualité d'associé ou de la validité de l'association. En supposant qu'une interprétation plus indulgente prévalût, nous conseillons de ne pas laisser écouler les trois mois tant qu'il ne sera pas formellement acquis que, pour le premier rôle des taxes, les réclamations peuvent, sans distinction, utilement se produire dans les quatre mois de la notification.

275. Grâces à la déchéance prononcée par notre article, les questions d'acquiescement (voy. *suprà*, n° 261) seront maintenant moins fréquentes et plus tôt résolues. Mais pour les associations antérieures à la loi nouvelle, il est vrai de dire que, lorsque des propriétaires ou leurs auteurs ont été imposés pendant deux ans sur les rôles dressés en exécution d'un décret impérial relatif à l'organisation d'une association syndicale et d'un arrêté préfectoral relatif aux détails de cette organisation, et qu'ils se sont pourvus devant le conseil de préfecture pour obtenir décharge, ce décret et cet arrêté doivent être considérés comme ayant reçu à l'égard de ces propriétaires une exécution qui a fait courir contre eux le délai du recours au conseil d'Etat et qui rend non recevable un pourvoi formé plus tard ; 25 juin 1864 (DUCLOS).

ARTICLE 18.

Dans le cas où l'exécution des travaux entrepris par une association syndicale autorisée exige l'expropriation de terrains, il y est procédé conformément aux dispositions de l'article 16 de la loi du 21 mai 1836, après déclaration d'utilité publique, par décret rendu en Conseil d'Etat.

276. Le projet de loi assimilait d'une manière absolue l'expropriation en cette matière à l'expropriation pour l'ouverture ou le redressement des chemins vicinaux, et l'exposé des motifs disait : « Les travaux entrepris par le syndicat entraînent fréquemment l'obligation de recourir à l'expropriation. La loi sur le drainage dispose que, dans ce cas, le règlement des indemnités est fait conformément aux dispositions de l'article 16 de la loi du 21 mai 1836 sur les chemins vicinaux, qui établit une instruction plus sommaire et plus rapide que celle qui est prescrite par la loi du 3 mai 1841. Voici comment il sera procédé : les travaux seront autorisés par arrêtés du préfet, les terrains à exproprier seront désignés dans la même forme, et il sera statué sur le montant de l'indemnité par le jury spécial institué par la loi du 21 mai 1836; le jugement emportera translation définitive de propriété, mais il ne pourra être pris possession des terrains qu'après le payement de l'indemnité. »

Mais le projet a subi des modifications que le rapport indique en ces termes : « L'article 18 a subi deux modifications. Le mot particuliers, après le mot terrains, a paru limitatif. La commission a pensé qu'il convenait de le supprimer, puisque des terrains qui appartiendraient à l'Etat, à un département, à une commune ou à un établissement public, pourraient être expropriés pour cause d'utilité publique. L'amendement a été adopté. La disposition principale de l'article a donné lieu à un amendement. L'article 16 de la loi du 21 mai 1836, qui serait, d'après la loi, la règle de procédure pour les expropriations, a paru à l'honorable M. Lambrecht n'offrir que des garanties insuffisantes. Il a proposé de rétablir l'application de la loi du 3 mai 1841. La commission n'a pas adopté cet amendement; elle a vu, dans la loi de 1836, une simplification de formalités utile à tous les intérêts; elle a toutefois préféré, pour déclarer l'utilité publique qui entraîne le droit d'expropriation, un acte plus solennel, à l'arrêté du préfet, qui suffit dans le cas de la loi du 21 mai 1836. La commission a proposé d'y substituer un décret rendu en conseil d'Etat. Cet amendement a été adopté par le conseil d'Etat. Voici, du reste, les dispositions textuelles de l'article 16 de la loi de 1836.

« Lorsque, pour l'exécution du présent article, il y aura

« lieu de recourir à l'expropriation, le jury spécial chargé
» de régler les indemnités ne sera composé que de quatre
» jurés. Le tribunal d'arrondissement, en prononçant l'ex-
» propriaton, désignera, pour présider et diriger le jury,
» un de ses membres ou le juge de paix du canton. Ce
» magistrat aura voix délibérative en cas de partage. Le
» tribunal choisira sur la liste générale (formée aujour-
» d'hui par le conseil général, conformément à la loi du
» 3 mai 1841) quatre personnes pour former le jury spécial
» et trois jurés supplémentaires. L'administration et les
» parties intéressées auront respectivement le droit d'exer-
» cer une récusation péremptoire. Le juge recevra les
» acquiescements des parties. Son procès-verbal entraînera
» translation définitive de propriété. »

» Ce sont là les garanties réunies que votre commission
a trouvées suffisantes. »

Au Corps législatif, notre article a donné lieu à une discussion que nous allons résumer pour en faire ressortir la
pensée du législateur.

M. LAMBRECHT a développé les considérations qui, suivant
lui, devaient faire préférer à la loi de 1836 celle de 1844
comme offrant plus de garanties pour la propriété. Il a
déclaré que le vote de l'art. 18 avec la déclaration proposée
par la commission, impliquerait l'abrogation du titre IV de
la loi de 1841.

M. SÉNECA, *rapporteur*, a relevé ce qu'il y avait d'exagéré
dans l'opinion émise par le préopinant, exposé l'analogie
existant entre les chemins vicinaux et les travaux des
associations syndicales ; que la loi de 1836 avait fonctionné
sans exciter aucune plainte, et qu'il était donné à la propriété un supplément de garantie par la loi en discussion,
puisque l'utilité publique, au lieu d'être déclarée par un
simple arrêté du préfet, le serait par un décret en conseil
d'Etat, comme pour les grands travaux publics.

M. JOSSEAU a demandé l'application du droit commun,

c'est-à-dire de la loi de 1841, comme présentant plus de garanties non-seulement par le nombre des membres du jury d'expropriation, mais encore par les formalités accessoires qu'elle prescrit dans l'intérêt des tiers, pour la sauvegarde des droits des locataires, d'hypothèque, de privilége, de servitude, etc., et parce qu'on ne voit pas comment les associations syndicales seraient traitées plus favorablement que l'Etat, les départements, les communes, etc.

M. LE COMTE DUBOIS, *commissaire du Gouvernement*, a répondu que la disposition de l'art. 18 avait été empruntée à la loi du 10 juin 1854 sur le drainage, que la loi de 1856 offrait tout autant de garanties que celle de 1841 avec plus de simplicité et de rapidité dans l'application, car s'il fallait s'en tenir à cette dernière loi, on devrait remplir toutes les formalités du titre II avec une commission, c'est-à-dire subir des lenteurs préjudiciables à l'intérêt qu'il s'agit de satisfaire.

M. LOUVET a insisté en faveur de la loi de 1841, et M. ROULLEAUX-DUGAGE pour le maintien de celle de 1856.

Puis, l'article a été adopté sans modification par 127 voix contre 97.

Au Sénat, M. LE ROY DE SAINT-ARNAUD s'est associé aux critiques de MM. LAMBRECHT et JOSSEAU (*Moniteur* du 14 juin 1865, p. 804), qui ont été réfutées par M. BOINVILLIERS.

Enfin, pour épuiser les documents officiels, la circulaire ministérielle dit : « Cette expropriation ne peut avoir lieu, à moins du consentement formel des propriétaires à exproprier, qu'après déclaration d'utilité publique par décret rendu en conseil d'Etat. En conséquence, lorsqu'il y aura lieu de déclarer l'utilité publique, vous devrez m'adresser, avec le projet des travaux à exécuter, les pièces de l'enquête à laquelle ce projet aura été soumis, en vertu de l'art. 10 de la loi, afin que je puisse soumettre le tout à l'examen du conseil d'Etat. »

277. Dès là qu'il s'agit de poursuivre l'expropriation

comme en matière de chemins vicinaux et que les formalités de l'enquête sont celles du décret du 17 novembre 1865 (*suprà*, n° 163), il nous semble qu'il n'y a plus de difficultés. Telle n'est pas cependant la manière de voir de MM. Du-vergier et Bioche, *loc. cit.* sur l'art. 18 de la loi. Le premier s'exprime ainsi :

« Ce vote (du Corps législatif), qui tranche clairement la question de savoir si la loi de 1856 sera applicable aux travaux des associations syndicales, laisse entièrement indécise celle de savoir comment, dans tous les cas où l'application de la loi de 1856 doit avoir lieu, ses dispositions doivent être combinées avec celles de la loi de 1841. L'incertitude est d'autant plus grande que, lorsque M. Josseau s'est plaint de ce que la loi de 1841 se trou-verait complètement écartée, M. le rapporteur de la com-mission a exprimé la pensée qu'elle ne devrait pas l'être et que M. le commissaire du Gouvernement a parlé dans un sens opposé. »

M. Bioche : « On a prétendu qu'il résultait de la discus-sion que, tout en se plaçant sous le régime de la loi de 1856, le législateur n'entendait pas exclure les formalités de la loi de 1841. Or, c'est ce qui nous paraît absolument contraire aux déclarations faites par le commissaire du Gouvernement. »

Et cet auteur cite les paroles suivantes prononcées par l'organe du Gouvernement :

« Si vous soumettez l'expropriation pour les travaux des associations syndicales, pour le petit redressement d'un cours d'eau, pour l'ouverture d'un canal d'arrosage, aux dispositions de la loi du 5 mai 1841 , il faudra rem-plir évidemment toutes les formalités du titre II de cette loi. Et quelles sont ces formalités ? Il y en a deux : pour la déclaration d'utilité publique, une enquête ; cette enquête est réglée par les formes solennelles d'une ordon-nance de 1834 ou 1835. Cette enquête ne suffit pas. Il y en a une seconde, publique. Pour les travaux de la nature de ceux dont nous nous occupons, travaux qui sont identiques à ceux de l'ouverture d'un chemin vicinal, de quelque nature qu'il soit, l'enquête du titre Ier suffit, pourvu qu'elle ait porté sur un projet définitif dressé par les hommes de l'art. Pourvu que les parcelles sur lesquelles on doit faire une digue ou un canal soient bien déterminées dans le plan, vous pouvez, au moyen de l'arrêté du préfet, abréger toutes les lenteurs, mettre immédiatement, pour ainsi dire, la main à l'œuvre, appeler sans retard les propriétaires, leur faire des offres et provoquer leurs demandes. On peut ainsi éviter ces formalités de la seconde enquête, les retards provenant de la réunion de nouvelles commissions. Ce sont ces abréviations de délais, ce sont ces avantages qui, à mes yeux, commandent l'adoption de la loi de 1836. »

Nous reconnaissons que la physionomie de la discussion pouvait prêter matière à quelques équivoques, mais il nous semble que la marche à suivre est maintenant tracée avec clarté.

En admettant que le plan à soumettre à l'enquête en vertu de l'art. 10 de la loi ne soit pas parcellaire, et on a vu *suprà,* n° 164, que nous préférerions qu'il le fût, il devra au moins indiquer les parcelles sur lesquelles la digue, le canal, les élargissements, les redressements devront être effectués (voy. *suprà,* n° 29). L'enquête ouverte dans les formes prescrites par l'art. 10 suffira alors et pour la constitution du syndicat et pour provoquer la déclaration d'utilité publique (voy. la circulaire ministérielle *suprà,* n° 276). Or, cette enquête se rapproche beaucoup de celle qu'a déterminée l'ordonnance royale du 23 août 1835 pour les travaux d'intérêt purement communal, tandis qu'elle s'écarte presque absolument des formes solennelles, avec commission, de l'enquête objet de l'ordonnance du 18 février 1834 pour les grands travaux publics.

278. Quand le décret déclaratif d'utilité publique a été rendu, l'exécution en est assurée au moyen du dépôt du plan parcellaire à la mairie de chacune des communes sur le territoire desquelles l'expropriation doit être effectuée, suivant les formes et les délais fixés par les art. 5, 6 et 7 de la loi du 3 mai 1841. Le syndicat est appelé à exprimer son avis et le préfet rend son arrêté de cessibilité en conseil de préfecture conformément à l'art. 12 de la même loi, sauf qu'en matière syndicale l'avis des syndics remplace celui du conseil municipal.

Le dossier ainsi complété est transmis au parquet du tribunal civil, et ce tribunal rend le jugement d'expropriation qui désigne en même temps le magistrat directeur du jury et les membres du jury (art. 16, loi de 1836).

Ce jugement est ensuite publié, affiché, notifié et transcrit, conformément aux prescriptions des art. 15 et 16 de la loi de 1841.

La purge des hypothèques, les droits réels, les conventions amiables et les pourvois en cassation sont réglés par les art. 17, 18, 19 et 20 de cette loi. Toutes les formalités des titres IV et suiv. de la loi de 1841 sont observées comme en matière de chemins vicinaux, car la loi de 1836 ne déroge à celle de 1841 que pour la composition du jury et en ce que le magistrat en fait partie intégrante comme président et doit participer, à peine de nullité, à tous les actes et à toutes les opérations du jury. Voy. M. DAFFRY DE LA MONNAYE, *Lois de l'expropriation*, p. 504.

En un mot, sauf la commission d'enquête exigée par les articles 8, 9 et 10 de la loi de 1841, et la différence dans la formation du jury, nous ne connaissons dans la situation faite aux expropriés à la requête d'une association syndicale, rien qui la différencie de la situation des expropriés pour le compte de l'État, des communes, des départements, etc. Aussi, n'avons-nous pu comprendre la portée des critiques de M. Josseau qui a considéré comme sacrifiés les droits des femmes mariées, des mineurs, des incapables, des locataires, des créanciers hypothécaires, etc., comme si, par rapport à ces intéressés, la loi de 1856 ne laissait pas absolument intactes les sages prescriptions de la loi de 1841 ! MM. Duvergier et Bioche, avec plusieurs membres du Corps législatif, ont paru croire que la procédure à suivre par le syndicat après le décret déclaratif d'utilité publique, consisterait uniquement dans le jugement d'expropriation suivi, sans autres formalités, de la convocation du petit jury ; mais alors la loi de 1865 n'appliquerait pas la loi de 1836 comme cette dernière est quotidiennement appliquée dans tous les départements ; elle simplifierait tellement l'expropriation en matière de chemins vicinaux, qu'elle supprimerait la loi de 1841 qui, d'après une doctrine et une jurisprudence constantes, est entendue en administration comme devant toujours être exécutée en tant qu'il n'y est pas dérogé par la législation spéciale de 1856.

279. La seule difficulté qui pût rester debout après la discussion au Corps législatif, avait trait à la question de savoir s'il faudrait pour la seconde enquête une commission, et cette difficulté a été levée d'abord par le règlement d'administration publique du 17 novembre 1865, qui, en n'exigeant pas une commission pour la première enquête, en a *à fortiori* dispensé pour la seconde ; ensuite, par l'assimilation faite entre les associations syndicales et les communes, assimilation qui rend applicable l'art. 12 de la loi du 3 mai 1841.

280. On a vu *suprà*, n°s 241 et 242, que les formalités simplifiées que nous venons d'indiquer pour les expropriations, doivent recevoir leur exécution quand l'expropriation est poursuivie à la requête d'une association syndicale créée avant la loi de 1865.

281. Dans ce dernier cas, s'il n'y a pas eu d'enquête d'utilité publique sur le projet nécessitant des expropria-

tions, nous pensons· qu'il faudra soumettre ce projet à
l'enquête spéciale réglée par le décret du 17 novembre
1865, sans qu'il y ait lieu de faire la notification prescrite
par l'art. 5 de ce décret.

ARTICLE 19.

Lorsqu'il y a lieu à l'établissement de servitudes conformément
aux lois, au profit d'associations syndicales, les contestations sont
jugées suivant les dispositions de l'art. 5 de la loi du 10 juin 1854.

282. On lit dans le rapport : « L'article 19 renferme
une disposition qui n'était pas dans le projet de loi, et qui
est le résultat d'un amendement proposé par la commission
en ces termes : « Lorsqu'il y aura lieu à l'établissement de
servitudes, il sera procédé conformément à l'art. 5 de la
loi du 10 juin 1854. »

« Cette loi, vous le savez, est relative au drainage. L'article 5 porte : « Les contestations auxquelles peuvent
» donner lieu l'établissement et l'exercice de la servitude,
» la fixation du parcours des eaux, l'exécution des travaux
» de drainage ou d'assèchement, les indemnités et les frais
» d'entretien sont portés en premier ressort devant le juge
» de paix du canton qui, en prononçant, doit concilier les
» intérêts de l'opération avec le respect dû à la propriété.

» S'il y a lieu à expertise, il pourra n'être nommé qu'un
» seul expert. »

« Le conseil d'Etat, en adoptant le principe, a modifié la
rédaction de l'article dans les termes auxquels la commission a adhéré.

» En l'absence de la disposition que nous vous proposons,
le drainage aurait été régi par la loi de 1854. Les irrigations
l'auraient été par les articles 4 de la loi du 29 avril 1845 et
5 de la loi du 11 juillet 1847, portant : « Les contestations
» auxquelles pourraient donner lieu l'établissement de la
» servitude, la fixation du parcours de la conduite d'eau,
» de ses dimensions et de sa forme, et les indemnités dues,

» soit au propriétaire du fonds traversé, soit à celui du
» fonds qui reçoit l'écoulement des eaux, seront portées
» devant les tribunaux qui, en prononçant, doivent con-
» cilier l'intérêt de l'opération avec le respect dû à la
» propriété. Il sera procédé devant les tribunaux comme
» en matière sommaire, et, s'il y a lieu à expertise, il
» pourra n'être nommé qu'un expert. »

» Ainsi, il y aurait eu une juridiction particulière pour
le drainage, une procédure particulière pour les irrigations,
et le droit commun pour le surplus. Votre commission a
pensé qu'il convenait de poser des règles uniformes pour
toutes les matières susceptibles de faire l'objet d'associations syndicales. »

Le rapport continue en rappelant que le vœu de l'uni-
fication avait été exprimé lors de la discussion de la loi
de 1854, et que s'il n'avait pas été accueilli quant aux
irrigations, le législateur en a tenu compte en rendant la
règle de compétence de cette loi applicable aux landes de
Gascogne (art. 10, loi du 19 juin 1857) et à la mise en
valeur des terrains communaux (art. 8, loi du 28 juillet
1860). C'est aussi ce que fait remarquer la circulaire ministérielle du 12 août 1865 : « L'article 19 règle d'une
manière générale une question de compétence qui a reçu
des solutions différentes, d'une part dans les lois des 29
avril 1845 et 11 juillet 1847 sur les irrigations, de l'autre,
dans les lois du 10 juin 1854 sur le drainage, du 19 juin
1857 sur les landes de Gascogne, et enfin du 28 juillet 1860
sur la mise en valeur des marais communaux. Désormais,
pour tous les travaux énoncés à l'article 1er, les contestations relatives à l'établissement de servitudes prévues par
les lois, au profit d'associations syndicales autorisées,
seront jugées suivant les dispositions de l'art. 5 de la loi
du 10 juin 1854. »

283. Des explications échangées au Corps législatif

entre MM. Martel, Pinart et le commissaire du Gouvernement, il résulte :

1° Que les servitudes dont s'occupe notre article sont les
servitudes d'aqueduc et d'appui prévues par les lois des
29 avril 1845, 11 juillet 1847 et 10 juin 1854 ;

2° Que la servitude d'aqueduc souterrain ou à ciel ouvert
ne pourra s'exercer dans les maisons, cours, jardins, parcs
et enclos attenant aux habitations (loi 1845, art. 1er, § 2 ;
loi 1854, art. 1er, § 2), et la servitude d'appui dans les
bâtiments, cours et jardins attenant aux habitations (loi
1847, art. 1er, § 2). Conf. M. Duvergier, *Lois et décrets*, 1865,
p. 510, qui résume ainsi la portée de notre article : « Mais
quelles servitudes pourra réclamer une association syndicale ? Evidemment les servitudes que les lois autorisent
et telles qu'elles sont autorisées par les lois. Le texte le
dit, et les principes généraux du droit veulent qu'il en
soit ainsi. » M. Bioche, p. 252, renvoie aussi aux trois lois
que nous avons citées et se prononce pour l'affranchisse-
ment des propriétés closes.

284. M. Segris a dit : « Evidemment, les associations
syndicales n'auront le droit d'imposer des servitudes aux
propriétés qui leur seront étrangères que pour une utilité
publique qui aura été reconnue ? »

M. le comte Dubois a répondu : « Oui, je l'interprète ainsi. »

M. Duvergier reproduit cette interrogation et cette réponse sans commentaire. M. Bioche considère comme acquis
que les servitudes ne seront établies que pour une utilité
publique qui aura été reconnue.

Nous nous demandons ce que veut dire ce passage
de la discussion. Comment sera reconnue cette utilité
publique ? Les particuliers qui veulent irriguer ou drai-
ner ne sont tenus à aucune espèce de constatation
d'utilité publique ; ils usent des facilités que leur donnent les lois précitées à leurs risques et périls ; il en
est de même des associations libres s'occupant d'irriga-

tion ou de drainage. Pourquoi les associations autorisées seraient-elles plus limitées, serait-ce parce qu'elles offrent plus de garanties ? Est-ce que le fait seul d'être une association autorisée n'est pas le meilleur indice, la meilleure preuve de l'utilité publique de l'entreprise ? Si, par reconnaissance d'utilité publique on avait entendu qu'il faudrait procéder comme dans le cas d'expropriation, ce qui n'est pas possible, l'art. 19 eût été inutile, puisque, par l'établissement des servitudes dont il s'agit, on a voulu précisément qu'il n'y eût pas lieu de recourir à cette longue formalité, et que la servitude exclut d'ailleurs l'acquisition du fonds ; si l'on a entendu que l'emplacement des aqueducs devrait faire partie d'un projet soumis au contrôle et à l'approbation préfectorale, nous comprenons cette exigence, mais nous ne voyons pas que l'administration ait à demander autre chose que la justification de l'utilité de la servitude pour l'association et de son exercice dans les conditions les moins dommageables pour les particuliers qui auront à la subir. Comme tous les travaux des associations syndicales se font sous le contrôle et l'approbation de l'administration, il n'y avait aucun motif de distinguer entre les servitudes et les autres travaux, et, selon nous, l'observation de M. Segris n'avait pas de portée, ou bien si elle en a une, cette portée échappe à notre pénétration.

Remarquons, au surplus, que la surveillance et l'intervention de l'administration sont bien plutôt dans l'intérêt de l'association que dans celui du propriétaire grevé de la servitude, celui-ci ayant pour garantie de la sauvegarde de ses droits l'appréciation de l'autorité judiciaire qui fixe l'indemnité, eu égard au préjudice souffert, à l'atteinte portée au droit de propriété.

285. En terminant ce que nous avons à dire sur l'art. 19, il nous sera permis d'appeler l'attention sur une anomalie résultant de la combinaison des textes législatifs concernant les irrigations. Aujourd'hui, si les simples particuliers ou les syndicats libres veulent user des servitudes mises à leur disposition par les lois de 1845 et 1847, c'est le tribunal de première instance qui fixe l'indemnité. Si les mêmes servitudes sont réclamées par un syndicat autorisé, c'est le juge de paix qui est compétent ; l'inverse serait plus logique si, à notre avis, il ne valait mieux tout uniformiser dans le sens qu'a fait prévaloir la loi de 1865.

286. Avant de passer au titre IV de la loi, qui traite d'un autre ordre d'idées, nous croyons devoir placer ici quelques questions auxquelles, dans notre pratique administrative, nous avons vu attacher beaucoup d'importance, bien qu'elles nous paraissent assez simples.

287. Dans un syndicat ayant pour objet le curage et l'endiguement d'une rivière, à la suite de crues extraordinaires, d'anciennes digues, établies par les riverains et ne se rattachant pas au système d'ensemble que le syndicat avait pour mission de faire exécuter, furent rompues, et les eaux, trouvant une issue, inondèrent les propriétés voisines. Les propriétaires qui avaient éprouvé des dommages et qui étaient dans le périmètre de l'association s'adressèrent à celle-ci pour demander qu'elle réparât les dommages et fît fermer les brèches. Le syndicat s'y refusa, en objectant qu'il n'était tenu que de faire procéder au curage et à l'endiguement, conformément aux plans et projets qui devraient être approuvés ; que, pour le moment, aucun projet d'endiguement n'était approuvé et que l'association ne pouvait pas dès lors entreprendre des travaux pour conserver ou réparer des digues dont la destruction serait peut-être nécessaire dans le système qui serait ultérieurement adopté. Forts de l'opinion exprimée en faveur de leurs prétentions par M. Chauveau Adolphe, *Journal du Droit administratif*, t. IX (1861), p. 200, art. 300, les propriétaires résistèrent avec énergie, disant au syndicat qu'il représentait l'intérêt collectif de tous les propriétaires compris dans la zone submersible et dont les cotisations annuelles alimentaient la caisse de l'association ; qu'il avait été constitué pour étudier et faire exécuter les mesures destinées à protéger la zone submersible contre les inondations ; que son premier devoir, quand un fait se produisait, modifiant l'état actuel de la rivière et aggravant la position des associés, c'était de rétablir les lieux afin de faire immédiatement cesser la cause du dommage ; que, quel que fût le mode d'amélioration adopté, tant qu'il n'avait pas été exécuté et que ses résultats n'en pouvaient pas être appréciés, il devait maintenir les travaux défensifs dont l'utilité actuelle était incontestable ; qu'en attendant l'amélioration, il fallait conserver, et que le rétablissement des digues était demandé à titre conservatoire.

Le syndicat persistait, de son côté, et ajoutait que les digues avaient été construites par des riverains suivant leurs convenances personnelles ; que ces riverains avaient à les entretenir ou à les réparer si cela leur paraissait utile ; que la constitution de l'association syndicale n'avait rien changé à la situation antérieure sous ce rapport ; qu'avant qu'elle n'eût lieu, nul ne pouvait contraindre le constructeur d'une digue à la rétablir en cas de destruction ; que, de même, le syndicat ne peut pas être obligé de fermer des brèches déterminées par la violence des eaux, c'est-à-dire par un cas de force majeure ; que, si les fonds de l'association devaient être éparpillés partout où une rupture de digue serait signalée, il ne serait plus possible de maintenir l'ordre dans les finances, et il faudrait renoncer à des travaux d'ensemble garantissant de bons résultats.

Consulté sur cette question, S. Exc. M. le ministre de l'agriculture, du commerce et des travaux publics répondit, le 10 juin 1861 :

« Les considérations sur lesquelles s'appuie le syndicat pour repousser en principe les réclamations des propriétaires riverains m'ont paru fondées. En effet, les cotisations perçues aujourd'hui ont pour objet exclusif des travaux de curage et d'approfondissement, et sont réparties entre les membres de l'association dans la proportion même de l'avantage que ces travaux doivent procurer à chacun d'eux ; si les ressources ainsi obtenues étaient, même partiellement, employées à réparer des digues que quelques propriétaires ont établies pour protéger leurs terrains, ces derniers obtiendraient un avantage plus grand que les propriétaires dont les terrains ne sont pas indiqués, ce qui serait contraire au principe même de l'association. »

Il nous semble qu'on ne saurait opposer des arguments plus décisifs aux prétentions peu équitables des riverains réclamants.

288. Dans une autre affaire, un syndicat qui avait curé et notablement élargi un cours d'eau et dont les travaux avaient porté atteinte à la solidité et à la force de résistance d'un pont communal, situé sur un chemin vicinal, prétendait repousser la demande en dommages formée par la commune, par cette considération qu'en donnant au cours d'eau des dimensions suffisantes le syndicat avait agi dans un intérêt public auquel le pont portait atteinte, parce qu'il n'offrait pas aux eaux un débouché suffisant. Dans ce système, le pont aurait été pour la commune une cause de dommage en faveur du syndicat, et les rôles étaient renversés. Il était d'autant moins soutenable, comme principe, que l'administration préfectorale commet un excès de pouvoir si, sous prétexte de curage, elle fait élargir un cours d'eau aux dépens de la propriété riveraine, sans recourir à l'expropriation pour cause d'utilité publique, quand il n'y a pas accord amiable sur la prise de possession et sur le montant de l'indemnité (voy. *suprà*, n° 44) et que, absolument dans la même situation, un syndicat n'aurait rien à ménager, et aurait le singulier privilége de fixer des largeurs à sa convenance, sans l'observation d'aucune formalité et sans avoir à payer aucune indemnité. L'Etat, s'il cause un dommage à une propriété privée ou départementale ou communale, est assujetti au paiement d'une indemnité réparatrice, et les syndicats seraient affranchis de cette obligation dans des situations analogues. Nous avons entendu soutenir, à ce sujet, des énormités juridiques, dont le conseil de préfecture de la Haute-Garonne a fait bonne justice dans ses arrêtés des 26 octobre 1858 et 25 août 1862 (COMM. DE SAINTE-FOY-D'AIGRE-FEUILLE C. SYND. DE LA SAUNE). Nous empruntons au premier les motifs suivants :

« Les travaux exécutés par le syndicat de la Saune pour l'amélioration des cours d'eau ont rendu nécessaire la réparation et peut-être la reconstruction du pont que la commune de Sainte-Foy possède sur cette rivière pour la facilité de ses communications ; le syndicat a donc porté par son fait un préjudice direct et matériel à la commune ; ce fait n'est pas contesté et le syndicat reconnaît lui-même d'une manière expresse, dans son mémoire du 26 mai 1857 (1re page), qu'il devrait être condamné à des dommages et même, le cas échéant, à la reconstruction du pont s'il avait agi comme simple particulier et dans un intérêt purement privé, mais il se défend en soutenant qu'il a exercé les droits de l'autorité publique, chargée d'assurer en tout temps le libre cours des eaux ; cependant, le syndicat ne saurait faire prévaloir cette prétention ; il ne peut être considéré que comme une personne privée ; la condition sous laquelle il existe est écrite, dans l'art. 1er du décret qui l'institue : « Les propriétaires intéressés au curage et à l'endiguement de la Saune formeront entre eux (dit cet article) une société pour concourir, chacun dans la pro-portion de son intérêt, aux dépenses que pourront nécessiter les travaux ; » on ne voit là que l'association de plusieurs intérêts privés, et cette association n'a pas plus de droits à l'égard des tiers que n'en aurait un simple particulier ; il faut donc qu'elle répare les dommages qu'elle a causés, comme devrait le faire un des propriétaires qui la compo-

sent s'il avait agi seul ; au surplus, le syndicat exerçât-il,
comme il le prétend, les droits et les devoirs de l'administration, ses obligations resteraient les mêmes sans aucun
doute, le droit de propriété étant sacré pour tous, et l'intérêt public lui-même n'ayant jamais le droit d'en exiger le
sacrifice sans payer au propriétaire évincé une juste et
préalable indemnité ; ce principe ne souffre pas d'exception, et si l'on voit quelquefois des dépossessions sans
indemnité, c'est dans le cas où il y avait eu usurpation de
la part des particuliers, des titres vicieux ou des concessions faites abusivement contre l'intérêt général ; mais les
ponts de la commune de Sainte-Foy sur la Saune ne sont
entachés d'aucun de ces vices ; ils furent construits sous
la direction des anciens états du Languedoc avec l'observation de toutes les formalités légales, comme le constate
l'édit du 26 juin 1748 ; on reconnut alors que les ponts
étaient suffisants et en harmonie avec les travaux qui
s'exécutaient à cette époque sur ledit cours d'eau ; l'autorité
ne les a jamais signalés comme nuisibles ; s'ils l'avaient été,
c'était à elle seule d'en ordonner la destruction ou la modification..... »

Cette jurisprudence, parfaitement fondée, a été consacrée
par le conseil d'Etat, sur le pourvoi du syndicat, par un
arrêt du 6 décembre 1865, portant : « Considérant que, si
par les travaux exécutés pour l'approfondissement et l'élargissement du lit de la Saune, le syndicat, en changeant la
constitution même du lit de la rivière a causé au pont de
Sainte-Foy-d'Aigrefeuille des dommages à raison desquels
cette commune a droit à une indemnité, il résulte de l'instruction qu'il sera fait une appréciation suffisante de ces
dommages en fixant la dite indemnité à....., etc. »

Le chiffre ne fait rien, c'est le principe qui sort vic-
torieux de cette épreuve contentieuse, ce qui, d'ailleurs,
n'était pas douteux et ne pouvait pas l'être, alors même
que le conseil d'Etat n'en eût pas fait une application

antérieure en décidant qu'une commission syndicale de rivière dont les travaux (exécutés pour le curage, l'approfondissement et le redressement de la rivière) ont eu pour effet, par suite des affouillements qui ont été la conséquence de l'approfondissement et de la plus grande vitesse des eaux résultant de cet approfondissement, de dégrader un gué *pavé* établi dans le lit du cours d'eau et affecté au passage d'un chemin vicinal, doit une indemnité à la commune, sans qu'il y ait lieu de s'arrêter à l'objection tirée de ce que le lit du cours d'eau, dont le gué est partie intégrante, ne serait pas susceptible d'être une propriété communale ; 23 mai 1861 (SYND. DE L'OSNE).

M. CHAUVEAU n'avait pas hésité à prêter l'appui de son autorité à la demande de la commune de Sainte-Foy-d'Aigrefeuille, soit dans son *Essai sur le régime des eaux*, p. 59, soit dans le *Journal du Droit administratif*, t. V, p. 36 et 195 ; t. VII (1859), p. 42, art. 247, et t. IX (1861), p. 202, art. 500.

289. Lorsqu'une commune a pris à sa charge certains travaux ayant eu pour objet et pour résultat la défense des propriétés comprises dans le périmètre d'un syndicat, ce syndicat est tenu de rembourser à la commune les avances en capital et intérêts, non pas seulement du jour de la demande, mais du jour du paiement de ces avances, en conformité de l'art. 2001 du Code Napoléon ; 14 juillet 1858 (SYND. DE LA PLAINE D'OISANS).

Dans une autre affaire, le conseil d'Etat a bien accordé à un propriétaire le remboursement, par le syndicat, des frais faits par ce propriétaire pour des digues défensives appartenant à ce particulier ; mais comme ces digues, dont le syndicat avait pris possession dans un intérêt commun, servaient à la défense des propriétés du particulier dépossédé, ainsi qu'à celle des immeubles de tous les autres propriétaires, les intérêts des avances n'ont pas été accordés ; 4 février 1858 (DE LUBIÈRES).

En rapportant ces arrêts, t. VIII, p. 529, art. 269,
M. Chauveau a dit : « Je ne saisis pas parfaitement la
différence, car, en définitive, les avances avaient bien été
faites, du moins *in parte quá*, dans un intérêt commun,
puisque le syndicat devait en rembourser le montant. Dans
l'espèce précédente, la commune n'avait sans doute fait
exécuter des travaux *à priori* que parce qu'elle aussi,
comme commune, y était intéressée. Il est plus juste d'accorder des intérêts, car tous les propriétaires sont censés
en avoir profité, par le fait de la dépossession prononcée. »

La nuance que n'a pas aperçue M. Chauveau existe
pourtant, car, dans le premier cas, la commune avait
agi comme mandataire de tous les intéressés, à titre d'avances à rembourser par le syndicat, tandis que dans le
second cas, le propriétaire avait fait exécuter les travaux
dans son intérêt personnel, ces travaux lui avaient profité
à ce titre tant qu'il n'y avait pas eu de syndicat, et ce dernier ne pouvait devoir des intérêts que du jour de la
fixation de l'indemnité motivée par la prise de possession
du syndicat, puisque jusque là rien n'avait été changé dans
la situation du propriétaire qui ne devenait créancier du
syndicat qu'au moment où celui-ci faisait entrer les digues
dans son système de travaux défensifs.

290. Lorsqu'un décret constitutif d'un syndicat a reconnu qu'un particulier a fait des avances, pour études et
travaux, dans l'intérêt de l'association, les intérêts de ces
avances courent de plein droit à partir du jour du décret,
et les intérêts de ces intérêts courent du jour de la demande
qui en est faite conformément à l'article 1154 du Code
Napoléon ; 18 avril 1861 (Mingret).

TITRE IV.

DE LA REPRÉSENTATION DE LA PROPRIÉTÉ DANS LES ASSEMBLÉES GÉNÉRALES.

DES SYNDICS (1).

(1) Avant le vote de la loi de 1865, le conseil d'Etat était entré dans la voie qui a été consacrée par la législation. On lit, en effet, dans un décret du 4 mai 1864 (SYND. DE LA LÈZE) :

« Art. 2. L'association sera administrée par un syndicat composé de sept membres, élus par les intéressés, et qui seront choisis parmi les propriétaires ou locataires de terrains submergés et parmi les propriétaires ou locataires d'usines.

» A l'effet de procéder à cette élection, les intéressés seront convoqués par un arrêté du préfet qui fixera le lieu de la réunion, nommera le président de l'assemblée et déterminera les formes de l'élection.

» Les syndics seront nommés à la majorité absolue des électeurs présents.

» Les intéressés absents de leur domicile ou empêchés, les femmes et les mineurs pourront être représentés par des fondés de pouvoir, sans que le même fondé de pouvoirs puisse être porteur de plus de deux mandats.

» L'assemblée, pour que l'élection soit valable, devra se composer du quart au moins des intéressés. Dans le cas où l'assemblée ne réunirait pas, après deux convocations successives, le nombre voulu d'intéressés, ou faute par eux de procéder à la nomination de leurs syndics, le préfet pourvoira d'office à cette nomination.

» Art. 3. Le syndicat sera renouvelé par tiers tous les deux ans. Lors des premiers renouvellements partiels, les membres sortants seront désignés par le sort ; ils seront rééligibles et continueront leurs fonctions jusqu'à leur remplacement.

» Art. 4. Les membres du syndicat ne pourront se faire représenter aux assemblées par des mandataires de leur choix. A l'effet de les remplacer en cas d'absence, trois suppléants seront nommés comme les syndics titulaires.

» Art. 5. Dans le cas où l'un des syndics titulaires ou suppléants serait démissionnaire ou viendrait à décéder, il sera pourvu immédiatement à son remplacement : les fonctions du syndic ainsi nommé ne dureront que le temps pendant lequel le membre remplacé serait encore resté en fonctions.

» Art. 6 Le syndicat nommera un directeur ; il sera, en cette qualité, chargé de la surveillance générale de la communauté et de la conservation des plans, registres et autres papiers relatifs à l'administration des travaux.

» Art. 7. Les fonctions du directeur dureront quatre ans ; néanmoins

291. Le projet de loi (art. 20) renvoyait à un règlement d'administration publique le soin de fixer ce qui concernait la représentation de la propriété dans les assemblées générales, la nomination et les attributions des syndics, la commission a pensé que ces dispositions seraient mieux placées dans la loi, et le rapport indique les motifs qui l'ont déterminée :

« Des dispositions qui doivent être communes à des matières si diverses, devaient nécessairement conserver

elles pourront être prorogées jusqu'à l'expiration des fonctions syndicales de ce membre de l'association.

» Le directeur aura un adjoint nommé par le syndicat. Cet adjoint, dont les fonctions seront annuelles, sera pris parmi les membres du syndicat et remplacera le directeur en cas d'empêchement. Le directeur et son adjoint seront rééligibles et continueront leurs fonctions jusqu'à leur remplacement.

» Art. 8. Le syndicat sera convoqué et présidé par le directeur, et, en cas d'empêchement, par le directeur-adjoint.

» Il pourra être réuni sur la demande de deux de ses membres ou sur l'invitation directe du préfet.

» Art. 9. Les délibérations seront prises à la majorité des voix des membres présents; en cas de partage, celle du président sera prépondérante.

» Le syndicat ne pourra délibérer qu'au nombre de cinq membres au moins; toutefois, lorsque après deux convocations faites par le directeur à quinze jours d'intervalle et dûment constatées sur le registre des délibérations, les syndics ne seront pas réunis en nombre suffisant, la délibération prise après la troisième convocation sera valable, quel que soit le nombre des membres présents.

» Dans tous les cas, les délibérations du syndicat ne pourront être exécutées qu'après l'approbation du préfet.

» Art. 10. Le préfet pourra déclarer démissionnaire et faire remplacer immédiatement tout membre du syndicat qui, sans motifs reconnus légitimes, aura manqué à trois convocations successives. »

Depuis longtemps, le principe admis par la loi de 1865 avait été proposé. Il y a 30 ans en 1835, dans un projet de loi proposé à la Chambre des députés, le principe de l'élection des syndics par l'assemblée générale des propriétaires intéressés fut voté sur la demande même de M. le ministre des travaux publics, de l'agriculture et du commerce (*Moniteur* des 15 et 17 mai 1835)... On disait, à cette époque, qu'il y avait une urgence extrême à voter cette loi. Elle le fut par la Chambre des députés; elle ne vint pas, en ordre utile, devant la Chambre des pairs.

un caractère de généralité, afin de rester applicables à chacune. Peut-être eût-il été convenable de régler la représentation de la propriété et l'organisation des syndicats pour chaque matière spécialement ; mais l'acte constitutif de l'association suppléera, dans tous les cas, à ce qui ne pourrait être facilement prévu par la loi, qui en fait, du reste, une prescription.

» Votre commission a adopté, comme principe, quatre points qu'elle a cherché à faire passer dans la loi :

» 1° L'intérêt dans l'association dérive de la propriété ;

» 2° La représentation de la propriété doit être proportionnée à l'intérêt ;

» 3° Le choix des syndics doit régulièrement appartenir à l'assemblée générale des intéressés ;

» 4° L'action des syndics doit être libre, sauf l'intérêt public. »

ARTICLE 20.

L'acte constitutif de chaque association fixe le minimum d'intérêt qui donne droit à chaque propriétaire de faire partie de l'assemblée générale.

Les propriétaires de parcelles inférieures au minimum fixé peuvent se réunir pour se faire représenter à l'assemblée générale par un ou plusieurs d'entre eux, en nombre égal au nombre de fois que le minimum d'intérêt se trouve compris dans leurs parcelles réunies.

L'acte d'association détermine le maximum de voix attribué à un même propriétaire, ainsi que le nombre de voix attaché à chaque usine, d'après son importance et le maximum de voix attribué aux usiniers réunis.

292. Le rapport fait remarquer que cet article « consacre le système de la commission en assurant, autant que possible, la représentation de tous les intérêts, sans méconnaître leur importance relative et la proportionnalité qui doit en résulter ; et que les droits des usiniers, qui peuvent être opposés en certains cas aux droits des propriétaires purement fonciers, y sont spécialement reconnus. »

La circulaire ministérielle du 12 août 1865 ajoute : « Si l'on suppose, par exemple, que le minimum d'intérêt donnant droit à une voix dans l'assemblée générale soit fixé à un hectare, les propriétaires possédant chacun moins d'un hectare dans le périmètre de l'association peuvent se réunir, soit tous ensemble, soit par groupes, et choisir entre eux un nombre de représentants égal au nombre entier d'hectares formant l'étendue totale de leurs propriétés. Ainsi, un groupe d'intéressés possédant ensemble plus de cinq et moins de six hectares, pourra nommer cinq membres de l'assemblée générale.

» Le même article 20 décide en outre que l'acte d'association doit déterminer le maximum de voix attribué à un même propriétaire. En effet, s'il convient de tenir compte de l'importance relative des intérêts, on ne saurait cependant donner à un même propriétaire une prépondérance exagérée dans les délibérations qui doivent régler les intérêts communs de l'association. C'est ainsi que, dans les sociétés industrielles, le maximum de voix attribué à un même actionnaire, est limité par les statuts. »

Article 21.

Le nombre des syndics, leur répartition, s'il y a lieu, entre diverses catégories d'intéressés et la durée de leurs fonctions seront déterminés par l'acte constitutif de l'association.

293. C'est pour avoir méconnu les prescriptions de cet article qu'un syndicat a vu ses actes annulés, ses actions déclarées non recevables et ses rôles de taxe sans effet dans l'espèce suivante :

Aux termes d'un décret créant un syndicat, ce syndicat doit être composé d'un directeur et de sept membres, pris parmi les propriétaires ou locataires de terres arrosées, qui ne sont ni propriétaires, ni locataires d'usines, et d'un membre pris parmi les propriétaires ou locataires d'usines ; parmi les personnes désignées par le préfet pour faire partie du syndicat, quatre font usage des eaux pour la mise en mouvement d'usines. Cette irrégularité entraîne la nullité des actes du syndicat ; 27 janvier 1865 (CANAL DE CRILLON). Voy. *Suprà*, nos 224 et 248.

294. Mais, par cela seul qu'il est de principe que les syndics conservent leurs fonctions jusqu'à ce qu'ils soient effectivement remplacés, un contribuable ne saurait se prévaloir de l'irrégularité prétendue du rôle préparé par un syndicat dont les membres n'ont pas subi le renouvellement annuel prescrit par l'ordonnance constitutive ; **26** juillet **1855** (FAB. DE L'ÉGL. MÉTROP. DE TOURS).

ARTICLE 22.

Les syndics sont élus par l'assemblée générale, parmi les intéressés.

Lorsque les syndics doivent être pris dans diverses catégories, la liste d'éligibilité est divisée en sections correspondantes à ces diverses catégories.

Les syndics seront nommés par le préfet dans le cas où l'assemblée générale, après deux convocations, ne se serait pas réunie ou n'aurait pas procédé à l'élection des syndics.

295. Le rapport fait connaître que le dernier paragraphe de notre article a été ajouté par le conseil d'Etat, à la rédaction proposée par la commission.

Il résulte des explications échangées au Corps législatif entre MM. MAGNIN, ROULLEAUX-DUGAGE, DAVID-DESCHAMPS et le *commissaire du Gouvernement*, que l'assemblée générale convoquée par le préfet, pour l'élection des syndics, se tiendra au siége de l'association, indiqué par le règlement syndical, qui sera fixé au lieu le plus convenable, d'après le vœu exprimé dans la première assemblée générale, convoquée en vertu de l'art. 11 de la loi.

296. Le texte de notre article complétant celui de l'art. 21, précise que les *intéressés* doivent élire les syndics parmi les *intéressés*, ce qui s'applique aussi bien au cas de la nomination par les associés qu'au cas de la nomination par le préfet. (Voy. *infrà*, n° 299).

ARTICLE 23.

Dans le cas où, sur la demande du syndicat, il est accordé une subvention par l'Etat, par le département ou par une commune, cette subvention donne droit à la nomination, par le préfet, d'un nombre de syndics proportionné à la part que la subvention représente dans l'ensemble de l'entreprise.

297. Dans le projet proposé par la commission, l'autorité chargée de faire la nomination n'était pas spécifiée ; mais, dans l'esprit qui l'avait dicté, le préfet exerçait le droit de nomination pour l'Etat et le département, et la commune pour ce qui la concernait. Il était ajouté, en outre : « En cas de difficulté, il y est statué par le conseil de préfecture, sauf recours au conseil d'Etat, conformément à l'art. 46. »

» Le conseil d'Etat, dit le rapport, y a substitué une rédaction par suite de laquelle le préfet se trouve investi du droit de nommer les syndics représentant l'intérêt proportionnel dans l'entreprise d'une subvention même communale. Ce droit paraissait devoir naturellement appartenir à la commune, et pouvait être pour elle un encouragement à voter des subventions. Votre commission aurait trouvé plus logique de maintenir aux communes la surveillance par leurs représentants de l'emploi de leurs propres fonds, puisque les propriétaires intéressés nomment eux-mêmes leurs syndics, et que le préfet les nomme pour l'Etat et le département qu'il représente. »

Au Corps législatif, M. Bethmont a insisté pour que, dans le cas d'une subvention départementale, les syndics fussent nommés par le conseil général, et par le conseil municipal pour une subvention communale. Après des objections présentées contre cette demande par M. Roulleaux-Dugage, M. le comte Dubois, *commissaire du gouvernement*, a justifié la rédaction du conseil d'Etat en faisant remarquer qu'en ce qui concerne le département, il est juste et légitime que le droit de nomination appartienne au préfet qui représente tous les intérêts et qui exerce toutes les actions du département ; qu'en ce qui concerne les communes, il doit en être de même, parce que très souvent il y aura plus de communes intéressées que de syndics, dont le nombre varie ordinairement de sept à neuf.

La circulaire ministérielle indique nettement la pensée de l'administration : « Cette disposition se justifie d'elle-même ; néanmoins, je vous recommande de l'appliquer avec ménagement et de réserver la plus large part au choix des intéressés. Ainsi, dans le cas où le nombre des syndics serait de neuf, et où les subventions cumulées de l'Etat, du département et des communes s'élèveraient au quart de la dépense, vous auriez à nommer deux syndics seulement et quatre pour une subvention de moitié. Ces syndics devront d'ailleurs être choisis parmi les personnes qui seront le mieux à même de représenter les intérêts de la commune, du département et de l'Etat. »

298. Ce droit de nomination n'existe-t-il qu'autant que la subvention a été accordée *sur la demande du syndicat*, et ne doit-il pas être exercé si la subvention est allouée d'office, précisément pour faciliter l'association syndicale ou l'accomplissement de son œuvre ?

Il y a, dans tous les cas, même raison de décider, et l'association ne serait fondée à s'opposer à la nomination par le préfet, qu'autant qu'elle repousserait les subventions et prétendrait agir avec ses propres ressources. Presque toujours le chiffre de ces subventions sera connu avant la constitution syndicale, et le projet d'association soumis aux intéressés indiquera la proportion laissée au préfet dans la nomination des syndics.

299. Les syndics à nommer par le préfet doivent-ils, dans le cas du présent article comme dans celui de l'article 22 (*supra*, n° 296), être pris parmi les intéressés?

L'affirmative semble résulter de la combinaison des art. 22 et 23. Nous croyons qu'il est désirable qu'il en soit ainsi; mais, comme, en définitive, le meilleur juge de la convenance du choix à faire en vue de l'intérêt à représenter c'est le préfet, nous estimons qu'il peut prendre en dehors des intéressés, car ni la loi ni les instructions ministérielles ne limitent son choix au cercle des intéressés. M. BIOCHE, *Journ. de procéd.*, 1866, p. 234, art. 8632, note 46, va même plus loin, car il dit : « Dans ce cas, les syndics sont pris en dehors des membres de l'association. Voyez *Rapport*. » Nous n'avons pu découvrir le passage du rapport conduisant à cette conséquence, dont l'utilité nous semblerait difficile à justifier.

300. Le passage du projet de la commission qui appelait le conseil de préfecture à statuer a disparu, sans qu'aucune explication ait été donnée. On peut donc se demander ce qui arrivera si l'association, par elle-même ou quelqu'un de ses membres, trouve que la proportion voulue par notre article n'a pas été exactement observée, et que les nominations attribuées au préfet excèdent la mesure du droit de l'administration. ·

Il faut distinguer entre le cas où la subvention est accordée avant la constitution syndicale et celui où elle est accordée après. Dans le premier, si la majorité de l'art. 12 accepte la rédaction proposée, nous ne voyons pas quel grief pourrait invoquer le syndicat lui-même, mais chacun des associés peut invoquer ce moyen de prétendue irrégularité qui nous paraît constituer une critique de la validité de l'acte d'association et rentrer, par conséquent, dans les prévisions de l'art. 17. (Voy. *supra*, n° 275).

Dans le second cas, le syndicat pourrait se pourvoir auprès du ministre, et, en cas de rejet, au conseil d'Etat, car il baserait son grief sur une violation de la loi ; les associés auraient les mêmes voies de recours, et, en outre, ils pourraient motiver sur cette violation une demande en décharge présentée au conseil de préfecture, qui statuerait conformément à l'art. 16.

301. Le conseil de préfecture est compétent pour statuer sur une contestation soulevée par un syndicat, et portant sur le sens et l'exécution de l'engagement qu'aurait pris au nom de l'Etat le ministre des travaux publics, de contribuer à la dépense de construction des travaux de défense entrepris par le syndicat. La décision, par laquelle le ministre a prononcé le retrait de la subvention promise sur les fonds du trésor (dans l'espèce, décision motivée sur ce que l'allocation était subordonnée à la condition que les travaux seraient dirigés par les ingénieurs de l'Etat, et que cette condition n'a pas été accomplie par la faute du syndicat) ne fait pas obstacle à ce que le syndicat, s'il s'y croit fondé, porte sa réclamation devant le conseil de préfecture ; 20 août 1864 (SYNDICAT DE VARADES).

ARTICLE 24.

Les syndics élisent l'un d'eux pour remplir les fonctions de directeur, et, s'il y a lieu, un adjoint qui remplace le directeur en cas d'absence ou d'empêchement.

Le directeur et l'adjoint sont toujours rééligibles.

302. C'est la rédaction de la commission. Le vote de cet article a été précédé d'observations à suite desquelles a été constaté le droit pour les associations syndicales autorisées de choisir leur caissier (voy. *suprà*, n° 213).

Ce droit, incontestable avant la loi de 1865 d'après la jurisprudence administrative, l'est aujourd'hui bien plus, s'il est possible, à cause de l'esprit libéral de notre loi.

Nous ne saurions donc nous rallier à l'opinion de MM. les rédacteurs du *Mémorial des percepteurs*, 1865, p. 255, note 2, qui persistent à penser qu'il serait plus conforme à l'esprit de la loi et notamment au texte de l'art. 15, de charger d'office le percepteur de la comptabilité des associations *autorisées*.

TITRE V.

DISPOSITIONS GÉNÉRALES.

ARTICLE 25.

A défaut, par une association, d'entreprendre les travaux en vue desquels elle aura été autorisée, le préfet rapportera, s'il y a lieu et après mise en demeure, l'arrêté d'autorisation.

Il sera statué, par un décret rendu en conseil d'Etat, si l'autorisation a été accordée en cette forme.

Dans le cas où l'interruption ou le défaut d'entretien des travaux entrepris par une association pourrait avoir des conséquences nuisibles à l'intérêt public, le préfet, après mise en demeure, pourra faire procéder d'office à l'exécution des travaux nécessaires pour obvier à ces conséquences.

303. Le projet de loi prévoyant le cas où l'intérêt public pouvait avoir à souffrir de *l'inexécution*, ou de *l'interruption*, ou du *défaut d'entretien* des travaux, donnait au préfet le droit de faire exécuter d'office ces travaux, après avoir mis le syndicat en demeure. L'exposé des motifs faisait remarquer que les décrets d'autorisation des associations syndicales avaient toujours armé le préfet du pouvoir nécessaire pour vaincre une négligence ou un mauvais vouloir préjudiciable à un intérêt public.

La commission a trouvé que la disposition du projet conférait au préfet des pouvoirs qui excèderaient les justes exigences de l'intérêt public au préjudice de la propriété; elle a proposé une rédaction que le conseil d'Etat a acceptée en supprimant toutefois le mot *autorisée* dans le troisième paragraphe. « D'où il résulte, dit le rapport, que les associations libres comme les associations autorisées sont soumises à la sanction qui y est écrite. Cependant, aux termes de l'art. 5 de la loi, les associations libres qui se forment sans l'intervention de l'administration ne constituent que des sociétés privées ; cette objection aurait arrêté votre commission, s'il s'était agi de continuer les travaux dans l'intérêt de l'entreprise ; mais elle s'évanouit, si l'on considère que le préfet a le pouvoir d'intervenir, non comme administrateur, mais par mesure de police, et que l'intérêt public, qu'il a mission de sauvegarder, est le principe et le terme de son intervention. »

Au Corps législatif, M. Bethmont a demandé que le maire fût substitué au préfet dans l'exercice du pouvoir défini par le paragraphe 3 de notre article. Cette observation n'a pas été accueillie, par cette raison bien simple, qu'on n'a pas opposée et qui aurait pu l'être, que la police des eaux fait partie des attributions du préfet à l'exclusion des maires (1).

La circulaire ministérielle du 12 août 1865 précise que

(1) On lit dans un arrêt de la Cour de Cassation du 24 novembre 1854 (Manoury) : « Attendu qu'il ressort de l'ensemble de la législation sur la matière et spécialement 1° du 3e § de l'instruction législative des 12-20 août 1790 ; 2° de l'art. 3, nos 11 et 5. tit. 2 de la loi des 16-24 août 1790 ; 3° des art. 15 et 16, tit. 2, loi des 28 septembre et 6 octobre 1791 ; 4° de l'arrêté du Directoire exécutif du 6 ventôse an IX ; 5° de la loi du 14 floréal an XI ; 6° de la loi du 18 juillet 1837, que la police des eaux (rivières navigables ou flottables, ou non) est considérée, à raison de ses rapports avec le développement de l'agriculture, le danger des inondations, la salubrité et la fortune du territoire, comme un intérêt d'ordre général, dont la réglementation est remise, non aux autorités locales, mais à l'administration départementale elle-même ; qu'il suit de là que les préfets, en qui se personnifient ces pouvoirs, ont le droit de procéder, pour cette réglementation et selon les besoins auxquels ils ont à pourvoir, soit par voie d'arrêté général et permanent s'étendant au département tout entier, soit par voie d'arrêté restreint à la localité même dans laquelle ces besoins se sont renouvelés. »

la disposition des deux premiers alinéas de notre article ne s'applique évidemment qu'aux associations autorisées, tandis que celle du dernier alinéa s'applique aux associations libres comme aux associations autorisées.

304. C'est avec raison que M. DUVERGIER , *Lois* , *décrets*, etc., 1865, p. 511, note 6, enseigne que pour le retrait de l'autorisation il n'est pas nécessaire que l'inaction de l'association ait des conséquences nuisibles à l'intérêt public ; qu'il suffit que l'association mise en demeure, n'entreprenne pas les travaux en vue desquels elle a été créée ; qu'au contraire, dans le cas du troisième paragraphe, il faut que l'interruption ou le défaut d'entretien puisse nuire à l'intérêt public pour que le préfet ait le droit non pas seulement de provoquer ultérieurement la dissolution du syndicat, mais de faire exécuter d'office à la charge de ce syndicat les travaux *nécessaires pour prévenir ou faire cesser les conséquences nuisibles au public* ; car c'est à cela que les pouvoirs du préfet sont limités ; il n'a pas mission de suppléer à l'action syndicale dans l'ensemble des travaux qui ont été confiés à l'association, mais uniquement de sauvegarder l'intérêt public ; aussi, alors même que la loi fût restée muette, le préfet aurait trouvé ce pouvoir dans ses attributions générales. M. BIOCHE , *loc. cit.*, est du même avis, p. 234, note 48.

MM. les rédacteurs du *Mémorial des percepteurs*, 1865, p. 256, note 1, expriment une opinion erronée, quand ils ne font aucune distinction dans les dispositions de l'art. 25, qu'ils déclarent applicable aux associations *autorisées* et non aux associations *libres*, comme si celles-ci, qui présentent moins de garanties que les premières, pouvaient compromettre l'intérêt public sans que le préfet eût le droit d'intervenir.

305. C'est à ces exigences d'ordre supérieur que répondait un article des décrets réglementaires, portant : « Les travaux d'urgence pourront être exécutés immédiatement par ordre du directeur, qui sera tenu d'en rendre compte, sans retard, au syndicat. A défaut du directeur, le préfet pourra faire constater l'urgence des travaux et ordonner leur exécution immédiate. » Voy. *suprà*, n° 80.

306. M. Maulde, *Journal des communes*, 1865, p. 417, dit que les associations *autorisées* perdent ce caractère, après le retrait de l'autorisation, mais qu'elles n'en continuent pas moins de subsister comme associations libres. Cette opinion ne nous paraît pas admissible. Pour la constitution d'une association *autorisée*, il suffit de la majorité de l'art. 12; pour la constitution d'une association *libre*, il faut l'unanimité, donc le lien qui formait le syndicat autorisé n'existant plus, il n'y a plus de syndicat, et pour qu'une association libre lui succédât, il faudrait l'expression d'un consentement unanime et l'adoption de nouveaux statuts excluant les dispositions privilégiées dont bénéficient seules les associations autorisées.

Article 26.

La loi du 16 septembre 1807 et celle du 14 floréal an XI, continueront à recevoir leur exécution à défaut de formation d'associations libres ou autorisées, lorsqu'il s'agira de travaux spécifiés aux numéros 1, 2 et 3 de l'article 1er de la présente loi.

Toutefois il sera statué à l'avenir, par le conseil de préfecture, sur les contestations qui, d'après la loi du 16 septembre 1807, devaient être jugées par une commission spéciale.

En ce qui concerne la perception des taxes, l'expropriation et l'établissement de servitudes, il sera procédé conformément aux articles 15, 16, 18 et 19 de la présente loi.

307. Nous avons déjà fait connaître *suprà*, n°s 93 et 99, que la suppression des associations *forcées* laissait l'administration armée des pouvoirs que lui confèrent les lois de l'an XI et de 1807. Nous avons reproduit à ce sujet plusieurs passages soit du Rapport, soit de la discussion. Il nous reste à faire connaître ceux qui nous ont paru trouver plus naturellement leur place sous le présent article.

On lit dans le Rapport :

« En présence d'associations dont la formation dépendait de la volonté d'un certain nombre d'intérêts privés, l'intérêt public ne pouvait être subordonné aux résistances qu'il pouvait rencontrer de ce côté, et devait conserver ses moyens d'action qu'il tenait de lois spéciales. La loi du 16 septembre 1807 sur les endiguements et sur le dessèchement des marais, la loi du 14 floréal an XI sur le curage des rivières, restent donc en vigueur. C'est ce que votre commission avait proposé de déclarer en ces termes :
« loi du 16 septembre 1807 et la loi du 14 floréal an XI,
» continuent d'être exécutées, à défaut d'associations auto-
» risées, dans les cas prévus par les numéros 1, 2 et 3 de
» l'art. 1er de la présente loi. »

» Le conseil d'Etat y a substitué la rédaction du premier § de l'art. 26, auquel la commission a adhéré. Mais en même temps le conseil d'Etat a ajouté des dispositions nouvelles, qui modifient plusieurs points importants de la loi de 1807. Votre commission n'avait pas reconnu à cette dernière loi un caractère de perfection. Mais elle avait pensé que la révision qu'il pouvait y avoir lieu d'en faire n'était pas nécessairement inhérente à une loi sur les associations syndicales, qui doit avoir pour résultat d'en rendre l'application moins fréquente.

» Votre commission avait pensé aussi que, si la révision de la loi de 1807 devait avoir lieu, elle porterait au moins aussi utilement sur l'ensemble de son système que sur quelques-unes de ses dispositions. Il y a eu même des observations échangées à cet égard au sein de la commission avec MM. les commissaires du gouvernement. Quoi qu'il en soit, votre commission a dû examiner si les additions faites par le conseil d'Etat procureraient des avantages propres à les justifier. Les modifications s'appliquent :

1° aux commissions spéciales ; 2° aux recouvrements des taxes ; 3° à l'expropriation ; 4° aux servitudes.

» Les commissions spéciales sont composées de sept membres, pris parmi les personnes qui sont présumées avoir le plus de connaissances relatives, soit aux localités, soit aux divers objets sur lesquels elles ont à prononcer. Aux termes de l'art. 44 de la loi de 1807, ces membres sont nommés par l'Empereur. Leurs attributions sont les mêmes que celles des Conseils de préfecture pour tout le contentieux relatif aux entreprises de dessèchement de marais ou d'autres ouvrages énoncés en la loi de 1807 (conseil d'État, ordonnance du 9 septembre 1819, etc.).

» Quant à la perception des taxes, nous avons fait ressortir sur l'art. 15 de la loi, la différence qui existe entre le système de cet article et celui de la loi de 1807. Voy. *suprà*, n° 95.

» Une observation plus importante, qui a été accueillie par la commission, doit être constatée : c'est que les taxes auxquelles se réfère l'art. 26 de la loi actuelle, ne s'entendent nullement des rôles d'indemnité sur la plus-value dont parle l'art. 20 de la loi de 1807, et qui ne sont ni de la même nature, ni soumis aux mêmes conditions de recouvrement.

» Quant aux taxes à recouvrer, aux termes de la loi du 14 floréal an XI, l'art. 3 de cette loi porte que les rôles de répartition des sommes nécessaires au paiement des travaux d'entretien, réparation ou reconstruction seront dressés sous la surveillance du préfet, rendus exécutoires par lui, et que le recouvrement s'en opérera de la même manière que celui des contributions publiques. Le remplacement de cet article par l'art. 15 de la loi ne peut soulever d'objection.

» Relativement à l'expropriation et aux servitudes, l'art. 26 substitue à la loi du 5 mai 1841, l'application de l'art. 16 de la loi du 21 mai 1836, et aux règles ordinaires de compétence et de procédure, l'art. 5 de la loi du 10 juin

1854, pour les cas d'endiguement, de curage et de dessèchement de marais exécutés par mesure de haute administration ou de police. Cette disposition a paru à votre commission tendre à généraliser une simplification de formalités ; elle n'y a pas vu de sujets sérieux d'inquiétude
pour le droit de propriété, surtout en se rappelant que
l'art. 16 de la loi du 21 mai 1836 ne s'appliquera pas, aux
termes de l'art. 18 de la loi, sans une déclaration préalable
d'utilité publique, par décret rendu en conseil d'Etat, et que
l'art. 5 de la loi du 10 juin 1854, forme un précédent
reproduit et confirmé par des lois postérieures.

» Quant aux autres lois qui ne sont pas mentionnées dans
l'art. 26, il est hors de doute que celles qui font la base de
l'association continueront à être exécutées comme les lois
sur l'irrigation et sur le drainage ; il en sera de même des
lois qui confèrent des pouvoirs de police aux maires et
aux préfets. »

La discussion au Corps législatif a été résumée *suprà*,
nᵒˢ 93 et 99. Il en est de même de la circulaire ministérielle
où se trouve ce passage : « L'article 26, tout en maintenant
l'application des lois de 1807 et de l'an XI, y a néanmoins
apporté, par les §§ 2 et 4 d'importantes modifications.
Ainsi, la compétence du Conseil de préfecture est établie
pour toutes les contestations qui devaient être jugées par
une commission spéciale, c'est-à-dire pour toutes les contestations spécifiées à l'art. 16 de la nouvelle loi. De plus,
en ce qui concerne la perception des taxes, l'expropriation
des terrains et l'établissement des servitudes, il sera procédé conformément aux art. 15, 18 et 19. Ces dispositions
auront pour effet d'établir, pour des cas analogues, l'unité
de juridiction, soit que les travaux aient été entrepris par
une association syndicale, soit qu'ils aient été prescrits par
un acte de l'autorité publique. »

Au Sénat, M. Le Roy de Saint-Arnaud a compris dans
ses critiques comme attentatoire au droit de propriété

l'extension que, selon lui, l'article 26 donnait è la loi de l'an XI en matière de redressement, élargissement et régularisation (voy. *suprà*, n° 99). M. BOULATIGNIER, rapporteur, a répondu, avec raison, qu'en matière d'endiguement, de curage et de dessèchement de marais, les obligations des intéressés restent ce qu'elles étaient avant la loi nouvelle.

308. Pour les travaux d'endiguement, de curage avec, s'il y a lieu, approfondissement, redressement et régula·risation, de dessèchement des marais, le Gouvernement usera des pouvoirs qu'il tient de la législation antérieure à 1865, à défaut d'associations libres ou autorisées. Mais il n'en usera qu'avec une grande réserve ; il faudra un intérêt public incontestable pour l'y déterminer, car il n'aura recours aux travaux d'office qu'autant que les propriétaires auront refusé de s'en charger (voy. *suprà*, n° 93).

309. Alors ce ne sera pas une association syndicale qui sera organisée, mais des syndics seront nommés par le préfet, en vertu des règlements d'administration publique intervenus (1), pour servir d'organe à l'intérêt collectif des propriétaires qui auront à payer les taxes (*Ibid.*). C'est ce qu'a voulu exprimer M. BIOCHE, *loc. cit.*, p. 235, note 49, en disant : « Au lieu de consacrer à nouveau le mode d'associations forcées, le Corps législatif a préféré s'en référer purement et simplement à la législation existante qui, pour certains travaux, autorise le gouvernement à réunir d'office les intéressés en syndicats. » Voilà pourquoi aussi a disposé comme il l'a fait le décret du 6 janvier 1866, dont les termes ont été reproduits n° 93 *in fine*.

310. A l'exercice de cette attribution, les commissions spéciales n'auront plus à concourir (*suprà*, n° 241).

311. Pour les taxes, on se conformera à l'art. 15 (*suprà*, n° 211).

---

(1) A défaut d'accord préalable des intéressés, il faut un règlement d'administration publique : 8 mars 1866 (SIMONNET). Voy. *suprà*, n° 31.

312. Pour l'expropriation, on suivra l'art. 18 (*suprà*, n° 276), et, pour les servitudes, l'art. 19 (*suprà*, n° 282).

CHAPITRE II.

Influence de la loi de 1865 sur les associations préexistantes.

313. Si les lois n'ont pas d'effet rétroactif, il est aussi de principe que, lorsqu'une loi nouvelle contient des dispositions favorables, ces dispositions peuvent être invoquées pour des faits accomplis après sa promulgation.

Ainsi, nous ne mettons pas en doute que les anciennes sociétés libres ne puissent, en se conformant aux art. 5 et 6 de la loi, bénéficier des avantages de l'art. 5 ; qu'elles ne puissent aussi profiter des adhésions données, pour les incapables, dans la forme prévue par l'art. 4 ; qu'enfin, elles ne soient admises au rang des associations autorisées, en observant les formalités de l'art. 8.

314. Les associations, constituées par des arrêtés préfectoraux dans des circonstances où cette autorisation ne suffisait pas doivent, pour être transformées en associations *autorisées*, remplir les formalités des art. 10, 11 et 12.

315. Les associations constituées par des ordonnances ou des décrets portant règlement d'administration publique, ne seront pas soumises à l'obligation de payer les immeubles délaissés (art. 14), parce qu'aucun de leurs membres ne pourra recourir au délaissement, tel que l'organise la loi de 1865, mais leurs rôles seront dressés, rendus exécutoires et recouvrés comme l'indique l'art. 15 ; les contestations seront jugées par le conseil de préfecture et non par les commissions spéciales (art. 16, voy. *suprà*, n° 241); leur comptabilité sera assimilée à la comptabilité communale (même article et n° 269); elles exproprieront suivant l'article 16 de la loi du 21 mai 1836 (*suprà*, n° 280). Enfin, les indemnités, pour les servitudes, seront réglées par le juge de paix (art. 19, *suprà,* n° 282).

Nous n'apercevons, en effet, aucun motif d'établir, sous ce rapport, une différence entre les associations *autorisées* et les syndicats d'office dont s'occupe l'art. 26 ; quant aux associations volontaires, règlementées par le pouvoir souverain, ou par le préfet, il y a même raison de décider, que dans les cas prévus par la loi de 1865.

TABLE ALPHABÉTIQUE

(Les renvois sont faits aux numéros et non aux pages).

A

Acquiescement. Couvre l'incompétence en matière d'associations volontaires, 67. — Il est acquis par cela seul qu'on laisse expirer le délai de réclamation, 261, mais sans pouvoir l'opposer aux réclamations dirigées contre une taxe dans les trois mois de la publication du rôle, bien que les rôles antérieurs aient été payés sans réclamation, 261. Autre exemple, 275. Voy. *Irrigation*, 1.

Acquisition. Les associations syndicales peuvent acquérir à titre gratuit ou onéreux, 111, 112, 118. — Ont-elles besoin d'une approbation administrative? 119.

Actes. Les actes de la vie civile des syndicats sont régis par le droit commun ; l'autorité judiciaire est seule compétente pour en connaître; ils ne peuvent pas être passés par le directeur dans la forme administrative, 120.

Acte d'association. Ce qu'il doit contenir dans les syndicats libres, 131 à 137. — Dans les syndicats autorisés, 159, 165 : but de l'entreprise, 167 ; les voies et moyens pour subvenir à la dépense, 168 ; les bases de la répartition de la dépense, 169 à 171. — Publication et insertion par extrait, 185.

Acte notarié. Voy. *Association libre*, 1.

Affiche. D'un extrait de l'acte d'association autorisée, 185. — Importance de la constatation de cette formalité, 186.

Aliénation. Les associations syndicales peuvent aliéner suivant le droit commun, 111, 112, 118. — Ont-elles besoin d'une approbation administrative? 119.

Améliorations agricoles. Peuvent faire l'objet d'associations régies par la loi nouvelle, 108. — Au nombre de ces associations rentrent les fixations des dunes, les constructions de ponts, les ensemencements de landes, etc , 107 et 109.

Approbation. Voy. *Acquisition.* — *Aliénation.* — *Emprunt.*

Assemblée générale. 1. Comment elle est convoquée et présidée, 176 à 180. — Rédaction du procès-verbal qui la constate, 181. — Conditions de majorité, 182, 183.
2. Comment la propriété est représentée dans l'assemblée générale, 291, 292.

Association autorisée. Cas dans lesquels elles peuvent être constituées, 152 à 156. — Droit d'initiative du préfet, 158, qui ne peut pas suppléer au consentement des intéressés pour les associations purement volontaires, 157. — Condition de majorité nécessaire, 182, 183. — Doutes sur l'accomplissement de ces conditions, 184. — Cas dans lesquels l'autorisation peut être retirée, 303 à 305. — Conséquences du retrait, 306. — Formalités à remplir par les associations antérieures à 1865 pour obtenir l'autorisation, 315.

Association forcée. Voy. *Association syndicale*, 1.

Associations libres. 1. Leur condition avant la loi de 1865, 76. — En vertu de cette loi, elles se forment par écrit, 131. — Avantages d'un acte notarié , 132, 139. — Visa des autorisations judiciaires habilitant les incapables , 133. — Constatant le consentement unanime des associés , 135. — Conseils aux notaires rédacteurs, 137. — Publication et insertion de l'acte social, 141. — Comment doit être établi l'extrait de cet acte, 142. — Délai de la publication, 144. — Dans quel journal? 143. — Comment il en est justifié? 145. — Insertion au Recueil des Actes administratifs, 146. — Sanction de la publication, 147.

2. Ces syndicats n'ont aucun caractère officiel ; leurs travaux sont privés et non publics ; la législation sur les occupations temporaires ne leur est pas applicable, ni l'expropriation, 134 ; mais pour l'irrigation et le drainage, ils peuvent utiliser les lois spéciales, 136.

3. Conversion des syndicats libres en syndicats autorisés, 148. — Dans quels cas et avec quelles conditions est-elle possible? 149 à 151. — Le retrait de l'autorisation ne rend pas libre une association autorisée, 306.

4. Les associations libres existant avant 1865, peuvent bénéficier des dispositions de cette loi en remplissant certaines formalités, 313.

Associations syndicales. 1. Insuffisance de la législation ancienne, 2, 96. — Excès de pouvoir, 3. — Critiques injustes contre leur principe, 5, 6. — Leur nombre en 1864, 22. — Système de la législation antérieure à 1865 : associations forcées, 25 à 62. — Associations volontaires, 63 à 76. — Les décrets constitutifs des associations syndicales devaient-ils être délibérés en assemblée générale du conseil d'Etat? 30. — L'intérêt est la base de la contribution à la dépense ; critique d'un arrêt du conseil d'Etat, 34. — Les associations syndicales autorisées par l'administration étaient des établissements d'intérêt public, 77, 81, auxquels s'appliquaient certaines dispositions uniformes, 78 ; telles que la fixation d'un périmètre, hors duquel il n'y avait pas d'associés, 79 ; le contrôle de l'autorité préfectorale et au besoin son initiative, la nomination d'un caissier, l'exécution des rôles de taxes, 80. — Leurs travaux avaient le caractère de travaux publics, 82.

2. Aujourd'hui il n'y a plus d'associations forcées, 93, 95. — Adhésion aux associations par les incapables, 124, 125 ; par l'Etat, les départements, les communes et les établissements publics, 126, 127.

3. Dans quelle mesure la loi de 1865 est-elle applicable aux syndicats régulièrement constitués auparavant? 315.

Association volontaire. Voy. *Association syndicale*, 1.

Autorisation. Quand et comment l'autorisation donnée à une association syndicale peut-elle être retirée? 303, 304, 305. — L'association qui cesse d'être autorisée n'existe pas à l'état libre, 306. Voy. *Associations autorisées. — Associations libres. — Echange. — Emprunt. — Procès. — Transaction.*

B

Brèche. Voy. *Digue.*

C

Caissier. Voy. *Receveur.*

Cautionnement. Voy. *Receveur*, 2.

Chemin de fer. Voy. *Rôles de taxes*, 2.

Chemins d'exploitation. Depuis la loi de 1865 peuvent faire l'objet d'associations syndicales, 107. — On entend par ces chemins ceux qui n'ont aucun caractère public et qui sont une propriété privée, *Ibid.*

Chemins publics. Voy. *Rôles de taxes*, 2.

Colmatage. Définition, 105. Voy. *Irrigations.*

Commissions spéciales. 1. Existent-elles encore pour la répartition, entre les propriétaires intéressés à l'exécution de travaux destinés à mettre les villes à l'abri des inondations, de la part contributive mise à leur charge? 36, 38.

2. Elles n'existent plus pour les syndicats autorisés, 216, 241. — Leur fonctionnement exigeait des formalités désormais inutiles, 229. — Elles sont remplacées par les conseils de préfecture, 240 ; même pour les syndicats antérieurs à la loi de 1865, 241, 242, 315. — Mais, en est-il de même pour les travaux de défense des villes et pour le cas de plus-value? 243.

3. Elles n'existent plus dans les cas où l'administration agit d'office, 310.

Voy. *Inondations. — Taxes syndicales*, 7.

Commune. Voy. *Association syndicale*, 2.

Compétence. 1. Pour la formation des associations, avant la loi de 1865, d'endiguement, 30 et 31 ; — de curage, 42 à 45 ; — pour les indemnités de terrain à raison de curages, 52 ; — pour les travaux destinés à mettre les villes à l'abri des inondations, 36 ; — pour les syndicats chargés d'assurer l'exécution des règlements de police des eaux, 54, — de dessèchement de marais, 56, 57, 58, — d'irrigation, avant la loi de 1865, 63, 64. — de drainage, 72. — Incompétence couverte par l'acquiescement, 67.

2. Compétence judiciaire pour décider si des propriétaires font partie d'une association volontaire, que l'administration n'a pas provoquée et à laquelle elle n'a fait que prêter son concours pour revêtir une forme officielle, 83 ; et plus généralement toutes les fois qu'il s'agit d'apprécier des contrats non administratifs, *Ibid.* — Compétence administrative quand c'est l'administration qui a créé l'association, 84.

3. Compétence judiciaire pour régler le régime d'un cours d'eau contre un syndicat et des tiers, 85 ; — pour les actes de la vie civile des syndicats, 120 ; — pour les droits de pêche et d'usage des eaux d'un cours d'eau redressé, 121.

4. Compétence administrative en matière de dommages causés par les travaux des syndicats, 86 ; — de difficultés entre les syndicats et les entrepreneurs de leurs travaux sur le sens et l'exécution des clauses de leurs marchés, 87, 88, 89, 268.

5. Compétence judiciaire pour autoriser les incapables à adhérer à une association syndicale, 128 ; — pour statuer sur le paiement des taxes des syndicats libres, 139.

6. Les commissions spéciales sont remplacées par les conseils de préfecture, 240.

7. A l'autorité judiciaire appartient la connaissance des questions de propriété. Mais c'est au conseil de préfecture à décider si des digues, propriété privée, sont utiles à une association et jusqu'à concurrence de quelle somme elle en profite, 246, 247.

8. Les demandes en décharge ou en réduction de taxes syndicales sont de la compétence du conseil de préfecture, quels que soient les moyens invoqués, 248 ; — mais ces conseils ne sont pas compétents pour décider si le syndicat se conforme ou non au but de son institution et si, à raison de ce, il y a lieu de déclarer qu'un réclamant cessera d'être associé et qu'on lui remboursera le montant de toutes les taxes syndicales qu'il a payées, 250.

9. Compétence pour la fixation des indemnités à suite d'expropriation pour cause d'utilité publique, 276, 315 ; — dues pour l'établissement de servitudes, 282, 315.

10. Compétence pour la nomination des syndics, 295, 296, 297.

11. Compétence du conseil de préfecture pour statuer sur le sens et l'exécution de l'engagement pris par un ministre de contribuer à la dépense de travaux confiés à un syndicat, 301.

12. Compétence du préfet pour les mesures de police concernant les eaux, 303.

Voy. *Actes. — Aliénation. — Curage. — Endiguement. — Marais. périmètre. — Police. — Propriété. Redressement. — Taxes syndicales.*

Comptabilité. La comptabilité syndicale est assimilée à la comptabilité communale ; conséquences de cette assimilation, 269, 270, qui est applicable aux syndicats antérieurs à 1865, 315.

Condamnation. Voy. *Exécution. — Procès.*

Conseil d'Etat. Voy. *Curage. — Endiguement. — Irrigation. — Pourvoi. — Taxes syndicales.*

Conseils de préfecture. Remplacent les commissions spéciales, 240, même dans les syndicats antérieurs à la loi de 1865, 315.

Consentement. Voy. *Associat. libre*, 1.

Convocation. Voy. *Assemblée générale*, 1.

Correspondance. Voy. *Poste.*

Cours d'eau non navigables ni flottables. A qui appartient leur lit, 121. — Police de ces cours d'eau, 303.

Curage. 1, Législation, 12, 15, 18, 39. — Avant la loi de 1865 les organisations syndicales étaient-elles légales? 40, 41. — Compétence pour les établir, 42 à 44. — Avis du conseil d'Etat sur cette compétence, 45. — Le préfet n'était pas compétent quand il y avait des élargissements ou des redressements, 44. — Quels cours d'eau peuvent être l'objet de mesures de curage par la voie administrative? 47, 237. — Plan général des règlements de curage, 48. — Recours contentieux, 49. — Les travaux de curage ont le caractère de travaux publics, 51. — Obligations du riverain, bien qu'il puisse y avoir d'autres intéressés, 50.

2. Associations pour curage sous la loi nouvelle, 99. — Retour à l'ancienne jurisprudence qui admettait comme complément du curage l'*approfondissement*, le *redressement* et la *régularisation*, 99, 100. — Les riverains sont-ils réputés seuls intéressés au curage d'après la loi de l'an XI? 101.

3. Les riverains d'un cours d'eau sur lesquels pèse la charge du curage ne peuvent pas s'en affranchir sur le motif que les parties curées sont situées dans le périmètre d'une association syndicale organisée pour le curage d'un autre cours d'eau qui reçoit le premier, 238.

4. L'administration peut prescrire le curage d'office à défaut d'association syndicale, 307 à 312.

D

Déchéance. Est-elle produite par le silence durant l'enquête? 173, 245. — La qualité d'associé et la validité de l'association ne peuvent plus être contestées après le délai fixé par l'art. 17, 271. — Point de départ de ce délai, 272. — Caractère de cette déchéance, 273. Voy. *Enquête*.

Délai. Voy. *Acquiescement. — Association libre*, 1. — *Déchéance. — Périmètre. — Taxes syndicales*, 4, 5.

Délaissement. Cas dans lesquels il est permis, 189, 190, 191 à 194. — Délai, 188, 195, 196. — Comment doit être faite la déclaration de délaissement par les capables? 197, par les incapables? 198, 199, 200. — Doit-elle être visée pour timbre et enregistrée gratis? 201 à 205. — Fixation de l'indemnité, soit à l'amiable, 208, soit comme en cas d'expropriation, 206, 207, 209. — Purge des hypothèques, 209, 210. — Le délaissement n'est pas applicable aux associations antérieures à 1865, 315.

Département. Voy. *Associations syndicales*, 2.

Dépens et frais. De la procédure à suivre pour faire autoriser les incapables à adhérer à une association syndicale, 129.

Digues. Un syndicat d'endiguement et de curage est-il tenu de réparer les brèches faites à d'anciennes digues par des inondations, alors même que le système d'endiguement n'a pas encore été adopté et que le syndicat ne s'occupe que de travaux de curage? 287.

Digues des places de guerre. N'ont pas été comprises dans les prévisions de la loi de 1865, 98.

Directeur. Comment il est choisi, ainsi que son adjoint, 302.

Doctrine. Auteurs à consulter, 20.

Dommages-intérêts. Voy. *Taxes syndicales*, 8.

Drainage. 1. Législation, 16, 72. — Compétence, 72. — Différence entre le drainage et le dessèchement, 73, 106. — Economie de la loi du 10 juin 1864, 74. — Formule de règlement, 75.

2. Peut faire l'objet d'associations organisées suivant la loi nouvelle, 106. Voy. *Association libre*, 2.

Dunes. Voy. *Améliorations agricoles*.

E

Eaux. Insuffisance de la législation, 1, 2. — Police, 9 et 303.

Echanges. Les associations syndicales peuvent échanger, suivant le droit commun, 111, 112, 113, 118. — Ont-elles besoin d'une autorisation administrative? 119.

Elargissement. Voy. *Curage*, 1. — *Pont*.

Emprunts. Les associations syndicales peuvent emprunter, 111, 112, 118. — Autorisation nécessaire avant la loi nouvelle, 118. — Faut-il encore une autorisation ? 119.

Endiguements. 1. Législation, 13, 15, 18. — Pouvoirs coercitifs de l'administration avant 1865, 25. — Instruction administrative pour constituer l'association, 26, 28. — Une enquête était-elle nécessaire ? 27. — Conditions que devait réunir le projet pour provoquer la déclaration d'utilité publique, 29. — Compétence pour constituer les syndicats : Décret impérial, 30 ; arrêté préfectoral, 31. — Plan général des règlements de ces associations, 32. — Excès de pouvoirs des préfets, 33. — Recours contre les décrets constitutifs d'associations, 34. — Remplacement d'anciens règlements par des dispositions nouvelles, 35.
2. Travaux définitifs sous la loi nouvelle, 97, qui n'exige plus le concours d'experts et d'ingénieurs et l'intervention d'une commission spéciale, 229, 230.
3. L'administration peut prescrire des endiguements d'office à défaut d'associations syndicales, 307 à 312.

Enquête. Avant la loi de 1865 une enquête devait-elle toujours précéder l'organisation d'un syndicat. 27. — Il en faut une pour la constitution des syndicats autorisés, 159. — Sa forme, 163. — Notification spéciale qu'elle exige, 172. — Sa formule, 174. — Le silence gardé dans l'enquête entraîne-t-il déchéance? 173. — Conséquence de l'irrégularité de l'enquête, 175.

Enregistrement. Voy. *Délaissement.*

Entrepreneur. Voy. *Compétence, 4.*

Etablissement d'intérêt public. Voy. *Association syndicale, 1.*

Etat. Voy. *Association syndicale, 2.* — *Redressement.*

Etiers. Voy. *Marais salants*

Excès de pouvoirs. Voy. *Associations syndicales, 1.* — *Endiguement.*

Exécution. Quel moyen peut-on employer contre une association syndicale pour ramener à exécution les titres ayant force parée? 122.

Expropriation pour cause d'utilité publique. Ne peut pas être utilisée par les syndicats libres, 134. — Indemnité fixée par le jury en cas de délaissement, 209. — Système de la loi de 1865 pour les expropriations, 276. — Formalités à remplir 277, 278 à 281. — Ces formalités sont applicables aux cas où l'administration agit d'office, 312, et aux associations antérieures à la loi de 1865, 315. Voy. *Compétence, 9.*

Extrait. Voy. *Acte d'association — Affiche. — Association libre, 1.*

F

Fièvres. Voy. *Intérêt.*

Fonctionnaires publics. Voy. *Syndics.*

Frais. Voy. *Dépens et frais. — Ingénieurs. — Taxes syndicales, 6.*

Franchise. Voy. *Poste.*

H

Huissier. Voy. *Procès.*

Hypothèque. 1. Les associations syndicales peuvent hypothéquer leurs propriétés immobilières, 111, 112, 113, 118. — Ont-elles besoin d'une autorisation administrative ? 119.
2. Comment sont-elles purgées à suite de délaissement? 209, 210.

I

Incapables. Facilités données aux représentants des incapables pour adhérer aux associations syndicales, 124, 125 ; aux ministres, préfets, maires et autres administrateurs représentant l'Etat, les départements, les communes et les établissements publics, 126, 127. — Frais de la procédure d'autorisation, 129. — Les jugements d'autorisation doivent être visés dans les actes syndicaux, 133, et dans le procès-verbal de l'assemblée générale pour la constitution d'une association autorisée, 181. Voy. *Association libre, 1. — Délaissement. — Dépens.*

Incompétence. Voy. *Acquiescement. — Compétence, 1.*

Ingénieurs. Allocations auxquelles ils ont droit s'ils sont chargés de la rédaction des plans, projets et devis pour les associations syndicales. 161.

Inondations. Travaux de défense des villes, 17. — Comment doit-il être procédé pour la répartition des dépenses à la charge des particuliers, 36. — Fonctionnement d'un syndicat et d'une commission spéciale, 36. — La loi de 1865 ne s'en est pas occupée, 38. — Depuis cette loi les commissions spéciales ont-elles conservé leurs attributions judiciaires? 38. — Les travaux intéressant les villes pourraient être entrepris par des associations organisées conformément à la loi de 1865, 97.
Voy. *Commissions spéciales*, 1, 2.

Insertions. Voy. *Acte d'association*. — *Association libre*; 1.

Intérêt. Il est la base de la participation aux dépenses, 34, 68. — En matière de dessèchement, les propriétés qui par leur niveau n'ont pas à souffrir de l'action des eaux dans leur culture, ne peuvent pas être imposés sur le motif que le dessèchement a empêché des fièvres périodiques, 58.

Intérêts. Cas où il est dû des intérêts pour des avances faites à des syndicats et point de départ de ces intérêts, 289, 290.
Voy. *Taxes syndicales*, 8.

Irrigations. 1. Associations purement volontaires, 63, 68. — Compétence pour les former avant la loi de 1865, 63. — Incompétence couverte par l'acquiescement, 67. — Instruction préparatoire, souscriptions, 69, 70. — Formule de décret, 71.
2. Sous la loi nouvelle, des syndicats peuvent être formés pour cet objet spécial, 105.
Voy. *Association libre*, 2.

J

Journal. Voy. *Acte d'association*. — *Association libre*, 1.

L

Landes. Voy. *Améliorations agricoles*.
Législation. Insuffisance, 1, 2. — Textes antérieurs à 1865, 8 à 19. — Préparation et adoption de la loi de 1865, 91. — Projet de loi et texte de la loi votée, 92.

M

Majorité. Voy. *Assemblée générale*. — *Associations autorisées*.

Marais (dessèchement). 1. Législation, 11, 13, 18, 56. — Compétence pour la formation de ces syndicats, 56, 57. — Plan des règlements, 59. — Mise en valeur des marais communaux, 60.
2. Les dessèchements peuvent être concédés à des syndicats organisés suivant la loi nouvelle, 102, sans les formalités d'experts, d'ingénieurs, de commissions spéciales, 229, 230.
3. L'administration peut prescrire d'office le dessèchement des marais, à défaut d'associations syndicales, 307 à 312.

Marais salants. Leur entretien et leur amélioration peuvent faire l'objet de syndicats organisés suivant la loi nouvelle, 103.

Marché. Voy. *Compétence*, 4.

Mines. Assèchement et exploitation, 14; n'ont pas été comprises dans la loi de 1865, 23, 61.

Ministre. Voy. *Compétence*, 11.

N

Notaires. Retiendront sans doute les actes contenant les statuts des syndicats libres, 132, 137, 139.

Notions historiques. Origine des associations, 6. — Leur ancienneté, 7.

O

Obligations. Voy. *Exécution*.
Occupation temporaire. N'est pas permise aux syndicats libres autrement qu'à l'amiable, 134.

P

Pêche. Voy. *Compétence*, 3.
Périmètre. 1. Utilité de l'établir exactement, 164; — il doit comprendre tous les intéressés, 231, 232. — Compétence pour les contestations, 240. — Tout associé a qualité pour demander l'extension

du périmètre, 252, en dirigeant l'action contre les syndics, 253. — Espèces où l'action appartient soit aux intéressés eux-mêmes, soit au syndicat, 254, 255.

2. Les arrêtés du conseil de préfecture sur les questions de périmètre doivent être attaqués dans le délai de 3 mois, 261.

Plans. Rédigés par tout homme de l'art, 159, 160. — Allocation aux ingénieurs s'ils en sont chargés. 161. — Comment ils sont établis, 162. — Doivent-ils être parcellaires? 164, 170.

Police. Législation, 9, 10, 53. — Associations toujours forcées pour assurer l'exécution des mesures de police relatives à la répartition entre l'agriculture et l'industrie des eaux de cours d'eau non navigables ni flottables, 53, 55. — Compétence pour ces règlements, 54. — Exemple de règlement, 55. Voy. *Compétence*, 12.

Pont. Un syndicat est-il tenu à une indemnité à titre de réparation de dommages causés à un pont par les conséquences de l'élargissement d'un cours d'eau? 288. Voy. *Améliorations agricoles*.

Poste. Correspondance des syndicats admise à circuler en franchise, sous le contre-seing des maires et le couvert des préfets et sous-préfets, 123.

Pourvoi. Contre l'arrêté qui constitue une association autorisée, 187. — Délai, 186. — Formes et caractère, 188. Voy. *Curage. — Endiguement*.

Préemption. Les riverains d'un cours d'eau redressé ont-ils un droit de préemption sur le lit abandonné? 121.

Préfet. Voy. *Association autorisée*. — *Compétence*, 12. — *Incapable*. — *Syndic*.

Présidence. Voy. *Assemblée générale*.

Prescription. Voy. *Taxes syndicales*, 4.

Privilége. Les associations syndicales autorisées ont-elles un privilége pour le recouvrement des taxes? 239.

Procès. Toutes les associations syndicales peuvent maintenant ester en justice, collectivement, par la personne de leurs syndics, 111, 112. — Obstacles provenant de la juris-prudence judiciaire antérieure pour les syndicats qui ne pouvaient pas justifier de l'attache administrative, 114. — Les syndics peuvent intenter une action ou y défendre sans l'autorisation du conseil de préfecture, 115. — Les huissiers qui notifient des actes aux syndicats doivent-ils faire viser par le directeur l'original de leur exploit? 116. — Le membre d'une association qui obtient condamnation contre elle doit contribuer comme associé au paiement des charges résultant du procès, 117.

Procès-verbal. Voy. *Assemblée générale*.

Propriété. Les questions de propriété sont de la compétence de l'autorité judiciaire, 246. Voy. *Assemblée générale*. — *Compétence*, 7.

Publication. Voy. *Acte d'association*. — *Association libre*, 1.

Q

Quittance. Voy. *Taxes syndicales*, 5.

R

Receveur. 1. Le receveur, trésorier ou caissier des syndicats libres n'est pas assimilé à un comptable public. Il est choisi par le syndicat et n'est astreint à d'autres règles qu'à celles posées par l'acte social, 138.

2. Le receveur des associations autorisées est un percepteur ou un receveur spécial choisi par le syndicat et nommé par le préfet, 213, 302; — qui prête serment, 214. — Le percepteur ou receveur est assujetti à un cautionnement et il reçoit des remises, 215. — Avantages du choix d'un percepteur, *Ibid*. — Le receveur dresse les rôles sur les documents fournis par le syndicat, 216. — Ces rôles sont visés par le directeur, rendus exécutoires par le préfet, 217, et recouvrés suivant le mode de poursuites, 219, et la responsabilité en matière de contributions, 220. — Le receveur est assimilé aux comptables communaux, 269, 270.

Réclamation. Voy. *Acquiescement*. — *Rôles de taxes. — Taxes syndicales*.

Redressement. Le redressement d'un cours d'eau peut-il être effectué sans l'assentiment des riverains de l'ancien et du nouveau lit? — L'État peut-il s'emparer du lit abandonné ou bien le syndicat a-t-il le droit d'en disposer? — Les riverains du lit supprimé ont-ils un droit de préemption? — Qui doit connaître de ces difficultés? 121.

Répartition des dépenses. Opération importante qui, pour les travaux défensifs et le desséchement des marais, avait été confiée à des commissions spéciales, 169, 216, à fonctionnement assez compliqué, exigeant l'emploi d'experts et d'ingénieurs pour le périmètre et l'estimation des terrains, 229, 230. Voy. *Acte d'association.*

Responsabilité. Voy. *Receveur,* 2. — *Rôles de taxes,* 1.

Retrait. Voy. *Associations autorisées.* — *Asssociations libres,* 2. — *Autorisation.*

Rôles de taxes. 1. Par qui ils sont dressés et à l'aide de quels documents, 216 ; — visa du directeur et exécutoire du préfet qui peut les faire établir d'office à défaut du syndicat, 207. — Poursuites, 219. — Responsabilité des receveurs, 220.

2. Les rôles doivent comprendre tous les intéressés dans le périmètre de l'association, 231, 232, 233 ; — même les routes et les chemins publics, 235 ; — les chemins de fer, 236 ; — les usines, à l'exception de celles établies après les travaux, 234, — et, en matière de curage, les cours d'eau, à l'exception des fossés d'intérêt privé, 237 ; sans que les propriétaires cotisés pour le curage d'un cours d'eau étranger à l'association puissent prétendre que ces frais sont à la charge du syndicat organisé pour un autre cours d'eau dans lequel se jette le premier, 238.

3. Les rôles qui n'ont pas été rendus exécutoires ne peuvent motiver aucune réclamation, 256.

4. Comment sont préparés les rôles quand l'administration agit d'office, 311. Voy. *Acquiescement.*

Routes. Voy. *Rôles de taxes,* 2.

S

Serment. Voy. *Receveur,* 2.

Servitudes. Système de la loi de 1865 pour l'établissement des servitudes autorisées par la loi, 282 ; — quelles sont ces servitudes et sur quoi elles portent, 283 ; — elles s'exercent sans aucune reconnaissance d'utilité publique, 284. — Différence entre les associations libres et les associations autorisées, 285. — Les servitudes dont bénéficient les associations autorisées sont applicables dans les mêmes conditions aux cas où l'administration agit d'office, 312, et aux associations organisées avant la loi de 1865, 315. Voy. *Compétence,* 9.

Sursis. Voy. *Taxes syndicales,* 3.

Syndicat. Voy. *Associations syndicales.*

Syndics. 1. Ne sont pas des fonctionnaires publics ou des citoyens chargés d'un ministère de service public dans le sens de l'art. 224 du Code pénal, 120. — Leur nombre et leur répartition entre diverses catégories d'intéressés, 293. — Ils exercent leurs fonctions jusqu'à leur remplacement, 294. — Ils sont élus par l'assemblée générale des intéressés et choisis parmi les intéressés, 295, 296. — Cas où le préfet a le droit de nomination et comment il l'exerce, 297, 298, 299. — Voies de recours, 300.

2. Nomination des syndics quand l'administration agit d'office, 309.

T

Taxes syndicales. 1. Base de la contribution à la dépense ; critique d'un arrêt du conseil d'État, 34.

2. Comment procèderont les syndicats *libres* pour contraindre les associés au paiement de leur cotisation? Compétence judiciaire. 139. — Obligations des tiers acquéreurs, *Ibid.*

3. Les taxes des syndicats *autorisés* sont recouvrées comme les contributions directes, 211 218, sur des rôles rendus exécutoires par le préfet, 217, avec le même mode de poursuite et le même effet contre les tiers-acquéreurs, 219 ; — la

même responsabilité du receveur, 220 ; — le même privilège, 239, et la même compétence du conseil de préfecture, 248, sauf recours au conseil d'Etat, 249 ; — au tribunal administratif il appartient d'accorder un sursis aux poursuites pour le recouvrement des taxes, 251.

4. Les demandes en décharge ou réduction doivent être formées dans les trois mois de la publication du rôle, 257, 274 ; — mais ce délai n'est pas applicable quand on invoque la prescription de trois ans, 258, 259, ou qu'il s'agit de l'action d'un créancier du syndicat, 260.

5. Point de départ du délai de trois mois, 262. — Les réclamations n'ont pas besoin d'être accompagnées de la quittance des termes échus, 266.

6. Les réclamations sont jugées sans frais : pas de condamnation aux dépens ; pour les pourvois au conseil d'Etat, le ministère des avocats n'est pas requis, 263.

7. Les mêmes immunités sont-elles acquises aux réclamations qui étaient auparavant de la compétence des commissions spéciales? 264, 265.

8. Les cotisés dont les réclamations sont accueillies, n'obtiennent ni intérêts, ni dommages-intérêts, 267.

9. Quand l'administration agit d'office, les taxes sont l'objet de rôles préparés sous la surveillance du préfet, 311.

Terres humides et insalubres. 1. Avant la loi de 1865, les travaux d'assai-

nissement rentraient dans la catégorie des marais à dessécher ou du drainage, 62.

2. Objet distinct pouvant motiver une organisation syndicale suivant la loi nouvelle, 104.

Tiers acquéreurs. Voy. *Taxes syndicales*, 2.

Timbre. Voy. *Délaissement*.

Transaction. Les associations syndicales peuvent transiger, 111, 112, 118. — Ont-elles besoin d'une autorisation administrative ? 119.

Travaux publics. 1. Avant la loi de 1865, ce caractère appartenait aux travaux de curage régulièrement ordonnés par l'administration, 51, et plus généralement aux travaux des syndicats administrativement constitués, 82.

2. Il n'appartient pas aux travaux des syndicats libres, 137.

Trésorier. Voy. *Receveur*.

U

Usines. Responsabilité des propriétaires, 10. — Ils sont obligés de contribuer aux dépenses d'un syndicat pour la police des eaux, 66. Voy. *Rôles de taxes*, 2.

V

Voies et moyens. Voy. *Acte d'association*.

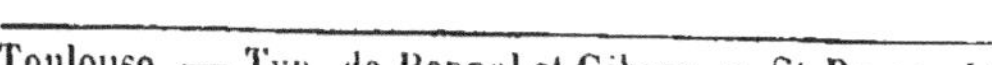

FIN DE LA TABLE.